GUILLAUME GUIZOT

MONTAIGNE

ÉTUDES ET FRAGMENTS

ŒUVRE POSTHUME PUBLIÉE PAR LES SOINS

DE

M. AUGUSTE SALLES

Professeur au Lycée Janson-de-Sailly
Lauréat de l'Académie Française

PRÉFACE DE M. EMILE FAGUET

« Il me plaist d'estre moins loué
pourveu que je soy mieux cogneu. »
Essais, liv. III, ch. v.

PARIS

LIBRAIRIE HACHETTE ET Cie

79, BOULEVARD SAINT-GERMAIN, 79

1899

MONTAIGNE

ÉTUDES ET FRAGMENTS

COULOMMIERS

Imprimerie PAUL BRODARD.

GUILLAUME GUIZOT

MONTAIGNE
ÉTUDES ET FRAGMENTS

ŒUVRE POSTHUME PUBLIÉE PAR LES SOINS

DE

M. AUGUSTE SALLES

Professeur au Lycée Janson-de-Sailly
Lauréat de l'Académie Française

PRÉFACE DE M. ÉMILE FAGUET

« Il me plaist d'estre moins loué
pourveu que je soy mieux congneu. »
Essais, liv. III, ch. v.

PARIS
LIBRAIRIE HACHETTE ET Cⁱᵉ
79, BOULEVARD SAINT-GERMAIN, 79

1899

AVANT-PROPOS

Guillaume Guizot avait pour Montaigne une admiration des plus vives, quelque chose comme un culte à la fois très avisé et très ardent. Il le choisit comme sujet de son premier cours public lorsqu'il fut appelé en 1866 à suppléer M. de Loménie dans la chaire d'éloquence au Collège de France. Depuis lors et sans relâche pendant plus de vingt années, il consacra jalousement à Montaigne les loisirs que lui laissait l'enseignement public, fouillant les bibliothèques et les archives privées, compilant documents et notes, confrontant les éditions et établissant le texte avec une minutieuse et inlassable patience, accumulant une masse imposante de documents pour ce qui devait être — et ne fut point — son grand ouvrage, une édition définitive des Essais de Montaigne. Même il avait le dessein arrêté de publier tout Montaigne, de raconter sa vie, d'étudier son influence, de juger sa doctrine.

Ni l'édition ni l'étude littéraire n'ont vu le jour. Guillaume Guizot n'a point réalisé son rêve longuement et obstinément poursuivi. Nous savons aujourd'hui pourquoi. Il était de la famille des délicats qu'obsèdent et que détournent insensiblement de produire le goût inné du bien dire et le souci constant de la perfection.

Il était allé pourtant bien au delà de l'ébauche, et avait poussé assez loin certaines parties de l'œuvre, comme en peuvent témoigner le livre de Mélanges que nous publions aujourd'hui, et ces « Essais sur les Essais » qu'a désiré sauver la piété éclairée des siens.

Il y a de tout dans cette publication posthume, des fragments de leçons, des réflexions notées au courant de la plume, des esquisses de chapitres, de brefs aperçus et des jugements fortement motivés, de simples propos sur Montaigne et aussi des pages achevées de critique pénétrante et sagace, en somme, avec une liberté de jugement peu commune et une rare fermeté de pensée, la trame d'une œuvre qui s'annonçait originale et puissante, la matière éparse d'un livre qui eût été un beau livre.

Auguste Salles.

Ma tâche propre a consisté à faire un choix dans les papiers qui m'ont été confiés et à les ranger en bon ordre. Je n'ai pas besoin de dire que j'ai respecté le texte de l'auteur, et que, si j'ai dû en de rares endroits remanier le texte ou achever le développement, je ne l'ai fait qu'avec la plus scrupuleuse discrétion. Tout ce qui figure dans le présent volume est inédit. Je n'ai pas cru devoir y faire entrer les deux premières leçons de Guillaume Guizot au Collège de France en janvier 1866. On les retrouvera dans la *Revue des cours littéraires*, la première, publiée d'après une sténographie visiblement médiocre, dans le numéro du 13 janvier 1866, pp. 113-116; la seconde, sur *Montaigne magistrat*, certainement revue et très probablement communiquée par Guillaume Guizot lui-même, dans le numéro du 20 janvier 1866, pp. 139-143.

A. S.

PRÉFACE

Pascal voulait écrire un livre sur le christianisme, et il a laissé un carnet relatif à la religion
chrétienne et ce carnet est le plus beau livre du
xviie siècle. Guillaume Guizot voulait écrire un
livre sur Montaigne et il a laissé un cahier de notes
relatif à Montaigne, « des essais sur les *Essais* »,
comme me dit M. Gaston Paris, et ce cahier de
notes se trouve être un très beau livre, à faire
douter, comme pour Pascal, s'il y a plus lieu de
regretter, ou de se consoler, ou de se réjouir de ce
que le livre n'ait point été fait.

Et ce sont ces notes que nous croyons que le
public reprocherait à qui de droit qu'on gardât dans
l'ombre ; et nous les lui donnons aujourd'hui.

Je n'ai point à faire l'éloge des pages qui suivent et dont le lecteur saura bien juger par lui-

même. Tout ce que je me permettrai, c'est ce que la gratitude me commande, à savoir de professer le plaisir qu'elles m'ont donné. M. Guillaume Guizot était un esprit puissant avec aisance. Un mot lui échappait qui était profond et qui avait l'air enjoué. Vous l'entendrez dire presque nonchalamment tout à l'heure : « Charron, c'est l'herbier de Montaigne »; et l'on peut écrire un volume sur Charron; il ne sera que ce mot plus ou moins habilement délayé, ou il ne vaudra rien : à moins que vous ne préfériez que je dise : il ne sera que ce mot plus ou moins habilement délayé *et* il ne vaudra rien; et c'est le mot de Guizot qui restera.

Vous l'entendrez dire encore : « Les Essais de Montaigne, c'est... c'est le Génie du Paganisme »; et voilà le coup de sonde qui a touché le fond du premier jet.

Vous serez étonné d'abord en lisant : « Montaigne est notre Hamlet... » puis vous lirez : « C'est bien cette même maladie de rester continuellement replié et penché sur soi-même; cet abus de la réflexion qui fait des lâches... cette préoccupation de la mort et du pays inconnu d'où nul voyageur ne revient. Hamlet est un Montaigne qui aurait pu s'entendre avec Pascal et Montaigne un Hamlet avec qui Horace se serait entendu »; — et vous direz : « parfaitement! »

C'est qu'en vérité ce qui suit est, sinon plus, du moins mieux que ce qu'on entend d'ordinaire par « un livre ». C'est une vie intellectuelle. Comme Montaigne vivait en s'observant lui-même ainsi qu'un insecte très curieux, Guillaume Guizot a bien vécu quelques heures par jour, pendant vingt ans, à causer avec Montaigne et à discuter continuellement avec lui. Le titre « Entretiens avec Montaigne » serait le vrai qu'on dût mettre à la première page de ce volume.

Guizot cause avec Montaigne, l'interroge, le réfute, sent admirablement et vraiment *entend* ce que Montaigne lui répond, sans jamais se tromper tant il le connaît à fond; réplique encore, écoute la contre-réplique et continue; et s'il se donne le dernier mot, c'est, comme on en conviendra, parce qu'il ne peut pas faire autrement; et ces entretiens sont pleins de substance, comme du reste ils sont pleins d'esprit.

Ils n'ont rien des conversations d'un Gœthe et d'un Eckermann: car vous vous apercevrez que le respect n'a point précisément fermé la bouche à M. Guizot. Il dit quelque part : « Montaigne est celui de nos écrivains qui a le moins de juges sévères. » Montaigne en a bien quelques-uns et qui sont d'autorité, comme Pascal, Bossuet et Malebranche; mais il faut convenir qu'à partir de la publication de ce volume il en comptera un de plus; il ne faut nullement se le dissimuler.

J'en suis peu marri; car si le XVIIe siècle a trouvé gens pour dire son fait à l'auteur des Essais, voilà bien un peu plus de deux siècles que l'on n'a pour lui que des éloges sans mélange et que cela fait un concert où il est homme de trop de goût pour ne pas trouver quelque fadeur. Qu'un peu d'amertume se glisse enfin dans les hommages qu'on lui rend, il y a du ragoût; et il s'en allait temps que sa gloire fût renouvelée par quelque peu d'opposition. Guillaume Guizot ne lui a pas ménagé ce bon office. D'aucuns trouveront même qu'il a mis un peu d'indiscrétion dans le soin de rafraîchir Montaigne par le combattre.

Guillaume Guizot n'aime-t-il donc point Montaigne?—Il en est entêté, au contraire. Mais il l'aime comme Alceste aime Célimène; il l'aime avec les transports de la passion et la clairvoyance de l'hostilité. Il subit son charme et il lui en veut de ne pouvoir l'aimer sans réserve et sans combat contre lui-même. Si quelqu'un dit : « Les défauts qu'il a ne frappent point ma vue. » Il répond hautement : « Ils frappent tous la mienne »; et il montre dans tout le détail à quel point il en est frappé.

Il a tout à fait à son égard des mots de dépit amoureux et même de rancune amoureuse :

« Malgré cet étincellement continu d'un esprit
prestigieux... Montaigne n'est pas heureux, Montaigne s'ennuie ; et *j'en suis bien aise...* » — « Et
j'en suis bien aise » ne voilà-t-il pas un vrai mot
d'Alceste, et peut-il y avoir, en un quart de ligne, à
la fois plus d'amour et plus de ressentiment né
de l'amour même? Brillez, éclatez, étincelez, tenez
l'Europe sous le charme ; soyez le roi de l'esprit et
du style et de toutes les grâces ; enchantez le monde,
hélas! et moi-même. Rien n'en vaudra : vous ne
serez pas heureux ; et j'en suis bien aise ; c'est bien
fait pour vous. Pourquoi n'êtes-vous pas selon mon
cœur, encore que vous soyez maître de lui?

Et Guillaume Guizot dit ses raisons que je reconnais qui sont bonnes et nées dans un grand esprit
et dans un grand cœur. — Après tout (c'est lui
qui parle) ce Montaigne, c'est un pur sceptique.
Sachons le dire franchement. Pascal ne l'a point
calomnié. Il est l'homme dans l'esprit duquel
toute vérité se dissout comme dans un creuset, de
même que toute vertu dans l'esprit de La Rochefoucauld. Le procédé est du reste assez analogue.
Comme La Rochefoucauld dilue toutes les vertus
dans les défauts qui les avoisinent jusqu'à ce qu'elles
s'y absorbent et y disparaissent, Montaigne est merveilleux à rapprocher insensiblement une vérité
d'une autre vérité qui la contredit et à les laisser

ainsi se ronger l'une l'autre et se dissoudre peu à peu l'une dans l'autre, de manière que de toutes deux il ne reste rien. C'est un conciliateur meurtrier, qui rapproche les idées, les enlace, les garrotte et les enterre. C'est charmant et effroyable.

Au bout de ce jeu que peut-on voir? Le nihilisme parfait. Peu d'hommes ont eu à ce degré le désir que rien ne soit, une sorte de goût du néant. Rien, certes, de plus vivant que les Essais. Mais par quel sortilège les surfaces en sont-elles si florissantes de vie et le fond en est-il la mort même, la plus froide de toutes les morts, la mort intellectuelle et la mort morale? Mot de Sainte-Beuve, plus profond qu'il ne l'a cru peut-être lui-même[1] : « Il gazonne la tombe. »

Raisons de Montaigne pour jouer ce jeu? D'abord un orgueil extrême. Humilier la raison humaine et prendre à la ravaler un plaisir de grand seigneur de l'esprit. Ne vous y trompez point. Là encore la forme abuse sur le fond. Cet homme, « si aimable et si peu digne d'être aimé », est l'aménité même et il se glisse dans votre intimité comme d'un mouvement insensible et tout-puissant par son abandon même et sa nonchalance. Au fond il ne vous aime point. Son mépris pour vous est inouï et sa con-

____

1. *Port-Royal*, II, p. 442.

viction de votre misère et son plaisir à savoir que vous êtes incapable d'y échapper. Il ne se mêle point de pitié, comme chez Pascal, comme chez Molière même, à la parfaite et tranquille connaissance qu'il a de votre infirmité. Il est l'homme qui a le secret, ou qui croit l'avoir, qui sait que personne ne l'a, qui s'en félicite, qui le montre même à moitié, qui est persuadé que personne ne le lui prendra, et qui se repose avec une grande volupté dans cette persuasion charitable.

Et si ce n'est point là de l'égoïsme, qu'est-ce donc et où l'égoïsme sera-t-il? Montaigne a tous les genres d'égoïsme et une des raisons de son charme sur les hommes est précisément qu'il les a tous. C'est un égoïsme de ne se mêler de rien; — c'est un égoïsme qu'être le plus prudent des hommes et le plus circonspect; — c'est un égoïsme d'être conservateur de toutes choses, y compris même celles qu'on n'aime point et qu'on ne veut garder que crainte de pire, désespérance du mieux et désir passionné de n'être point dérangé; — c'est un égoïsme que de plaider le pour et le contre, avec cette pensée de derrière la tête, malicieuse, mais surtout avisée, qu'à force de se contredire on devra bien avoir rencontré la vérité au moins une fois; — c'est un égoïsme que d'être modeste au point de ne point avancer une parole sans la retirer ou sans faire remarquer qu'il y a beaucoup de chances pour qu'elle soit fausse, et il y a là moins d'humilité que de diligence à ne se point compromettre; — c'est un égoïsme d'être aimable à ce point que personne ne puisse vous en vouloir et que tous gardent au moins un bon souvenir de vous, et de n'avoir jamais, un seul moment de tous, souhaité de sentir ou d'inspirer quelques bonnes haines vigoureuses.

Il y a dans Montaigne un Philinte qui aurait aimé Alceste, qui l'aurait raillé, qui l'aurait conseillé; mais qui ne lui aurait peut-être pas rendu de bons offices. Au fait, c'est précisément comme il en use avec nous. Il nous aime un peu, il s'amuse de nous, il nous gouaille, il nous donne d'assez bons avis et il ne nous rend aucun service. Il nous en rend peut-être de mauvais. Il nous affaiblit, « il nous énerve », il nous rend impropre à l'action et insoucieux d'agir. Il est admirable pour nous débarrasser de l'espérance du mieux et de ce que Doudan appelait l'insupportable besoin du bonheur. « C'est un endormeur de consciences. » Il nous amènerait très facilement et assez vite à une manière d'ataraxie, ce qui, en termes moins archaïques, est tout simplement la veulerie. Éducateur peu recommandable.

Aussi bien, voyez son traité de l'éducation. Il est

séduisant comme tout ce qu'il écrit; mais cassez donc l'écorce des mots et voyons ce qu'il y a au fond de ces propos charmants. Ce qu'il y a? Ce dialogue : « Que faut-il apprendre aux enfants? — Heu! mon Dieu! Ce qu'il faut apprendre aux enfants?... Eh bien, rien du tout! — Hé? — Oui, rien. Quand je dis rien... Rien, comme vous pouvez penser, veut dire rien, ou peu de chose. Il faut les regarder apprendre; les y exciter, un peu, oh! très peu; les guider, insensiblement, oh! d'une façon tout à fait insensible. On n'est pas assez sûr que ce qu'on leur apprendra ne sera pas précisément ce qu'il aurait convenu qu'ils ignorassent; et que la direction qu'on veut leur donner ne sera pas celle que leur nature d'esprit leur défend précisément de prendre. Aussi y faut-il une prudence extrême, et une circonspection qui doit aller presque jusqu'au laisser-faire et quasi jusqu'à ne faire rien. Laissez-les trotter devant vous. Je vous assure qu'ils trottent bien. »

Et c'est avec ce rien qu'il a fait un traité d'éducation où il y a tant de talent qu'il a l'air de quelque chose.

Et à prendre les Essais tout entiers comme un livre d'éducation pour les hommes, le profit qu'on en peut tirer est à très peu près le même. Et du reste il est ravissant et l'on donne la mesure de son goût en l'ignorant, en le connaissant à demi ou en le sachant par cœur.

J'ai été ravi de cette philippique dispersée dans les petits papiers de Guillaume Guizot et que je viens, en la résumant, de grossir et épaissir un peu, sans l'exagérer. J'en ai été ravi, parce qu'il est agréable, et, du reste, il est salutaire, de voir un Alceste en face d'un Philinte, un ardent en face d'un nonchalant, un homme d'action en face d'un homme de repos, un homme qui court après la fortune intellectuelle et morale en face d'un homme qui l'attend dans son lit, un chrétien en face d'un Horace, un homme de devoir en face d'un homme de tempéraments, et le fils de Guizot en face du fils d'Épicure, à la condition, et c'est le cas, que tous les deux aient de l'esprit.

Même quand ils seraient capables d'en venir aux gros mots, je les écouterais encore, en faisant la part de l'exagération des polémiques. Ainsi Guillaume Guizot en arrive à appeler Montaigne : « Béranger ! » Sur quoi j'entends Montaigne appeler Guillaume Guizot : « Calvin ! » Ce sont les gros mots des gens polis. Ils sont gros tout de même. Définition à placer dans un dictionnaire philosophique : « Gros mot — procès de tendances. »

J'ai encore été ravi de cette polémique, parce

qu'elle contient beaucoup de vrai, comme vous vous en êtes aperçus et que cette goutte d'essence amère versée dans les Essais par un homme qui les a très bien compris ne peut être que très utile à ceux qui se laisseraient trop aller au charme de ce livre et leur donner comme un peu de *ton*. Il n'est point douteux que les Essais ne soient un peu amollissants. Nous avertir, nous dire : « Oui, oui; mais songez bien que toute la sagesse n'est pas là et qu'il y a une sagesse plus virile qui n'y est point du tout »; rien de mieux, rien de plus généreux, de plus courageux aussi, et je vois très bien les Essais encadrés entre le livre de Guillaume Guizot comme introduction et l'*Entretien de Pascal avec M. de Saci* comme épilogue. Les choses ainsi seraient fort bien mises au point; et du reste les trois ouvrages sont dignes les uns des autres.

Maintenant il faut bien que je proteste, et, moi aussi, parce que ceci paraîtra en tête du livre de Guillaume Guizot, que je redresse ce qu'il paraît avoir d'un peu excessif et ce que, du reste, l'auteur aurait très probablement redressé lui-même. Guillaume Guizot a vraiment un peu trop exclusivement pris Montaigne pour un pur sceptique. Dieu me garde de présenter Montaigne comme un dogmatique intempérant; mais le mot de sceptique m'a toujours paru un peu décisif appliqué à lui;

d'abord parce que personne n'est sceptique absolument, et que ce que Pascal a dit en termes prestigieux sur ce scepticisme transcendant, si complet qu'il s'emporte lui-même, me paraît un peu prouesse d'élocution plutôt que vérité exacte; ensuite parce que Sainte-Beuve a écrit qu'on pourrait faire un chapitre sur « le dogmatisme de Montaigne », ce qui à la vérité ne prouverait rien, puisqu'on est toujours le dogmatique de quelqu'un et qu'il est facile d'être le dogmatique de Sainte-Beuve; mais ce qui cependant peut donner à réfléchir; enfin et surtout parce que je suis bien un peu aussi un familier des Essais et que j'y trouve sans cesse des opinions fermes, qui, pour n'être point données sous forme d'affirmation, n'en sont pas moins des croyances. Chacun a sa manière.

Un mot de Guillaume Guizot qui m'a agréé d'autant plus que tout juste je l'avais dit avec un moindre bonheur d'expression dans un livre paru après sa mort et avant que j'eusse lu son manuscrit, un mot d'une grande justesse, ne va pas sans contredire un peu la thèse générale de Guillaume Guizot : « Chateaubriand, selon Sainte-Beuve, était un épicurien qui avait l'imagination catholique. Montaigne est un épicurien qui avait l'imagination stoïcienne. » Ceci est excellent, et, je m'empresse de le dire, peut être accordé par Guillaume Guizot sans que ces sévérités en soient réfutées. Cependant, creusez un peu ; cela revient à dire qu'il y avait dans Montaigne de l'épicurisme et du stoïcisme. De celui-ci il n'y en avait que dans son imagination, vous hâtez-vous de dire, et le fond était épicurien. Il est possible ; mais ceci, encore, est une répartition que vous faites de votre grâce ; et quelqu'un, distribuant autrement les choses, sans qu'on fût très autorisé à le contredire, pourrait prétendre que le fond était stoïque et la parure épicurienne.

Tel ce prétendu sceptique de nos jours, et qui était bien sceptique à demi, il faut l'avouer, chez lequel, néanmoins, on découvrait un fond si solide de quatre ou cinq croyances morales auxquelles il était lié d'une si forte attache qu'il n'aurait pu s'en distraire ou seulement s'en divertir qu'en s'arrachant à lui-même. Il y a des sceptiques, ou dilettantes ou ironistes, ou hommes à sourires, qui sont ainsi : des fleurs, des verdures mobiles et dociles aux brises, des « routes gazonnées et doux fleurantes », des frondaisons molles et riantes, le tout sur un roc, qu'il n'y a qu'à chercher un peu pour le sentir.

Et que Montaigne fut tel, je ne vais ni jusqu'à le dire ni jusqu'à le croire ; mais il me suffit qu'on m'accorde qu'il a des parties de philosophie stoïque très apparentes ; et il me suffit que ce soit vrai ; et qu'on les place dans son imagination ou dans sa raison ou dans sa conscience, ceci n'est qu'une localisation où je puis ne pas m'arrêter, puisqu'après tout on n'en est pas sûr.

Or c'est vrai : Montaigne est plein de stoïcisme, d'où il suit qu'il faut bien que son scepticisme ne soit qu'une part faite au scepticisme, ce qui n'est plus le scepticisme. On n'est pas tout à fait sceptique quand on croit à l'amitié comme y a cru Montaigne et de manière à inspirer à Montaigne d'abord et à Guillaume Guizot ensuite des pages exquises.

On n'est pas tout à fait sceptique quand on est un patriote; et Guillaume Guizot a très bien remarqué, le premier, je crois, que « parmi les questions politiques au milieu desquelles Montaigne a vécu il en est une au moins sur laquelle il ne semble avoir ni hésité ni varié : nulle part il ne fait appel, nulle part il n'ouvre la porte à l'influence ou à la force étrangère; et pour terminer ces guerres civiles dont il est si las... il ne s'adresse jamais qu'à la France même et ne conseille point à son parti de s'appuyer au dehors ». Et à ce propos Guillaume Guizot, s'il avait mis son ouvrage au dernier point, aurait certainement cité cet appel prophétique au gouvernement de Henri IV, qui est digne d'un L'Hôpital, et un des plus beaux cris éloquents qui soient partis du cœur d'un honnête homme : « La force et la violence peuvent quelque

chose; mais non pas toujours tout. » Qui tirera un
homme de cette presse? La générosité de cœur.
« Le premier qui s'advisera de se pousser en faveur
par cette voie là je suis bien déçu si à bon compte
il ne devance ses compaignons… Qu'il reluise d'humanité, de vérité, de loyauté et surtout de justice,
marques rares, inconnues et exilées; c'est la seule
volonté des peuples de quoi il peut faire ses affaires.
Nulles autres qualités ne peuvent attirer leur
volonté comme celles-là, leur étant les plus utiles.
Nil est tam populare quam bonitas. »

On n'est pas tout à fait sceptique quand on
admire la vertu humaine avec une sorte d'exalta-
tion, quand on réfute d'avance La Rochefoucauld
et tous ceux qui s'essaieront à expliquer la vertu
par autre chose que par elle-même, quand on a
pour idoles les grands hommes d'action Alexandre,
César, Pompée, Epaminondas, Caton, Socrate, et
quand on pourrait dire en toute vérité :

> J'en parle si souvent qu'on en est étourdi.

Chose très curieuse, que du livre de ce sceptique
on puisse tirer quand on voudra un traité de la
volonté. Chose piquante aussi que, cet héroïsme à
la Plutarque qui fut un élément et un aliment continuels de la littérature du xvII^e siècle et par suite,

en quelque mesure, on en conviendra, un élément de la conscience nationale au XVII° siècle, ce soit Montaigne, après tout, un peu plus sans doute que Du Vair ou tel autre, qui l'ait légué à ses successeurs et disciples et que dans ces professeurs d'énergie qui s'appellent Balzac et Corneille nous retrouvions l'esprit du nonchalant gentilhomme périgourdin.

Mon Dieu, cela s'explique assez; cela s'explique par ceci que Montaigne était aussi peu que possible d'une pièce, et que s'il croit à l'impuissance de l'esprit de l'homme, il croit à la toute-puissance de la volonté humaine.

C'est même tout Montaigne, cela. Que peut savoir l'homme? Rien du tout. Que peut-il faire? Tout. Ne dites pas : autant il sait, autant il peut. Dites : autant il est incapable de savoir, autant il est capable d'agir. Il a en lui des trésors d'énergie. Aucun animal n'approche de son endurance, de sa patience, de sa force de travail, des miracles de sa volonté en acte.

Et ce qui est bien remarquable, c'est que Montaigne ne réserve pas, sur ce point, son admiration aux héros de l'histoire et de la légende. Le culte des héros est tout le long des Essais, oui; mais il voit des héros à côté de lui, au-dessous de lui, dans la familiarité de la vie quotidienne. Vous connaissez sa page sur les paysans. Il admire et il vénère ces héros obscurs. Son cœur bat, oui, son cœur, cela se sent, à voir leur patience, leur résignation *active*, leur stoïcisme simple et sans phrases.

Montaigne voit des héros dans l'humanité, à tous les échelons de l'humanité (ce qu'il dit encore des marchands et artisans des villes « allant de pair de vaillance et de science militaire avec la noblesse »); il en met peut-être un peu plus qu'il n'y en a; il en a besoin pour les admirer de tout son cœur; il a comme une religion de la volonté; c'est à savoir qu'il y croit, qu'il la vénère, qu'il l'aime, qu'il l'adore et qu'il l'excite. Cela n'est pas du tout d'un sceptique.

Et que ce soit une contradiction, oh! que je le veux bien, et qu'il n'y a bien là rien d'étonnant chez un Montaigne! Mais en tout cas, c'est de lui encore; cela fait partie de sa personnalité et ce n'est pas quantité négligeable.

C'est pour cela que je trouve un peu étrange, ou insuffisamment expliqué, ce que dit à un moment Guillaume Guizot, que Montaigne ne représente guère le xvi siècle. Certes il ne le représente pas tout entier; mais comme il y a bien toute une partie du xvi siècle qu'il représente merveilleusement! Il ne représente pas la Réforme. Oh! pour cela, non. Seulement dans le XVI⁰ siècle il y a la Réforme d'un côté, et de l'autre, tout à fait en désaccord avec la Réforme, il y a la Renaissance. Et Montaigne représente et résume la Renaissance dans tout son esprit, jusqu'au fond même de son esprit.

La Renaissance, c'est, pour un certain nombre d'esprits un peu bornés, tout simplement de beaux livres, très bien écrits, qui nous viennent de l'antiquité; et cela, ce n'est pas la Renaissance, c'est tout simplement l'humanisme. Mais pour quelques cerveaux puissants, pour Rabelais, pour Érasme, la Renaissance, c'est l'esprit antique, avec sa philosophie, sa morale, sa politique, sa sociologie, sa pédagogie, se redressant tout à coup devant le Christianisme, ou ce que le moyen âge en a fait, et créant, voulant créer ou capable de créer un homme nouveau. Et si la Réforme n'aime pas la Renaissance, si Calvin se défie des humanistes, c'est assez clair : c'est pour cela. Or de cet esprit nouveau, ou plutôt de cette âme ancienne qui revient et qui revendique le droit d'animer encore le monde, Montaigne est le représentant le plus complet, le plus puissant, et en même temps le plus discret, ce qui fait qu'il en est le plus habile.

Montaigne n'est pas chrétien : Guillaume Guizot a parfaitement raison de l'affirmer. Les grands chrétiens du XVIIe siècle ne s'y sont pas trompés et ne pouvaient pas s'y tromper. Montaigne n'est pas chrétien. Il croit l'être, j'en suis sûr, et n'a point tort; car si pénétrant qu'il soit, il doit, par cette impossibilité où nous sommes tous de croire les autres très différents de nous, supposer au christianisme un esprit aussi hospitalier qu'est celui de Montaigne et croire que Montaigne peut entrer dans le Christianisme aussi facilement que le Christianisme est reçu dans l'esprit de Montaigne.

Mais la vérité est que le Christianisme de Montaigne n'est presque rien; ce n'est que coutume, éducation et légère teinture. Ce qui est profond chez lui et dont il est comme imbibé, c'est la sagesse antique. De même qu'il ne voit rien au-dessus des héros de Plutarque, de même il ne voit pas très distinctement quelque chose qui dépasse Socrate, Epicure et Zénon. Et il les mêle un peu dans sa pensée, et c'est précisément parce qu'il les mêle que, les complétant l'un par l'autre, il s'en fait une philosophie qui peut se suffire et où, à la fois, il puise des forces bastantes et il est à l'aise.

Il s'en nourrit, ce qui le rend fort, et il va de l'un à l'autre, à quoi sa liberté se plaît et sa vive allure s'accommode. Excellemment semblable à Horace, n'était qu'il est plus penseur et n'était aussi qu'il est plus poète, il se fait une morale forte, souple et fine d'un peu du très grave Epicure, d'un peu du très tendu Zénon, et en glissant parfois jusqu'à Aristippe, *tunc ad Aristippi furtim præcepta relapsus.* Car, dirait-il, il en faut pour toutes saisons, selon les humeurs et les besoins, et n'est pris que qui n'a qu'un terrier et en péril de male fièvre que qui n'a qu'un habit à se vêtir; et que l'épicurien y aille si le stoïcien n'y va point; et qu'ils y aillent quand et quand, dont nul ne veut se plaindre, abondance de biens n'étant gêne.

Et c'est ainsi qu'il est l'humaniste par excellence, ce qui est bien, et l'homme de renaissance éminemment, ce qui est autre chose et beaucoup plus. En lui vit l'âme antique non seulement par ses beautés d'art; mais par ses sagesses et toutes ses plus hautes idées. Et c'est bien pour cela que, ramassant en lui toute l'antiquité, il s'arrête communément au stoïcisme comme à la plus sublime et à la plus sereine des pensées jusqu'où elle ait pu s'élever.

En cela il est de son siècle profondément, et il est l'expression la plus parfaite de toute une partie, très importante, et même essentielle, de son siècle.

Non point que, pour être à peu près étranger au Christianisme, il lui soit hostile. Point du tout, et en usant du procédé commode de l'extrait on a fait un « Montaigne chrétien », comme je ferai quand on voudra un « Montaigne professeur d'énergie ». Il est trop intelligent pour ne pas comprendre le Christianisme; il ferait la démonstration de Pascal pour l'apologie du Christianisme pour peu qu'il en prît humeur, et la preuve c'est qu'il l'a faite au moins à moitié; mais il n'y tient pas. Pourquoi? J'ai dit ailleurs, et, sans en être sûr, du moins ne suis-je pas certain du contraire, que ceci a dû être l'état d'esprit de beaucoup d'hommes intelligents vers 1560 : « Le Christianisme se meurt. Si longtemps tout-puissant, il se brise et se déchire. Il ne survivra pas à cet effroyable ébranlement. On le peut regretter; mais, s'il devait disparaître, ne négligeons point cette réserve qui nous reste de la sagesse antique, qui fut un viatique, aussi, assez puissant; dont l'humanité a vécu dans des conditions supportables; qui pourrait faire tradition aussi; qui a, elle aussi, son caractère vénérable, et qui peut être encore éducatrice de grands courages. »

Il est possible. En tout cas tel fut l'esprit de la Renaissance et Montaigne fut pénétré de cet esprit. Sur ce point il n'y a entre Guillaume Guizot et moi aucun désaccord.

Et j'en arrive à ce qui fut scepticisme dans Montaigne; car je ne nie point qu'il n'y ait eu en Montaigne du scepticisme; je dis seulement qu'il ne lui a que fait sa part, et j'accorderai à qui y tiendra qu'il la lui a faite assez large.

Eh bien, il y a scepticisme et scepticisme, et sans aller jusqu'à dire que celui de Montaigne soit un bienfait pour l'humanité, je ferai seulement remarquer qu'il a ses bons côtés et ses parties salutaires. Il y a des scepticismes qui sont des abandonnements et des abdications et qui ne ressemblent pas mal à une mort de l'âme. Le scepticisme de Montaigne est un scepticisme vivace et un scepticisme fécond. Chose étrange quelquefois que les destinées des mots : sceptique veut dire celui qui cherche et il a fini par devenir le nom de ceux qui ne cherchent plus, ou même qui n'ont jamais cherché. Montaigne, lui, sait le sens des mots ; c'est un humaniste, et son scepticisme, conformément à l'étymologie, est une recherche continuelle, non point ardente, je le sais, mais très attentive, très diligente et très complète. Certainement il aime surtout à faire le tour des idées ; mais c'est quelque chose précisément d'en vouloir faire le tour, minutieusement, curieusement, patiemment, au lieu de les regarder de loin comme l'indifférent, ou d'en embrasser une avec une sorte de passion pour elle et de colère contre toutes les autres, comme le croyant précipité ou le dogmatique impétueux.

Il ne faut pas confondre scepticisme avec indifférence quand il s'agit de Montaigne. Personne n'est moins indifférent que Montaigne. Il est parfaitement un passionné. Il est un passionné de savoir. Il veut absolument connaître l'homme et tout ce qu'il sent et tout ce qu'il pense. — Pour n'en rien conclure? — C'est peut-être ce qu'il faudra voir. Mais déjà pousser cette exploration avec une si vive et si pénétrante activité n'est point une œuvre vaine. C'est la passion de se rendre compte. On félicite Descartes de son doute provisoire et du dessein qu'il a de faire table rase de toutes les idées et notions traditionnelles qu'il a dans l'esprit, pour n'en recevoir que de contrôlées, vérifiées et établies en toute rigueur par lui-même. Soit. Eh bien, mettez que le doute de Montaigne est aussi un doute provisoire et vous le trouverez très méthodique, très scientifique, très rationnel et très fécond. Il y a cette différence que le doute de Descartes a été court et celui de Montaigne un peu long, à quoi j'ajouterai que, si l'on trouve le doute de Montaigne trop long, on peut trouver celui de Descartes si court qu'il n'est presque qu'un artifice d'exposition. Mais quoi? Est-ce ici affaire de chronométrie, et qu'importe qu'une attitude d'esprit qu'on juge saine en soi et de bon effet possible soit ou plus courte ou plus longue?

Quand même, ce qui n'est pas mon avis, le doute provisoire de Montaigne aurait duré toute sa vie, qu'importe encore? Une vie n'est qu'un moment auquel s'ajoute la vie d'un premier disciple, qui est un autre moment, et la vie d'un second successeur, et ainsi de suite. Montaigne pourrait dire : « Je fais une enquête sur l'homme; je la fais très active, très curieuse, aussi informée que je le puis, vous le savez, sur les vivants, sur les morts, sur les livres, sur les conversations, sur les étrangers, sur les anciens, sur les sauvages, sur mes compatriotes et sur moi-même. Arriverai-je à des conclusions? Je n'en sais rien. C'est affaire de longévité. Mais si je n'y arrive point, d'autres qui me liront y pourront atteindre. Ou je conclurai ou je mourrai en passant le flambeau. En attendant j'essaie. Mon livre s'appelle Essais. »

Quoi de plus légitime? Ce qu'on peut reprocher à un homme, du moins à un homme d'esprit, car pour les autres c'est un droit, peut-être un devoir, c'est de s'endormir. Or Montaigne a beau parler de l'oreiller de l'ignorance et de l'incuriosité, on sait bien qu'il s'y est reposé de temps en temps, mais on ne peut pas dire qu'il y soit tombé en torpeur. Comme tous les hommes de mérite, Montaigne sommeille parfois; il ne dort jamais. Ce scepticisme qui cherche toujours, et non pas en gémissant, ce qui est beau, mais inutile, et qui cherche même en souriant, ce qui, après tout, est peut-être une vaillance plutôt qu'une légèreté, ce scepticisme curieux, informé, s'informant, allègre, éveillé, vigilant, diligent, presque avide, voilà ce que j'appelle un scepticisme vivace et fécond. En soi-même, et quand il n'aurait mené à rien, il est parfaitement digne de considération et doit échapper au dédain.

Remarquez surtout une des formes, et la plus fréquente, de ce « scepticisme », c'est-à-dire de cette enquête. C'est surtout lui-même que Montaigne étudie sans cesse pour connaître l'homme, persuadé que le monde entier est fait comme notre maison, que du reste chacun de nous est encore pour lui-même l'être où il pénètre le plus facilement, et que pour « connaître l'homme en général » c'est encore soi-même qu'il faut étudier le plus. Mais qu'est ceci, s'il vous plaît? Ce n'est pas autre chose que l'examen de conscience. Les Essais sont un examen de conscience perpétuel, oh! un examen de conscience indulgent, un examen de conscience souriant, un examen de conscience où la maladie du scrupule a peu de place et fait peu de ravages, mais enfin un examen de conscience, ce qui constitue une des habitudes les plus saines, avec ses périls, comme toute chose humaine, mais encore une des meilleures habitudes de l'esprit humain. Il l'avait

prise des stoïciens, qu'il adore, et il n'en a pas fait
un mauvais usage.

Il est impossible de se livrer à l'examen de conscience sans tomber quelque peu dans l'amour de
soi et dans l'orgueil, l'homme ne pouvant pas se
regarder au miroir sans risquer de se trouver beau,
et Montaigne n'a pas évité complètement cet écueil.
Il est vrai ; mais comparez-moi un homme d'action,
un homme d'état, un homme de guerre, un orateur,
un poète du XVI⁰ siècle avec Montaigne ; comparez-
lui même ce grand sage qu'on appelle Rabelais,
sauf les saints comparez-lui qui vous voudrez ; et
voyez tout de suite quelle solidité de bon sens,
quelle modération et quelle justesse dans la multi-
tude des idées de détail, quelle appréciation saine et
suffisamment rigoureuse de lui-même Montaigne a
puisées dans cette coutume excellente de se regarder
vivre, de s'étudier, de se surveiller, de se discuter,
pour tout dire en un mot, de n'être pas étranger à
soi-même ?

L'examen de conscience, à peu près déplorable
chez l'ignorant, qui n'y trouvera qu'une occasion
de se livrer à ce penchant naturel : se trouver parfait, et c'est pour cela que l'Église catholique
l'a complété par la confession et qu'ailleurs on
l'entoure de mille précautions et avertissements
sévères ; l'examen de conscience chez un homme

qui sait l'histoire, qui sait les moralistes, qui a l'esprit tout peuplé des beaux exemples d'héroïsme et de grandeur d'âme de l'antiquité, est une excellente méthode d'amendement moral.

Ainsi le pratique Montaigne. Sa manière ordinaire est de s'étudier en se comparant. Il se regarde, il s'écoute vivre. Et en même temps il songe à La Boëtie, il songe à son père, il songe à Caton, il songe à Socrate. Il écoute, venant à lui, d'un passé récent ou du fond de l'histoire antique, les grandes voix qu'ont sacrées son amitié, son respect attendri ou l'admiration commune des hommes. C'est ainsi entouré qu'il se contemple; et quelquefois, je le sais, il oublie un peu l'entourage; mais cependant, le plus souvent, c'est en cette compagnie sévère et douce qu'il se fait comparaître lui-même à son propre tribunal. Je ne connais guère d'exercice moral qui soit ni mieux ordonné ni plus salutaire.

« Le sot projet qu'il a de se peindre », dira Pascal. Et d'abord Pascal, bien souvent, fait-il autre chose? Et ensuite, au point de vue littéraire, savez-vous que, si la grande littérature de moralistes, gloire de notre XVIIe siècle, est sortie tout entière peut-être de l'habitude de l'examen de conscience, le grand exemple de Montaigne n'a pas dû être sans y contribuer infiniment? Et enfin et surtout si le sot projet fut de se peindre, le sot projet ne fut pas de s'étudier et de se connaître. C'est peut-être notre premier devoir que de savoir ce que nous sommes, que de savoir à qui, en nous, nous avons affaire. Rien n'est plus digne d'un esprit sérieux, rien ne lui est plus nécessaire, rien ne s'impose plus à lui comme une chose dont il ne peut pas se dispenser; et qu'on le fasse c'est précisément la marque d'un esprit sérieux, qui, du reste, pourra le faire sans mauvaise humeur et sans tristesse, si, tout en étant sérieux, il est traitable.

Notez encore, et c'est le plus important, que l'étude de soi chez Montaigne n'est pas autre chose que ce qu'on a appelé depuis la culture du *moi*. Montaigne s'étudie pour se traiter, comme un médecin fait un malade — nous le sommes tous — ou comme un hygiéniste fait un homme bien portant. Il veut d'abord se connaître et par là arriver à la connnaissance de « l'homme général ». Il veut, de plus, se connaître et par là arriver à tirer de lui tout ce qui y est. Il n'y a pas d'erreur plus forte que de croire que nous sommes ce qui apparaît de nous au premier regard, même de nos propres yeux. Notre être apparent en contient un autre et celui-ci un troisième, et ainsi de suite, sans que cela soit indéfini. Des forces inconnues de nous, pour le bien et pour le mal, sont en nous-mêmes, que nous ne créons pas en les découvrant, mais que nous semblons créer en les découvrant, parce que nous les mettons en liberté en en prenant conscience. La culture du moi, par observation et par expérimentation, n'est point précisément un labourage ni un ensemencement; mais c'est une maieutique. Nous dégageons, par en prendre connaissance, l'être intérieur de l'être apparent, et désormais nous savons ce que nous sommes en notre fond et ce que nous pouvons nous demander à nous-mêmes.

Cette maieutique de l'être intérieur, c'est ce que Montaigne a pratiqué toute sa vie. Son adoré Socrate accouchait les esprits des autres; Montaigne s'accouchait lui-même. Or ceci est essentiel et peut devenir merveilleux pour le perfectionnement moral. Et, sans doute, il faut que ce travail soit comme éclairé par un idéal. Il faut que des êtres que nous tirons ainsi des profondeurs sombres de nous-mêmes, les uns soient condamnés de nous avec horreur — *matremque suus conterruit infans* — les autres soient acceptés de nous avec approbation et élevés avec amour; et l'on peut reprocher à Montaigne d'avoir été à cet égard un père de famille trop impartial; mais avant tout il importe de savoir les amener ainsi à la lumière. C'est ce que Montaigne a fait et nous a appris à faire.

C'est d'un homme très sérieux; ce n'est pas un

jeu; ç'a quelquefois l'air d'être un jeu; c'est le charme et le point faible de Montaigne d'être Gascon; le jour où Renan a découvert qu'il était Gascon, c'est le jour où il s'est aperçu qu'il ressemblait à Montaigne; mais encore c'est un exercice très sérieux qui peut devenir plus sérieux et plus profitable aux mains d'un autre qu'aux mains de celui qui l'a inventé, mais qui est déjà chez celui-ci très avisé et très salutaire.

Car enfin pour Montaigne même qu'est-il résulté de ce « scepticisme » qui n'est, nous l'avons vu, en son fond, que recherche, examen, discussion des idées, connaissance de soi, culture de soi?

Il en est résulté cette idée d'ensemble que l'homme n'est sûr de rien, est comme entouré d'inconnaissable et comme surplombé de vérités inaccessibles, et que par conséquent il serait coupable de persécuter ses semblables pour des idées générales dont il n'est pas sûr — et voilà une grande leçon de tolérance.

Il en est résulté cette autre idée d'ensemble que l'homme est très fort pour l'action, pour l'endurance, pour les œuvres d'énergie, à condition qu'il ait bien mesuré ses forces et se connaisse profondément.

Voilà les deux conclusions — car on conclut toujours, même quand on est le moins conclusionnaire des hommes — voilà comme les deux conclusions latentes de Montaigne. Et c'est ici que son « scepticisme » rejoint son « dogmatisme ». Ne vous acharnez pas à essayer de savoir le fond des choses et tous les pourquoi, ni même tous les comment, à quoi vous perdriez votre peine. Ne cherchez dans le savoir qu'une ignorance perfectionnée qui vous persuade de votre ignorance et vous la fait accepter et vous en console. Mais connaissez-vous vous-même et par cette connaissance arrivez à la maîtrise de vous-même et à la disposition adroite et sûre de tout ce que vous êtes ; et faites ainsi de votre vie une œuvre complète, harmonieuse et utile ; en tout cas faites de votre vie toute l'œuvre qu'elle peut être, ce qui est votre destinée même et par conséquent votre devoir.

L'une de ces conclusions appuie l'autre, loin qu'elle la contredise. Le temps que vous auriez perdu à de vaines spéculations, à de vaines disputes et au soin plus vain encore et plus funeste de faire entrer par force dans la tête des autres des idées générales dont vous êtes loin d'être certains, employez-le à agir selon vos puissances et conformément à votre nature ; les forces que vous auriez dépensées soit dans la spéculation, soit dans la dispute, usez-en pour vivre fortement, utilement, et, au moins, ce qui est toujours possible, pour bien vivre.

Tout ce qui est scepticisme dans Montaigne vient donc ainsi comme au secours de tout ce qui en lui est dogmatisme, ou, si l'on veut, croyance instinctive; et tout cela se résume en ceci : Connaissez-vous, soyez maîtres de vous, faites agir de toutes ses forces ce qu'il y a de meilleur en vous.

Telle morale est plus belle et sublime que celle-ci; mais celle-ci est déjà de très bon sens et assez haute. Guillaume Guizot, qui adore causer avec Montaigne, a toujours ce scrupule en causant avec lui : Oui, mais de cet entretien, que me restera-t-il? « Sommes-nous ici-bas pour causer? Évidemment tout le livre de Montaigne est ruiné, sa manière de vivre n'est pas louable, son état d'âme n'est pas sain, son jugement n'est pas éclairé, *pour peu qu'on admette qu'il y a un but de la vie, un but quelconque...* » — Eh! mon Dieu! il y en a un premier, qui est de n'être pas des imbéciles, qui est de n'être pas des rêveurs creux, des fanatiques, des intolérants, des fous, des ignorants de soi-même se jetant dans les aventures ou tombant dans le désespoir. Voilà certainement le premier but; il y en a un après celui-là et un autre plus loin encore; sans doute; mais ce premier est essentiel, et s'appliquer à s'y conduire et à y conduire les autres est une œuvre digne d'occuper la vie d'un grand homme et qui laisse quelque chose après elle.

Il faut se garder très soigneusement d'un travers,
qui est le mépris à l'égard des hommes de bon
sens. Les hommes en ont si peu qu'un moraliste
qui les y ramène est une grâce de la Providence.
Si, avec cela, il a de l'esprit, ce qui, quoique moins
rare, l'est encore assez ; si, en outre, il a une
excellente méthode pour diriger chacun vers tout
le bon sens qu'il peut avoir en lui et pour l'y
attacher, il est parmi les bienfaiteurs de l'humanité. Il mène au premier but, déjà terriblement
éloigné ; à d'autres de mener au second et au troisième ; mais à chacun suffit sa tâche. Tout en
souriant Montaigne a très consciencieusement et
heureusement rempli la sienne.

Il faut aussi, ce que Guillaume Guizot n'a, du
reste, pas oublié, songer au temps où il écrivait.
C'est une règle qu'il faut lire tout ouvrage comme
s'il était un livre de circonstance, parce qu'il l'est
toujours. A qui Montaigne parlait-il ? A lui-même ;
mais comme on se conseille toujours ce qu'on
ferait de soi-même et sans aucun avis, ou à peu
près, il aurait pu ne se rien dire. Mais il parlait à
des hommes à qui manquaient depuis un siècle
exactement toutes les facultés de modération. Il a
incliné un peu, un peu trop peut-être, du côté où
ils ne penchaient pas. Il leur a conseillé un peu
moins d'agitations, un peu moins de colères, un

peu moins d'enthousiasmes, et même un peu moins de convictions. Selon les temps on peut trouver qu'il a été trop loin ou qu'il a donné juste au point. Il paraît un peu « un endormeur de consciences » parce qu'il a été un endormeur de passions. Quand les passions sont si déchaînées on peut pardonner à qui s'essaye à les charmer. Quand les consciences sont si susceptibles et si sûres d'elles qu'il y a des guerres de consciences, comme en d'autres temps des guerres d'ambition ou de vengeance, endormir les consciences serait de trop, mais les désarmer un peu peut paraître excusable.

Oui, « le plus sage des Français » c'est un peu dire, et cela ne pouvait guère être dit que par Sainte-Beuve, dont la sagesse fut un peu bourgeoise; mais certainement Montaigne fut un sage. Il est le professeur de bon sens de cette moyenne de l'humanité qui n'est bien capable, au cours ordinaire de la vie, que d'une sagesse, courageuse encore, mais tempérée et modeste. Être à la tête de ce groupe très considérable, très important dans l'économie générale du monde, et très honorable, c'est une belle place.

Et voyez que Montaigne tient plus que cette place-là. Il nous gouverne, il nous dirige, il nous inspire, il est le héros et le héraut du bon sens. — Et puis, quand il a affaire à des âmes plus hautes, plus sévères à la fois et plus ardentes, il ne les conquiert pas; mais encore il les séduit; il les charme jusqu'à les inquiéter; il s'en fait non des amies, mais, ce qui est plus flatteur, des ennemies qui ne peuvent détacher de lui ni leurs pensées ni leurs regards. Que Guillaume Guizot ait écrit un livre sur Montaigne et un peu contre Montaigne, c'est peut-être la plus grande victoire de Montaigne.

EMILE FAGUET.

MONTAIGNE

ÉTUDES ET FRAGMENTS

I

MONTAIGNE ET LES SIENS
SES IDÉES SUR L'ÉDUCATION

En écrivant ses Essais, Montaigne savait d'avance qu'on lui reprocherait d'y trop parler de lui-même, et, entre autres plaidoyers ingénieux qu'il préparait pour répondre à ce grief : « Quel contentement me seroit-ce, écrivait-il un jour [1], d'ouyr ainsi quelqu'un qui me recitast les mœurs, le visage, la contenance, les plus communes parolles, et les fortunes de mes ancestres! Combien j'y serois attentif! Vrayement cela partiroit d'une mauvaise nature d'avoir à mespris

---

1. Les *Essais*, liv. II, chap. xviii : — t. III, p. 63 de l'édition en 4 volumes, publiée par MM. Courbet et Royer chez Lemerre, Paris, 1872. C'est à cette édition, qui reproduit le texte de 1595, que nous emprunterons toutes nos citations de Montaigne, sauf avis contraire.

les portraits mesmes de noz amis et predecesseurs, la forme de leurs vestements et de leurs armes! J'en conserve l'escriture, le seing et une espée peculière; et n'ay point chassé de mon cabinet des longues gaules que mon père portoit ordinairement en la main. *Paterna vestis et annulus tanto charior est posteris, quanto erga parentes major affectus.* »

Voilà bien Montaigne, avec cet air de bonhomie où sa gentilhommerie s'enveloppe. Les plus farouches démocrates lui pardonneraient ses reliques et ses parchemins. Il est fâcheux sans doute que Montaigne ait des ancêtres : mais après tout qu'y peut-il faire? S'il parle d'eux, c'est par piété filiale; s'il les connaît, c'est parce qu'il est d'une curiosité que tout amuse....

*   *   *

Il s'agit de s'entendre sur les « ancêtres » de Montaigne : il en avait de deux sortes, les uns, qu'il rejette autant qu'il peut dans les coulisses, et les autres, qu'il pousse sur le devant de la scène, et cela au moment même où il semble traiter de haut les noms, la réputation, et jusqu'à l'espérance de n'être pas oublié par ses amis après sa mort [1]. Ce nom de Montaigne, « commun à toute sa race », ce blason dont quelque chétif acheteur fera, disait-il, ses premières armes, c'était son arrière-grand-père Ramon qui les avait achetés avec la maison noble de Montaigne le 10 octobre 1477, par-devant de Artigamala, notaire, au prix de 900 francs bordelois. Ce château,

---

1. *Essais*, liv. II, chap. XVI.

qu'il appelait « le lieu de sa naissance, et de la plus part de ses ancêtres », n'avait vu naître qu'un de ses ancêtres, son père, le 29 septembre 1495 ; et quand celui-ci mourut, Montaigne n'était pas davantage dans le vrai en écrivant de sa main sur les Éphémérides de sa famille ces mots qu'on y lit encore : « Il fut anterré à Montaigne, au tumbeau de ses ancêtres », car son père fut le premier de sa race à être enterré là comme à y naître, et les seigneurs de Montaigne qui l'avaient précédé dans ce caveau funéraire étaient les ancêtres du vendeur, non les siens. Enfin le nom d'Eyquem, au lieu d'être dans sa famille une chose d'autrefois, accessoire et lointaine, à couler entre parenthèses, était son véritable nom patronymique ; son bisaïeul, son aïeul, son père avaient tous continué à le porter, même depuis qu'ils possédaient et prenaient le titre de seigneurs de Montaigne ; et quant à lui-même, pendant trente-cinq ans, c'était sous le nom de Michel Eyquem de Montaigne qu'il avait été inscrit sur les Éphémérides de sa famille à la date de sa naissance, que plus tard il était entré à la Cour des Aydes de Périgueux et, le 3 décembre 1557, à la Cour du Parlement de Bordeaux, et qu'il avait été désigné dans son contrat de mariage avec Françoise de la Chassaigne le 22 septembre 1565. Mais le 18 juin 1568 son père était mort ; Michel était devenu le chef de la famille : aussi, dès le 31 août de la même année, dans un acte d'accord passé entre sa mère et lui au sujet de la succession qui vient de s'ouvrir, on voit Michel de Montaigne se dépouiller d'Eyquem, et désormais il aura soin

non seulement de taire ce nom dans les notes qu'il
ajoutera aux Éphémérides, mais encore de le rayer
dans les notes qui s'y trouvaient consignées. Le parti
pris est évident : quelle en est la cause ? Montaigne
a beau dire : « Si je durois à vivre longtemps, je ne
croy pas que je n'oubliasse mon nom propre[1] », personne n'admettra qu'en faisant imprimer ses Essais,
il eût oublié en 1580 que jusqu'en 1578 il s'était lui-
même appelé ainsi. Le fait est qu'il ne voulait plus
s'appeler ainsi parce que c'était un nom de bourgeois
et de marchands, du moins dans sa famille personnelle. Le nom d'Eyquem, très ancien et très répandu
dans le Médoc et le Bordelais, avait été porté par les
seigneurs de Lesparre, avant même la domination
des Anglais en Aquitaine. Mais les Eyquem, origi-
naires de Blanquefort, de qui Michel descendait,
avaient fait leur fortune à Bordeaux depuis le milieu
du XVe siècle, par le commerce des vins, du poisson
salé et du « pastel », et, quoique la richesse les eût
conduits à de brillantes alliances, à de nombreuses
charges municipales, et même au château de Montaigne, ils n'avaient abandonné ni la rue de la Rousselle ni les affaires commerciales.

* * *

Montaigne a-t-il voulu dissimuler ses ancêtres
bourgeois et marchands ? S'est-il proposé de nous
tromper sur la noblesse de son origine ? Et sa bonne
foi a-t-elle à souffrir du propos de Scaliger à ce sujet

1. *Essais*, liv. II, chap. xvii. — Ed. Courbet et Royer, t. III,
p. 45.

ou des découvertes récentes qui viennent le confirmer ? Avec Montaigne il ne faut jamais user d'une grande rigueur, et quand même on trouve un fait qui dément son dire, il serait injuste de conclure que Montaigne a menti.

* * *

C'est Marivaux, je crois, qui a dit : « Tout le monde est bourgeois gentilhomme, jusqu'aux gentilshommes mêmes ». Tel est exactement le cas de Montaigne, et sans but précis, sans mensonge évident, rien qu'avec un peu de dextérité et quelques réticences, il a réussi — ou il s'est laissé aller — à nous faire voir sa famille et son propre rang dans la société de son temps sous un jour qui ne montre pas tout. Montaigne avait incontestablement le droit d'intituler ses premiers Essais : « *Essais de messire Michel seigneur de Montaigne, chevalier de l'ordre du roi et gentilhomme ordinaire de sa chambre* » ; tous ces titres lui appartenaient bien. Il aurait même pu ajouter que, depuis plus de deux ans, le roi de Navarre l'avait nommé gentilhomme de sa chambre comme le roi de France, mais Henri IV ne perçait pas encore sous Henri de Bourbon, et Montaigne laissa cet autre honneur dormir sur une page de son journal privé. Il ajouta seulement aux éditions suivantes de son livre qu'il était maire et gouverneur de Bordeaux. Encore un coup il en avait le droit, et quand il lui plut en 1588 d'effacer cette « légende de qualités et de titres » et de se réduire à n'être plus que Michel, seigneur de Montaigne, il avait le droit aussi de faire remarquer cette suppression, et d'en tirer quelque éloge... s'il en reste à tirer d'une modestie ainsi soulignée.

* * *

Non seulement Montaigne parle de lui, mais il a de la peine à admettre que les autres n'en fassent pas autant. Il ne voudrait pas que Tacite s'excusât de rappeler une de ses magistratures; c'est un trait qui lui semble « bas de poil ». Tacite n'a-t-il pas l'air de reprocher indirectement à Michel la publication de ses lettres patentes de Citoyen romain[1] ? A mesure qu'il avançait en âge et s'enhardissait à se peindre par le menu, ce dessein qui lui paraissait d'abord farouche et monstrueux lui paraît de plus en plus raisonnable et naturel, et il revient sans cesse à argumenter contre ceux qui le critiquaient de manquer de réserve ou qui n'ont pas jugé bon d'en manquer.

* * *

Que Montaigne ait été vaniteux, et que sa vanité se soit attachée à ce qui était le moins essentiel en lui, contrairement à tous ses préceptes, je m'en soucierais médiocrement si ces prétentions de gentilhomme et de parvenu ne se retrouvaient pas dans tous les traits regrettables ou blâmables de sa vie. Il n'avait qu'à rester franchement et simplement ce qu'il était, le fils enrichi et anobli d'une famille bourgeoise et marchande de Bordeaux, pour échapper à toute une

---

1. *Essais*, liv. III, chap. VIII.

nuée de reproches qui ne sauraient lui être épargnés.
Il n'aurait pas eu ce dédain qu'il croyait philosophique et qui nous paraît puéril pour les devoirs
d'une charge municipale. Il n'aurait pas fui la magistrature comme une prison indigne de son rang, et la
science des lois comme une étude inférieure à son
génie. Il n'aurait pas, en parlant des autres études,
toujours vu le tort qu'elles peuvent faire aux belles
manières et au bel air, et son chapitre sur l'éducation
serait autre chose que le programme d'une éducation
de jeune seigneur d'après les souvenirs d'un enfant
gâté.

* * *

Le père de Montaigne nous apparaît moitié bourgeois, moitié gentilhomme de province, occupé
tantôt dans sa maison de la rue de la Rousselle à
vendre ses vins, tantôt à faire rebâtir et fortifier l'ancienne maison noble de Montaigne. Il est un esprit
naturellement ingénieux et pratique, demi-éclairé.
Mais il quitta sa province, fit les guerres d'Italie sous
François Ier (1515-1528), et l'influence de cette expédi-
tion lointaine sur son esprit est sensible. Les hommes
de cette génération découvrirent l'Italie; ils découvrirent un pays de beauté et de science, et revinrent
en France tardivement épris des savants, avec le
regret de leur jeunesse écoulée, étrangère aux lettres.
Comme tous ses contemporains, Pierre Eyquem
regretta « que son temps n'ait pas été tant idoyne et
commode aux lettres comme était le présent, qu'il
fût encores ténébreux et sentant l'infélicité et calamité
des Goths, et qu'il n'y ait eu alors copie de telz pré-

cepteurs comme en avait son fils [1] ». Aussi voyons-nous
Pierre Eyquem, qui n'avait, nous dit son fils, nulle
connaissance des lettres, rechercher l'accointance des
hommes doctes, faire accueil dans son château à
M. Antoine Muret, à Élie Vinet, à Buchanan, à
Gouvéa, et travailler au chef-d'œuvre de sa vie, qui
est l'éducation de son fils.

* * *

Montaigne a maintes fois parlé de son père et du
zèle ingénieux et doux de cet homme excellent. Mais
pourquoi ne nous dit-il rien de sa mère, si ce n'est
qu'elle avait appris, comme son mari, assez de latin
pour l'entendre et pour en jargonner avec cet érudit
au berceau? Ce n'est pas qu'il l'ait perdue de bonne
heure, puisqu'elle lui a survécu jusqu'au 4 avril 1601.

* * *

Il y a dans la vie de Montaigne deux épisodes à
part, qu'il a mis lui-même en lumière comme les sujets
favoris de ses souvenirs et de ses réflexions : c'est son
éducation première, et son amitié pour La Boëtie.

* * *

Le point de départ de Montaigne, c'est d'avoir été
un enfant gâté, et d'avoir toujours trouvé qu'on
aurait dû le gâter encore davantage, qu'on ne l'avait
pas assez laissé glisser sur sa pente et savourer
son sommeil. Prenez son éducation et son enfance
telles qu'il les raconte : il en fait deux parts, l'une où

1. *Rabelais*, II, viii.

son père, le meilleur père, dit-il, qui fut jamais, s'ingénie et se dévoue à supprimer de la vie de son enfant toute apparence d'obstacle et de gêne, l'autre où l'enfant est remis dans les conditions ordinaires de l'éducation et ne peut plus travailler à ses heures.

* * *

La vie de Montaigne commençait bien, presque trop bien; une si douce entrée en matière ne laissait pas prévoir les épreuves qui suivront; c'est comme une idylle qui servirait de premier acte à une tragédie, et l'on est un instant tenté de dire que, par son enfance et son éducation, Montaigne fut mal préparé aux temps où il devait être homme. Mais quoi? n'est-ce pas là, plus ou moins, notre condition commune? Et l'enfance, par cela seul qu'elle est l'enfance, ne semble-t-elle pas toujours une préface faisant contraste avec le livre qui la suit? Ce qui m'étonne, c'est que Montaigne, en se rappelant ses premières années, n'ait pas senti lui-même que quelque chose de nécessaire y avait manqué, et qu'il ne fallait pas proposer comme un programme cette éducation qui n'a point abouti.

* * *

Montaigne dit dans ses Essais en parlant de ses enfants : « J'en ai perdu en nourrice deux ou trois, « sinon sans regret, au moins sans fâcherie ». O Montaigne! voilà un mot qui ne te fait point honneur! Il eût mieux valu ne savoir pas faire une distinction subtile entre la fâcherie et le regret, et savoir plus exactement le compte de tes enfants morts.

* * *

Entrons seulement dans cette tour de son château où il a vécu la meilleure part de sa vie. C'est là que Montaigne a vécu de cette vie que je ne saurais louer et de laquelle il a souvent parlé lui-même comme un homme qui s'excuse plutôt qu'en homme assuré et joyeux d'avoir pris le bon parti. Cette tourelle a été, pendant de longues années, son point de repère et de retraite, et il l'avait si bien faite à son usage qu'il semble l'avoir faite à son image; en la décrivant, il ne nous a pas seulement ouvert sa demeure, il nous a encore retracé, une fois de plus et plus nettement que jamais, son propre portrait. Loin du monde et, à part de sa famille même, avoir son lit entre sa chapelle et sa librairie, donner sa porte à garder au culte, à la tradition, réserver son plus haut étage à quelques représentants choisis de la libre sagesse, mais, comme par crainte de se laisser engager par eux, écrire à la voûte de cette seconde chapelle les sentences du doute universel, et au-dessous de cette retraite philosophique, au-dessus de l'autel consacré, s'isoler, rêver, dormir....

* * *

Les voyages de Montaigne ont un grand prix. C'est là, et là seulement, qu'on le voit à l'œuvre et pour ainsi dire dans son atelier. Ailleurs nous avons les résultats de ses observations, de ses conversations, des mille et une rencontres heureuses ou curieuses que sa vie errante et la variété de son siècle lui ont fournies. Mais dans ses notes de voyage nous avons

Montaigne tel qu'il était avec lui-même et nous pouvons mesurer la distance qui sépare ce Montaigne authentique et solitaire de l'autre Montaigne qui s'est fait imprimer. C'est sa prétention et sa réputation de nous avoir donné dans les Essais un portrait sans apprêt, presque sans vêtement, la plus libre des peintures et la plus nue des anatomies.

* * *

Y a-t-il de grandes différences entre le Montaigne des *Essais* et celui des *Voyages?* Oui et non. Ils se ressemblent trop pour qu'il y ait chance de les détruire l'un par l'autre; ils diffèrent assez pour qu'il y ait profit à les comparer.

Les contradictions du caractère et de l'esprit de Montaigne sont bien moins saillantes, bien mieux fondues et mieux conciliées dans son journal de voyage que dans ses Essais. Là, c'est l'analyse successive, entrecoupée d'un esprit qui s'applique et se pique au jeu. Ici, il n'a pas le temps de tant réfléchir, de s'enfoncer dans sa pensée du moment et de s'y faire comme un trou. On y voit très bien le travail de son esprit sur les faits qu'il rencontre et parmi les amis qu'il a à sa portée....

* * *

Rien de plus contraire que le Chateaubriand voyageur et le Montaigne voyageur. Non pas que Montaigne soit insensible à la grandeur du pays qu'il parcourt, des souvenirs qu'il y rencontre, des idées qui s'éveillent en lui à leur sujet. Son imagination et

son éloquence n'ont rien à envier à personne dans
ces beaux moments où il voit les Alpes ou Rome.
Non, mais partout et à toute heure, il trouve ce qu'il
lui faut; tout lui suffit, tout l'amuse ou l'émeut; les
choses, telles quelles, l'attirent et l'arrêtent. L'autre,
au contraire, semble avoir toujours besoin d'y ajouter
quelque chose de son propre fonds ou plutôt de sa
propre forme et de son art; il ne voterait pas pour
les Alpes sans phrase; sans doute il est trop grand et
trop véritable poète pour trahir la nature en la tra-
duisant; mais on sent qu'il l'aime au moins autant
dans sa traduction que dans le texte même; et puis
après tout, il a beau faire, son imagination est
d'avance blasée de tout et d'elle-même, il a conscience
du vide immense qui est en lui, il en a conscience
et orgueil, il s'est dit mille fois que les cinquante
Danaïdes y verseraient vainement toute la poésie,
tout l'éclat de l'univers, c'est un cœur qui n'a pas de
fonds, pas de tuf, et qui se complaît à laisser tout
fuir; on sent que ses plus grands enthousiasmes ne
sont que les épisodes d'une vie universellement
dégoûtée. Chateaubriand en voyage, c'est un Asha-
vérus. Montaigne, c'est un flâneur et un curieux.

* * *

Montaigne se plaisait en Italie, à Rome, à Venise,
et je le comprends. Il est bien plutôt un Italien qu'un
Français du xvie siècle, et quand ses Essais furent
soumis à la congrégation de l'Index, il y eut entre le
prélat et le philosophe une mutuelle comédie de gens
qui sont faits l'un pour l'autre et qui s'entendent à

demi-mot. Il ne manque à cette scène que d'avoir
été racontée par Montaigne lui-même, avec tout le
détail et le soin qu'il a mis à nous raconter sa chute
de cheval et son évanouissement. Par malheur ce
n'est que dans ses notes de voyage qu'il en parle et
non dans ces chefs-d'œuvre qu'il appelait ses Essais.

* * *

Imaginez Montaigne aux prises avec le terrible
enfant royal à qui Fénelon a eu affaire et que Saint-
Simon nous a décrit. Où aurait-il trouvé en lui, je ne
dis pas l'abondance des agréments et des ressources,
la souplesse, la bonne humeur, l'art d'intéresser à
tout (en cela Montaigne n'a rien à envier à personne),
mais où aurait-il trouvé ce dévouement maternel de
Fénelon pour son élève, cette vue si haute du but à
atteindre et qui rendait les plus petits moyens dignes
du plus beau génie, cette persévérance contre tout
espoir, ces deux sublimes soucis du pays à servir et
d'une âme à sauver ?

Combien l'ambition de Fénelon en fait d'éducation
était plus haute et plus exigeante ! Comme on y sent
la présence et l'action d'un idéal que Montaigne
n'aurait pas raillé peut-être, mais qu'il aurait, de tout
le poids de son sens commun, découragé et désarmé !
M. de Beausset a bien senti cela dans Fénelon. Et
cela se sent encore mieux, après l'éducation finie,
quand Fénelon juge son élève devenu homme et le
voudrait prenant les choses plus d'ensemble et de
plus haut, plus guerrier à la guerre, moins enclin à
se laisser gouverner par celui-ci ou celui-là, moins

minutieux, moins féminin, moins maladif dans sa
dévotion, moins perdu dans l'infini des détails, dans
le dédale des questions d'où l'on ne sort pas. C'est
alors surtout que la portée d'esprit de Fénelon se
montre dans son beau. Grâce à Dieu, comme il l'eût
pensé lui-même, il a déjà fait un miracle; il a fait,
d'un enfant qui pouvait donner tout à craindre, qui
pouvait tourner au fou et au monstre, il en a fait la
douceur même, la modestie même, l'homme le plus
pénétré de ses devoirs, le plus maître de ses passions
si fougueuses; mais cela ne suffit pas encore à
Fénelon; un autre pourrait se complaire aveuglément
dans un tel succès; Fénelon ne méconnaît aucune
des lacunes ni des fautes qui sont ou seront dangereuses pour ce saint destiné au trône; il lui souhaite,
il lui demande plus d'initiative, plus d'entrain, plus
de largeur; à la manière dont il le juge et l'exhorte,
on le dirait tout prêt à reprendre son œuvre en sous-
œuvre, à recommencer, si c'était possible, une seconde
éducation, à tenter un nouveau miracle, à tout faire
pour affranchir et enhardir le futur roi comme il a
tout fait jadis pour dompter et humaniser l'enfant
sauvage. Montaigne assurément n'aurait ni osé ce
premier effort contre une nature terrible ni passé
d'un premier succès à une exigence nouvelle; le
laisser-aller lui aurait paru plus commode et plus
prudent.

* * *

Dépouillez les idées de Montaigne sur l'éducation
de tous les ornements qui les embellissent et des
vérités partielles qu'il y mêle; réduisez-les à leur

substance; n'est-il pas vrai qu'elles peuvent s'exprimer ainsi : « Il ne faut imposer à l'enfant aucune discipline ni lui demander aucun effort; il n'y a rien à retrancher, rien à ajouter à ce que l'enfant porte en lui; tout ce qu'on retranche est une perte sèche, tout ce qu'on ajoute est un gain trompeur »; ou plus brièvement encore : « point d'éducation »?

Car, en fin de compte, ces soins, ces remontrances, ces règles, ces enseignements, que Montaigne réduit jusqu'à les anéantir, c'est l'éducation même; c'est l'éducation non seulement de l'enfance, mais de la vie tout entière, et elle n'est la grande affaire de l'enfance que parce que l'homme se prépare et se façonne alors à un travail qui ne doit cesser qu'avec lui.

* * *

La maxime générale de Montaigne en fait d'éducation, c'est qu'il faut viser à former un homme.... Maxime très profonde et très vraie, mais à deux conditions : il faut qu'en travaillant à former un homme le maître n'oublie pas qu'il a actuellement affaire à un enfant; il faut aussi qu'il ne laisse pas croire à son élève que plus tard, étant homme, il n'aura pas de devoirs plus étroits ni de tâche plus précise.

* * *

Les idées de Montaigne sur l'éducation sont pratiques et sceptiques. Au fond, que veut dire l'éducation? Que l'homme peut être amélioré et apprendre à s'améliorer lui-même. Cela même, Montaigne n'en croit pas le premier mot. Et c'est bien dommage,

car il aurait été un merveilleux précepteur. Il parle
de l'éducation en homme qui n'y croit pas, mais qui
s'y entendrait mieux que personne. Maintenant, en
cela comme en toutes choses, il y a un point à éclaircir
à propos de Montaigne : est-ce à son scepticisme
qu'il faut faire honneur de ses qualités? Est-ce parce
qu'il ne croit pas à l'éducation, parce qu'il l'a réduite
au minimum, parce qu'il en espère peu, est-ce pour
cela qu'il a des vues justes et modérées?

* * *

Traduisons les idées de Montaigne en français
d'aujourd'hui : il oppose toujours l'instruction à
l'éducation, il veut sacrifier l'une à l'autre, il ne croit
pas qu'on puisse les aider l'une par l'autre et les
mener de front. En cela il pense tout autrement que
Rabelais, et bien moins profondément. Certes personne ne peut dire que Rabelais ne fût pas un adversaire assez décidé de la vieille scolastique, de la
vieille rhétorique, de la science servile et morte; nul
n'a cru plus hardiment que lui aux ressources de la
nature humaine et de la nature universelle; Antiphysis
est son ennemie personnelle, il l'a assommée à coups
de grelots. Mais il n'a pas cru, comme Montaigne, à
la fécondité des jachères : la nature, ce champ si
riche et si négligé pendant des siècles, il n'a point
pensé qu'il suffit de le négliger encore plus complètement pour lui faire révéler et redoubler ses
richesses; il prêche au contraire pour la culture, et
la plus variée, la plus profonde, la plus savante, la
plus raisonnée qu'il peut inventer. Il veut demander

tout à la nature, mais il n'entend point par là qu'il faille laisser rien au hasard.

* * *

Combien plus haute et plus ferme, malgré ce qui lui manque encore, est l'idée de l'éducation chez Rabelais! On dirait que tous les désavantages sont de son côté. Ni la forme de son œuvre, ni le genre de ses personnages, ni le ton qu'il a pris ne se prêtent aux vues générales, aux conseils dont tous peuvent profiter; il raconte, tandis que Montaigne moralise; il parle de personnages imaginaires, il met en scène des héros de fantaisie, tandis que Montaigne parle de l'homme réel et universel; il est comique et cynique, tandis que Montaigne se prend au sérieux. Mais qu'importe? C'est la qualité et la substance de l'esprit qui fait l'œuvre solide et étendue. Rabelais a sur Montaigne un avantage que rien ne compense : en parlant d'éducation, il croit à l'éducation, il la croit nécessaire et efficace, il ne travaille pas à la restreindre autant que faire se pourra, mais à l'asseoir et à la diriger de son mieux.

* * *

Suivre la nature! Qu'est-ce à dire? Et ce précepte est-il si net, si clair, qu'il puisse se suffire à lui-même? Je crains que Montaigne ne nous engage tout d'abord, sur la foi d'une grande mais vague parole, dans une voie qui nous trompera, et puisqu'il s'agit, en instituant l'enfant, de préparer l'homme, je suis en droit de lui demander quel homme il veut préparer.

Il y a, dans les idées de Montaigne sur l'éducation, une première source de confusion et d'erreur. Sa visée est très générale, et le cas qu'il pose est tout particulier. Il veut former un homme, et il ne parle que pour un jeune seigneur. Tous les conseils qu'il donne, toutes les finesses qu'il déploie, tous les raisonnements qu'il entrelace, supposent une certaine somme de richesse, un rang dans la société, une manière de vivre acquise aux parents et promise à l'enfant, et en dehors de laquelle la sagesse de Montaigne ne peut plus servir. Montaigne, en se servant de mots philosophiques, s'est souvent fait illusion à lui-même et a fait illusion à ses lecteurs : mais il est casuiste bien plutôt que philosophe, et ce qu'il dit de l'éducation des enfants, malgré l'apparente étendue des idées, ne vient que de son éducation personnelle et ne va qu'à celle de son petit voisin du château de Gurson....

* * *

Faire un plan d'éducation où le travail n'entre pour rien, c'est une chimère qui peut séduire, mais ce n'est qu'une chimère. Faire un plan d'éducation où l'on se propose de conserver l'enfant tel qu'il est né, de ne lui résister et de ne le réformer en rien, c'est plus qu'une chimère, c'est le contraire même de l'éducation. Que les procédés à employer envers un être si frêle et si respectable ne puissent jamais être trop tendres, trop délicats, on aimerait à l'accorder; mais cela même n'est pas vrai, et quand cela serait vrai, il n'en resterait pas moins que, par les

moyens les plus doux qu'on puisse imaginer, le but
de l'éducation n'est pas cette complaisance indistincte
envers les instincts de l'enfant, mais au contraire un
effort savant pour ajouter et retrancher à sa nature,
pour le remanier et le refaire dès ses jeunes années.
La langue française a, à ce sujet, deux expressions
admirablement justes : gâter les enfants, élever les
enfants, cela dit tout ; ce sont deux programmes en
deux mots. Qui ne se propose pas tout d'abord de
les améliorer les gâte, comme plus tard, lorsqu'il
s'agira des hommes, on pourra dire : qui ne les
améliore pas les corrompt. Nous sommes tous ici-bas
pour nous enseigner les uns aux autres à valoir
mieux d'heure en heure et à choisir en nous-mêmes
ce qui doit se développer et ce qui doit se corriger.
Retranchez le devoir de choisir, de corriger, de
développer, vous retranchez l'éducation même, et
vous livrez l'enfant à une condition plus funeste que
s'il était jeté nu dans le désert. Rien n'est pire que
l'abandon au milieu de la foule, et c'est l'image de
l'enfant que ses parents gâtent. Ils le laissent maître
de lui à un âge où l'on n'est point maître de soi,
et parmi mille exemples, mille tentations, mille
influences qui se disputent l'empire de ses volontés
irréfléchies.

* * *

Il y a dans les idées de Montaigne sur l'éducation
une lacune qui mérite d'être remarquée : la religion
n'y a point de place.

II

MONTAIGNE ET LA BOËTIE
SES IDÉES SUR L'AMITIÉ

Il y a eu, dans la vie de Montaigne, une idylle et un roman. Son idylle, c'est l'histoire de sa première éducation, et son roman n'est point une histoire d'amour, mais celle de son amitié pour Étienne de la Boëtie. Il a répandu, sur ces deux épisodes de sa vie, les meilleures fleurs de son imagination et de son style ; il a donné à tous ses lecteurs une tentation et une jalousie singulières ; on voudrait avoir été élevé comme lui, et, jeune homme, avoir rencontré un tel ami. Ceux mêmes qui n'envient pas à Montaigne le reste de sa vie ont quelque peine à se défendre sur ces deux points, et je sais à n'en pas douter que les moins suspects ont été gagnés.

* * *

Montaigne a si bien nommé son livre, et le livre est, comme il dit, si « consubstantiel à son auteur », qu'il suffit de lui en emprunter le titre pour résumer et définir sa vie : elle aussi n'est qu'une série d' « essais ».

Prompt aux dégoûts comme aux désirs, et trop épris
de lui pour se condamner en cela, porté plutôt à voir
dans sa mobilité le signe d'une âme riche et supérieure
à tout, et quand même il concevait quelques raisons
de se blâmer, bien résolu à ne prendre aucune peine
pour se corriger, il n'a appartenu à rien ni à personne, si ce n'est à La Boëtie et à Montaigne.
L'amitié seule l'a vraiment disputé à l'égoïsme et
exalté au-dessus de lui-même pendant quelques
années dont le souvenir n'a point péri. Sans cette
rencontre de La Boëtie, on ne saurait pas que Montaigne était capable de passion : tout le reste en lui ne
fut que goûts, caprices ou habitudes par lesquelles il
ne se tenait pas lié. Ce noble roman une fois fini, il a
poussé jusqu'au système, jusqu'au paradoxe le parti
pris de vivre au jour le jour et au hasard; on dirait
qu'il est toujours en voyage, des études au Parlement,
de la guerre à la cour, de son château de Montaigne
en Suisse et en Italie.

* * *

C'est surtout à propos de Montaigne et d'après lui
que La Boëtie est connu. La gloire du survivant a si
bien enveloppé la mémoire du mort qu'on semble avoir
peur de leur faire outrage à tous les deux si l'on
cherchait à les distinguer l'un de l'autre. On dirait que
La Boëtie a vécu seulement pour servir de thème à
une soixantaine de pages admirables de Montaigne,
comme un arbre destiné à perdre promptement son
propre feuillage et à s'en consoler en soutenant un
lierre plus robuste et plus touffu. Je vois partout que
le grand titre d'honneur de La Boëtie est d'avoir été

aimé de Montaigne. Rien n'est plus injuste, et je renverserais volontiers les rôles; avoir aimé La Boëtie, l'avoir deviné, adopté, recommandé à jamais par ses longs regrets et ses touchants hommages, c'est, moralement, ce qu'il y a de plus beau dans la vie de Montaigne.

* * *

Ce qui me touche surtout dans l'amitié de Montaigne et de La Boëtie, ce qui m'attriste surtout dans la mort de La Boëtie et dans les regrets de Montaigne, c'est le témoignage et l'hommage rendus par un esprit éminent à une âme plus haute et plus forte que lui. Sans doute, La Boëtie était, lui aussi, un esprit rare; Montaigne l'a dit et redit vingt fois; les écrits de La Boëtie le prouvent, quoiqu'ils ne soient que les premiers essais d'un homme jeune encore et qui ne se croit pas prêt à paraître en public. Qui oserait dire cependant que La Boëtie fut supérieur ou même égal à Montaigne pour la sagacité, pour la finesse, pour le don d'entrer dans les idées d'autrui et de s'y mouvoir à l'aise comme chez soi, pour cette force tout ensemble précieuse et dangereuse de se détacher de soi, de se dédoubler, et d'être en même temps un acteur qui dit librement son rôle et un spectateur qui l'écoute curieusement? Mais en ceci La Boëtie trouvait sa revanche et reprenait un incomparable avantage : ce n'était pas une de ces âmes dénouées dont les diverses facultés ne forment plus le faisceau et tombent çà et là, éparses et inutiles, comme les fragments d'une armure qu'on ne peut pas boucler et revêtir. On sent au contraire en lui une force invincible de cohésion et de résistance, une ordonnance intérieure de toute l'âme autour d'un centre et selon une loi. Il y a là quelqu'un, non pas la rencontre singulière de plusieurs dons charmants ou précieux qui coexistent sans se fondre et se relier, mais une personne ferme et fixée, qui se connaît, qui se possède et qui se veut. Cela manque chez Montaigne, dès l'enfance et de plus en plus. Cela se voit chez La Boëtie au premier coup d'œil.

* * *

Quand Montaigne a voulu parler de La Boëtie et de l'incomparable amitié qui les unissait, il savait bien qu'il trouverait, pour nous en rendre compte, cent raisons et mille manières de les dire. Mais avant de donner cours, à propos de ce sujet favori, à l'abondance d'idées et d'images qui lui est naturelle et dont il enrichit les moindres sujets, Montaigne a tout d'abord sur La Boëtie un mot bien court qui est comme un défi, comme un démenti qu'il jette d'avance à sa propre puissance d'expliquer et de peindre, à cette anatomie de soi-même et des autres où il est passé maître par delà les plus raffinés : « Si on me presse, écrivait-il, de dire pourquoi je l'aimais, je sens que cela ne peut s'exprimer qu'en répondant : parce que c'était lui, parce que c'était moi ». Admirable formule de l'amitié que Montaigne était digne d'inventer et La Boëtie d'inspirer.

* * *

Montaigne croyait bien, en perdant La Boëtie, le perdre tout entier et pour toujours, et ces courtes années restèrent dans sa vie comme une vie à part. Rien ne fait mesurer mieux ce que valait cette âme qui n'a point autrement donné sa mesure. Ne jugez pas La Boëtie sur ses œuvres, même si vous les admirez; ne le jugez pas sur nos hypothèses, même si vous les admettez; ne le jugez pas sur les paroles de Montaigne, même si elles vous touchent. Ce sont les regrets de Montaigne, ses regrets fidèles et profonds, qui sont le plus grand témoignage à l'honneur de son ami. Le chapitre des Essais sur La Boëtie est bien éloquent et bien passionné; c'est un tableau de l'amitié antique et idéale qui fait pâlir le traité de Cicéron; mais il y a mieux encore, et Montaigne a été plus éloquent à moins de frais lorsqu'en voyageant en Italie, dix-huit ans après la mort de La Boëtie, entre une visite à quelque curiosité et un détail sur sa gravelle, il a écrit dans son journal intime ces simples mots : « Je tombai dans un tel pensement de monsieur de La Boëtie et j'y demeurai si longtemps que cela me fit un très grand mal ». Il avait raison de ne pas se consoler de la perte qu'il avait faite : elle était pour lui irréparable. La Boëtie était vraiment la meilleure part de Montaigne et sa meilleure chance ; il avait ce nerf et ce ressort intérieurs qui manquèrent toujours à Montaigne. On peut se plaire et s'attrister à rêver ce que la vie de Montaigne aurait été si La Boëtie eût vécu. Et, pour mon compte, il me semble que Montaigne aurait dû à celui qu'il perdit trop tôt un autre hommage encore que celui de son éloquence ou de ses regrets. La Boëtie était digne de rester, par delà la mort, le soutien et l'instigateur de Montaigne.

Rendu à lui-même et à lui seul, Montaigne n'a pas
cessé d'aimer, de louer, de contempler, de pleurer son
ami : je voudrais qu'il n'eût pas cessé de chercher à
valoir mieux de jour en jour, à l'honneur et à l'image
de cette grande âme envolée. Sans doute son amitié
pour La Boétie est le plus bel épisode de sa vie et
une des plus belles amitiés que je connaisse : mais
elle me laisse un sentiment de tristesse ; je la trouve
incomplète comme la carrière de La Boétie et insuffisante comme l'âme de Montaigne : Montaigne n'en
a tiré parti qu'à demi.

Il y a dans la poésie anglaise de nos jours un livre
où le culte de l'amitié est encore plus profond et plus
beau que dans les Essais : je veux parler du poème
anglais de Tennyson, *In memoriam*, à la mémoire
d'Arthur Henri Hallam, fils du grand historien. Dans
Tennyson comme dans Montaigne, l'admiration et le
respect relèvent l'amitié et épurent le regret. Mais ce
qui manque dans Montaigne abonde dans Tennyson :
l'autre vie sert d'horizon à cette vie, et non seulement
celui qui est resté ici-bas voit son ami là-haut, mais
encore, quoique demeuré en arrière, il marche et
monte vers lui sans cesse, se faisant de l'âme qu'il a
connue un modèle et de sa douleur une force salutaire. C'est là une sorte d'hommage que Montaigne
n'a pas rendu à La Boétie. Demeuré seul au contraire,
il a faibli, décliné ; il s'est ramassé et resserré en lui-
même ; il a été, selon le mot d'Aristote, humilié et
rapetissé par la vie ; et je m'assure que, si La Boétie
avait pu lire les Essais de son ami, il aurait consenti
volontiers à voir disparaître à jamais les pages célè-

bres et admirables où son nom est si tendrement
célébré, pour obtenir que le même vent emportât
aussi quelques-unes des pages où son ami amolli et
dévoyé parle de lui-même jusqu'à se faire tort.

* * *

Je ne crois pas que jamais langage plus passionné
ait pu être employé pour rendre aucun sentiment, et
il est vrai que l'amitié de Montaigne prend un caractère d'enthousiasme et de passion que peu d'autres
sentiments ont eus chez lui. Il faut bien que La Boëtie
ait eu en lui quelque chose de particulier pour exalter
Montaigne et le placer au-dessus de cet équilibre et
en dehors de cette indépendance à laquelle il tenait
tant. Montaigne ne s'est donné à personne qu'à La
Boëtie. Montaigne ne s'est enflammé pour personne
que pour La Boëtie. Et c'est là un véritable honneur
pour La Boëtie qui a rendu à Montaigne le service
de nous le montrer non plus toujours maître de lui
et désirant rester maître de lui, non plus se défendant
contre l'influence de ses propres sentiments, mais se
livrant tout entier et exprimant avec une passion
sans égale le sentiment le plus pur et le plus noble
qui fut jamais.

* * *

Ce qui honore Montaigne, c'est qu'en parlant de
La Boëtie mort avant lui, mort bien plus jeune, il a
toujours sur les lèvres un sentiment de respect. On
peut dire que Montaigne a toujours regardé La Boëtie
véritablement comme la meilleure part de lui-même ;
il lui rapporte tout ce qu'il a fait de meilleur ; il en

parle comme d'une autre conscience voisine et sœur
de la sienne, mais plus forte ; il en parle comme d'une
seconde raison plus large et plus haute que sa propre
raison ; touchant abandon, où l'on sent que Montaigne
veut faire penser que, si La Boëtie eût été laissé sur
la terre, il aurait, lui Montaigne, peut-être mieux
valu. Oui certes, car La Boëtie était de ceux qui sou-
tiennent et qui raffermissent. Je crois que, si La Boëtie
avait vécu plus longtemps, il aurait souvent préservé
Montaigne de l'excès du scepticisme.... Mais, si Montaigne n'a pas su se défendre lui-même, il a du moins
rendu à son ami mort l'hommage le plus profond et
le plus touchant, et non pas une seule fois, dans ses
livres, mais toute sa vie, en continuant à chercher et
à publier, dès qu'il les trouvait, les écrits de son ami.

* * *

Dans une des notes qu'il nous a laissées sur lui-
même et qu'il appelle son portrait, Montesquieu a
dit : « Je suis amoureux de l'amitié ». On reconnaît
là son style, ses jeux de mots qui sont si peu de
chose, ses pointes d'acier si aiguës et si fines avec
lesquelles il grave d'un trait tout un ensemble d'observations et de pensées, si bien qu'il donne aux plus
grandes de la finesse et aux plus délicates de la grâce.
Cette demi-ligne de Montesquieu, c'est la définition
même, le résumé le plus exact et le plus complet de
ce que Montaigne a senti, pensé et écrit de l'amitié.
Montaigne, en effet, a transporté dans l'amitié tout
ce que le cœur humain en général porte dans l'amour.
Et cela est si vrai que, si l'on réunissait les divers

passages où il parle de son amitié pour La Boëtie,
on pourrait y rattacher un commentaire perpétuel
qui serait tout entier emprunté à ce que les autres
écrivains ont dit de l'amour.

* * *

Si, au lieu de parler de Montaigne, nous lui par-
lions à lui-même, non par une fiction usée, mais en
réalité, si Montaigne vivant nous faisait l'honneur
de nous admettre dans sa librairie et de nous y montrer les livres que son ami lui a légués, l'inscription
qu'il a consacrée à son ami, les quelques écrits de
son ami qu'il a recueillis à grand'peine, ce traité de
la *Servitude volontaire* devant lequel il a tergiversé
et reculé, ces mémoires sur une loi de tolérance qu'il
a trop bien réussi à nous dérober, et si, une fois
lancé dans ces tendres et tristes confidences, il nous
lisait son essai encore inédit sur l'amitié, n'aurions-
nous rien à dire à Montaigne? Ne pourrions-nous pas
lui faire comprendre et admettre que l'homme a beau
être ondoyant et divers, que Montaigne a beau réclamer pour sa sagesse le privilège de se démentir et de
n'être qu'un kaléidoscope éblouissant de pièces qui
ne s'agencent pas, il peut y avoir, il y a en effet chez
lui, comme chez les autres hommes, un certain degré
de désaccord qui nous choque et par moments nous
rend sceptiques malgré nous? Il vous arrivera, monsieur de Montaigne, d'avoir des disciples; vos Essais,
quand ils seront connus, pénétreront par l'influence
la plus subtile dans l'esprit de bien des gens et jusqu'au fond de leur cœur; on apprendra de vous à ne

pas croire au patriotisme sans ambition, à la science
sans orgueil, à l'amour sans sensualité, à la vertu
sans poursuite du plaisir; vous réussirez à votre gré,
au delà de votre gré, à réduire l'image et l'idée de
chacun de ces sentiments, à nous déniaiser, comme
on dit vulgairement. Mais alors parmi ce grand
désastre comment espérez-vous soutenir l'unique
apothéose de l'amitié héroïque, idéale, parfaite, que
vous nous décrivez?

III

MONTAIGNE MAGISTRAT ET CITOYEN

SES IDÉES SUR LA JUSTICE ET LA POLITIQUE

En sortant du collège de Guyenne en 1546, sans avoir profité autant qu'il l'aurait pu du docte enseignement qui s'y donnait, et surtout sans avoir gagné au contact de ses maîtres cette noble et contagieuse fièvre de tout apprendre qui les dévorait tous, Montaigne était bien jeune encore, trop jeune, ce semble, pour choisir une carrière et s'y consacrer. Mais il n'avait pas à choisir. Fils d'un marchand riche et anobli, qui restait marchand malgré sa noblesse récente et qui se signalait dans les fonctions municipales de Bordeaux, Montaigne n'avait qu'à suivre le mouvement qui portait alors la bourgeoisie influente vers les dignités judiciaires. Son frère aîné devait être le chef de la famille et le seigneur de Montaigne. On ne pouvait hésiter pour lui qu'entre l'Église et le Parlement. Pensa-t-il jamais à l'Église? On n'en sait rien, et je n'en crois rien. Mais c'est ici qu'il faut voir si les idées nouvelles de la Réforme n'ont jamais effleuré et tenté l'esprit de Montaigne. Il a plus tard maudit, flétri, raillé sans distinction et sans mesure les novateurs religieux. Ne lui ont-ils servi à rien?

* * *

Quelles fonctions publiques Montaigne aurait-il aimées? Peut-être la diplomatie. On le voit lié avec d'Ossat[1], avec Jean de Morvilliers[2]. A plusieurs reprises, il parle de ses négociations entre les Princes et des dispositions qu'il y portait. Peut-être aussi la charge de gouverneur d'un prince. N'aimez-vous pas à vous figurer un Henri IV élevé par un Montaigne? Il n'y aurait perdu aucune de ses qualités diverses, ni rien de sa saveur. Et par contre il me semble que l'élève aurait eu chance de réagir sur le maître. A défaut de La Boëtie, moins stoïquement, moins vertueusement, mais non moins efficacement, ce jeune prince et roi de Navarre aurait été homme à empêcher Montaigne de s'acoquiner à ses fantaisies privées, à son loisir coquet, à son égoïsme raffiné.

* * *

Que Montaigne fût seulement curieux des menues affaires de Bordeaux comme de celles d'une petite ville d'Allemagne où il passait, ce serait assez pour qu'il devînt un maire parfait.

1. *Essais*, préface de Mlle de Gournay.
2. *Essais*, liv. III, chap. 1; t. III, p. 246.

* * *

Si Montaigne se dit citoyen du monde, ce n'est pas pour s'attacher à l'humanité, c'est pour se détacher de sa patrie et de son temps.

* * *

« Je n'accuse pas un magistrat qui dorme, pourveu que ceulx qui sont sous sa main dorment quand et luy[1]. » Richelieu se félicitait de voir tant d'honnêtes gens « dormir sans crainte à l'ombre de ses veilles ». Il veillait, lui, parce qu'il voulait assurer aux autres leur sommeil du lendemain. Montaigne se borne à mettre à profit, comme ses administrés, le répit de la nuit présente. Il loue, il savoure cette imprévoyance; c'est précisément le contraire de l'esprit politique.

* * *

En politique, Montaigne n'avait guère qu'une idée nette et juste : il était partisan décidé de la monarchie, et dans les conflits terribles de son temps, en face des nouveautés prodigieuses qui l'assiégeaient de toutes parts et dont il ne mesurait pas lui-même la portée, malgré les fautes, les faiblesses, les crimes mêmes des rois sous lesquels il avait vécu, il ne voyait que dans la royauté un point de ralliement pour les gens sensés et une force suffisante contre les assauts des partis.

Montaigne était résolument royaliste, non seulement par engagement d'honneur, par fidélité de

_____

1. *Essais*, liv. III, chap. x; t. IV, p. 148.

gentilhomme et de soldat, mais encore par sens politique et avec des vues qui vont loin.

* * *

Parmi les questions politiques au milieu desquelles
Montaigne a vécu, il en est une au moins sur laquelle
il ne semble avoir ni hésité ni varié : nulle part il ne
fait appel, nulle part il n'ouvre la porte à l'influence
ou à la force étrangère, et pour terminer ces guerres
civiles dont il est si las, pour raffermir cette monarchie qu'il croit si nécessaire, pour défendre cette
unité religieuse à laquelle il ne comprend point qu'on
s'oppose en droit quand il est si facile de lui échapper
en fait et sans bruit, Montaigne ne s'adresse qu'à la
France elle-même et ne conseille point à son parti
de s'appuyer au dehors. La Ligue lui souriait encore
moins que la Réforme. Il est en cela d'autant plus
remarquable que le sentiment du patriotisme n'est
chez lui ni vif ni puissant. Bien plus, il s'en défend
comme d'une petitesse d'esprit, il s'en dégage comme
d'une entrave, il s'en moque comme d'un ridicule,
et surtout comme d'un ridicule français.

* * *

La domination populaire semble à Montaigne « la
plus naturelle et équitable [1] ». Mais peu s'en faut
qu'il n'entre contre elle en une « haine irrécon-
ciliable ». Pourquoi ? Par quel raisonnement qui
l'atteint seule ? Par quel fait dont elle est seule cou-

1. *Essais*, liv. I, chap. III. — Éd. Courbet et Royer, t. I, p. 21.

pable? Non, il s'échauffe ainsi, soudainement, parce que la démocratie athénienne, après la bataille des Arginuses, a fait mourir des généraux qui n'avaient pas recueilli les morts. Or, je ne sais si d'autres connaissent quelque sorte de gouvernement à laquelle je n'aie point pensé; mais pour mon compte j'en cherche une qui soit à couvert d'un pareil reproche et qui soit tellement sans péché sur ce point que Montaigne, en son nom, puisse jeter à la démocratie la première pierre. Il faut voir dans Grote [1] la discussion sur toute cette affaire. Mais sans demander à Montaigne les qualités critiques et judiciaires ni la profondeur d'érudition de Grote, n'est-il pas strictement juste d'exiger de lui qu'il ne tire pas si vite conclusion d'un exemple contre une forme de gouvernement et contre tout un peuple? Je sais sa partialité en faveur de Sparte. Mais c'est un grief de plus contre lui. Et puis, je n'aime pas qu'on soit épilogueur quand on n'a pas de mémoire, et qu'on tire d'un fait isolé tout ce qu'il peut rendre sans tenir compte des autres qui le réduiraient à moins.

* * *

Voyez ce que Montaigne dit [2] des égards que l'on doit aux princes vivants et de la liberté permise envers les mêmes princes morts. Tout pour le respect, afin de maintenir l'ordre, tant qu'ils sont là; tout pour la vérité et la justice, quand ils ont un successeur. La morale conservatrice les protège vivants,

1. Grote, *History of Greece*, t. VIII.
2. *Essais*, liv. I, chap. III.

la liberté philosophique les ressaisit dès qu'ils sont morts. Et si vous laissez Montaigne plaider cette thèse, il est capable de vous persuader, tant il y mettra de mesure, d'adresse et de finesse, avec des touches de fierté. Mais voulez-vous juger la thèse sur exemple, c'est-à-dire grossie et épaissie (il en est toujours ainsi : quand une idée prend corps dans la réalité, elle ne passe plus là où, fantôme, elle circulait sans obstacle)? Ouvrez donc Malherbe et lisez parallèlement ces deux strophes :

> Henri, de qui les yeux et l'image sacrée
> Font un visage d'or à cette age ferrée,
> Ne refuse à mes vœux un favorable appui;
> Et si pour ton autel ce n'est chose assez grande,
> Pense qu'il est si grand qu'il n'aurait point d'offrande,
> S'il n'en recevait point que d'égales à lui.
>
> (1587, *Larmes de Saint Pierre*, MALHERBE, t. I, p. 5.)

> Quand un roi fainéant, la vergogne des princes,
> Laissant à ses flatteurs le soin de ses provinces,
> Entre les voluptés indignement s'endort,
> Quoi que l'on dissimule, on n'en fait point d'estime,
> Et, si la vérité se peut dire sans crime,
> C'est avecque plaisir qu'on survit à sa mort.
>
> (1605, *Prière pour le roi Henri le Grand*, id., t. I, p. 73.)

Voilà la morale de Montaigne mise en action. C'est du même prince qu'il s'agit. 1587, il règne; 1605, il est enterré. Voilà la différence. Je ne dis pas que Montaigne eût fait ce que fait là Malherbe. Non, le gentilhomme gascon valait mieux que le gentilhomme normand, et, à travers mille faiblesses, se respectait bien davantage. Mais, s'il ne l'eût pas fait, il y mène, il faut être *lui* pour n'y pas glisser. C'est tout ce que je voulais dire.

* * *

Quand Montaigne parle des savants ou des raison-
neurs, il ne tarit pas de reproches et de railleries.
Quand il parle des rois, des grands, des hommes de
guerre, des hommes d'État, conservateur par tempérament, il a tous les respects qui sont de mise ; il
prêche aux autres une doctrine de soumission héré-
ditaire sans laquelle il n'imagine pas que le monde
pût marcher, et pour son propre compte, au fond de
son cœur, il a un sentiment de déférence étonnée à
la vue de tous ces êtres résolus et remuants qui
aiment à agir jusqu'à se charger des affaires d'autrui....

IV

CARACTÈRE DE MONTAIGNE

Boileau, dans son *Art poétique*, a vite fait de dire :

Tout a l'humeur gasconne en un auteur gascon.

Mais si l'on veut en venir à serrer les choses de plus près, il faut bien avouer que l'humeur gasconne n'est point facile à définir en elle-même. Montluc, qui l'a et s'en confesse, la décrit ainsi en lui-même : « Ce méchant naturel, âpre, fâcheux et colère, qui sent un peu et par trop le terroir de Gascogne... ». Lannes et Murat étaient de ce pays-là, mais aussi Montaigne et Montesquieu. Tirez-vous de là comme vous pourrez. Assurément, s'il y a une humeur gasconne, Montaigne en doit être marqué. Il ne se cache pas des emprunts qu'il fait au patois de son terroir; sa langue est d'un cru qu'on peut nommer. En est-il de même pour son caractère, pour toute sa disposition intellectuelle et morale? quoi de gascon en lui? le fond même ou l'accent seul? question qui peut mener loin si l'on n'y prend garde.

* * *

Qu'est-ce donc que l'humeur gasconne? Ouvrez le *Gasconiana*, ou *Recueil des bons mots, des pensées les plus plaisantes et des rencontres les plus vives des Gascons*. Le recueil est de 1708, mais s'il faut en croire ceux qui y prennent la parole, le génie du pays a été de tout temps le même; il tient au sol et au soleil, et chacun de ceux qui en sont marqués en est aussi fier que de ses plus belles cicatrices. Glorieux, valeureux, « chevalereux », diront-ils, entichés de Bayard, persuadés que c'est tout un de parler en vieux Romain ou en Gascon nouveau, prompts à toutes les ripostes de la langue et de l'épée, d'une langue familière et brillante, se tirant de tous les faux pas par une boutade ou par une bravade, mélange singulier de hauteur et de sans-gêne, de fantaisie et d'esprit positif, rarement dupes si ce n'est d'eux-mêmes, trouvant bon que leur médecin ne sache ni grec ni latin pourvu qu'il les guérisse en français, n'allant que là où il leur plaît d'aller, car « le pays est volontaire », toujours lestes et pimpants, narguant la mauvaise fortune, prêts à confesser leur vanité, mais sans s'en repentir, et en disant que, sans elle, ils ne porteraient peut-être pas si loin leurs vertus, — race de gens qui devraient être toujours jeunes, et qui fuient la vieillesse comme le froid, étant du pays des hirondelles, — abondants en jolies comparaisons, en images chatoyantes, difficiles à tenir et ne cherchant point à se tenir eux-mêmes, galants par verve et par bonne humeur, tout en dehors et en étincelles, ne gardant

ni une minute ni une pensée pour l'homme intérieur... Y a-t-il donc moyen de saisir une Gascogne
bien marquée, sur laquelle Montaigne à son heure
tranche nettement ?

* * *

Avant tout, Montaigne est un homme du monde et
un homme d'esprit. Il est, au XVIe siècle et dans la
solitude, ce qu'on appelait un honnête homme à la
cour de Louis XIV. Le propre de l'honnête homme,
d'après les meilleurs juges, c'est qu'il ne se pique
de rien. Ce serait fort bien fait, s'il était possible de
s'en tenir là. Mais deux tentations attendent l'honnête
homme; ce personnage leste et charmant, avant
d'avoir achevé la première scène de son rôle, sera
déjà marqué d'un double travers : il affectera d'être
sans affectation, il se piquera de ne se piquer de rien,
il jouera le naturel avec un art de plus en plus subtil,
par une fuite de plus en plus coquette et factice de
tout savoir sévère et de toute sagesse solennelle; il
aboutira rapidement à ce que Renan a si bien appelé
« le pédantisme de la légèreté ». Encore lui passerions-
nous volontiers ce ridicule qui n'a d'inconvénient que
pour lui; mais voici qui nous intéresse : à titre
d'homme qui ne se pique de rien, il touche à tout et
prétend à tout régenter. Il lui faut une société à sa
guise, une religion à sa portée, une politique, une
poésie, pourquoi ne le dire pas d'un seul mot ? un
monde à l'usage des gens du monde, car sans
apprendre et sans réfléchir il s'est fait, sur l'ensemble
des choses, non un système — il s'en garde bien et n'a

pas grand'peine à s'en garder, — mais une certaine
habitude de penser à tort et à travers, de trancher à
la volée, de suffire sans effort à ce qui embarrasse ou
occupe les autres. Avoir vécu en bonne compagnie,
n'avoir point étudié, et éviter les grands mots, voilà
les trois points importants et le signalement résumé
du passeport qui mène à tout.

⁂

Montaigne excelle à percer, à faire un trou, à aller
loin, mais il se retire au plus vite, et si, quelques
jours après, il recommence à quelques pas de là, ce
ne sera pas pour rejoindre et pour exploiter ses
fouilles rapides; si précieux que puisse être le filon
qu'il a touché, jamais son courage d'esprit ne va
jusqu'à creuser une mine; il s'en tient aux coups de
sonde et aux échantillons.

⁂

Montaigne est une espèce de Gœthe superficiel.

⁂

Montaigne me fait parfois l'effet d'un caméléon qui
aurait pour cage un cabinet tout entouré de miroirs
grossissants : son image chatoyante s'y reflète à l'infini, s'y croise et recroise jusqu'à l'éblouissement; à
force de se regarder et de se connaître, il s'éblouit et
ne se connaît plus. C'est là le danger de l'étude de
soi, quand elle n'a pas un but positif et pratique,
quand elle ne tend pas à la correction, à l'améliora-
tion intérieure. La curiosité grise, quand la cons-

cience ne s'en mêle pas, et l'on devient un virtuose de psychologie inutile quand on oublie d'être un homme qui veut s'amender.

* * *

Voici une autre définition de Montaigne, plus délicate et plus spécieuse, qui contient une bien plus large part de vérité, et qui a pour elle de s'appuyer à la fois sur les dires de Montaigne lui-même et sur l'avis de son plus habile interprète. Montaigne, selon Sainte-Beuve, c'est la pure nature, c'est l'homme au complet, sans la Grâce, c'est le représentant sincère et l'avocat modéré de nos instincts primitifs et communs, de ce qui fait le fond de toute notre race quand elle ne cherche pas à se flatter ou à se guinder au-dessus d'elle-même. Voilà bien, il faut l'avouer, comment Montaigne concevait sa sagesse, voilà le programme qu'il s'était proposé et qu'il croyait avoir rempli. Être homme, ni plus ni moins, il bornait là son ambition; ainsi bornée, il la trouvait plus saine et plus pure qu'aucune autre, et assez haute encore pour que toute sa vie et toutes ses forces fussent à peine suffisantes à l'étudier et à l'accomplir.

Est-il vrai cependant qu'il l'ait bien comprise et bien réalisée? Est-il vrai que Montaigne ait su et montré, dans sa vie, dans ses écrits, l'homme au complet, je ne dis pas l'homme parfait ou idéal, mais l'homme réel, pris, si l'on veut, à l'étiage moyen, pris encore moins haut, s'il le faut, pris où l'on voudra? Et je réponds non, décidément non. Je vois au contraire en Montaigne une personne très particulière, très singulière, et très attachée à ses moindres singularités. Ce qui domine en lui, et ce qu'il travaille lui-même à développer, ce qu'il caresse avec amour et cultive avec art, ce ne sont pas les dispositions par lesquelles nous nous ressemblons tous ni les idées qui peuvent nous rattacher les uns aux autres : c'est au contraire tout ce qui peut faire de lui, de plus en plus et aux yeux de tous, un être à part et une énigme. Étrange représentant de la nature humaine! Si nous lui ressemblions tous, le monde ne se ressemblerait presque en rien.

* * *

Montaigne, caractère détrempé plutôt que corrompu.

* * *

Montaigne n'a rien écrit qui fût plus vrai ni qui lui fît plus d'honneur que la première ligne de ses Essais : « C'est ici un livre de bonne foi, lecteur ». En reconnaissant ainsi la sincérité de Montaigne, nous ne renonçons pas sans doute à en scruter les divers mobiles, à nous demander si la sincérité suffit, si elle est le seul devoir de l'homme, si elle ne devient pas souvent le masque spécieux de bien des faiblesses, de cette faiblesse qui est le vice commun de tous les hommes et le centre caché de tous les vices, je veux dire la complaisance envers soi-même. Mais cela dit, ceci demeure et ne doit jamais être oublié en parlant de Montaigne; ce qu'il dit est l'image exacte de ce qu'il pense; quand il se contredit, c'est que a contradiction est en lui; quand il se vante, c'est
l

qu'il s'approuve; qu'il s'émancipe ou qu'il s'abdique, qu'il tergiverse ou qu'il tranche, qu'il étale ses nudités ou qu'il s'enveloppe de mots amples et flottants, il est de bonne foi, il veut montrer ce qu'il voit, laisser dans le demi-jour ce qu'il ne voit pas en pleine lumière, se taire sur ce qu'il ignore, et, dans les limites de ce qu'il sait, dire tout.

Et cette franchise n'est pas chez lui simple affaire d'instinct : c'est aussi un parti pris, une volonté ferme, le seul parti qu'il ait pris et la seule volonté où il se soit affermi, le seul devoir qu'il ait bien connu et hautement proclamé, mais enfin un devoir, à ses yeux, dans toute la force et la beauté du mot.

Et voyez ici tout de suite la force et la beauté non du mot, mais de la chose elle-même, et combien un devoir connu et accompli soutient l'homme et lui fait honneur. C'est par sa franchise que Montaigne reste vivant, séduisant et puissant; sa bonne foi hardie et consciencieuse a presque sauvé, sauvé, selon moi, plus que de droit tout le reste de son caractère; une vertu a fait croire en lui à toutes les vertus. Je dis plus : si elle ne les lui a pas toutes données, elle lui en a donné plus d'une; ôtez à Montaigne sa sincérité, ce n'est pas seulement son influence qui lui échappe, mais aussi son honnêteté. Telle est l'importance de la règle que, s'étant fait une règle unique, incomplète, insuffisante, Montaigne a été, pour s'y être soumis, infiniment meilleur que nous ne le verrions être s'il était resté sur ce point comme sur les autres dans cette fausse indépendance qui s'appelle l'indécision.

* * *

Mais cette bonne foi de Montaigne est-elle si parfaite et si pleine qu'elle doive commander de tout point notre croyance et nous faire accepter sans contrôle tout ce qu'il dit? Ses grands amis ne sauraient se contenter à moins. Parce qu'il va plus d'une fois jusqu'au cynisme dans ses aveux et souvent jusqu'à la puérilité dans les détails qu'il nous donne, ils ne veulent point croire que quelque chose puisse manquer à sa véracité. Ils prennent au pied de la lettre non seulement les faits, mais encore les interprétations qu'il en donne, et accusent d'impertinence et d'injustice la moindre tentative de donner à Montaigne un démenti. Rien pourtant ne serait plus facile que de donner de nombreux exemples de ce qu'on peut ajouter ou retrancher à ses témoignages.

* * *

Un sentiment qui se retrouve presque à chaque ligne chez Montaigne et qui a aujourd'hui repris beaucoup d'empire sur les esprits, c'est que la sincérité consiste à exprimer l'impression du moment, quelle qu'elle soit et sans choix, toute seule et sans mémoire de ce qui l'a précédée, comme sans souci de ce qui peut la suivre, de telle sorte que, pour être complètement sincère, il faudrait à la rigueur que chacun de nous pût s'observer et se raconter depuis sa naissance jusqu'à sa mort, comme nos télégraphes reçoivent avec une indifférence systématique et transmettent avec une rapidité incalculable les nouvelles, les questions, les ordres, les controverses, tout le pêle-mêle de mille, de cent mille volontés tour à tour retracées sur une bande de papier qui se déroule sans fin.

* * *

C'est une théorie fort répandue aujourd'hui que celle de Montaigne, et qui consiste à dire : « J'écris pour mon compte et pour mon plaisir; je n'impose, je ne propose même à personne mes opinions et mes doutes; je me borne à les exposer sans les recommander, je vais même jusqu'à vous conseiller de vous en méfier. Après de telles précautions, je ne vous dois que ma sincérité entière. Si vous en venez à penser comme moi et à en souffrir, vous n'aurez à vous en prendre qu'à vous. » Encore si cette excuse n'était invoquée que pour les opinions, même les plus étranges, et les doutes, même les plus poignants! Mais elle est également valable et également employée pour couvrir et glorifier l'aveu complaisant de toutes les faiblesses, la peinture crue de toutes les passions. On veut que la franchise autorise tout, et que l'écrivain, pourvu qu'il n'ait pas menti à lui-même, ne soit en rien responsable de l'effet de ses écrits. Cela n'est ni juste ni possible.

* * *

... Il y a bonne foi et bonne foi, mais il n'y en a qu'une qui soit la bonne et qui mérite confiance. Est-ce celle de Montaigne? Bonne foi sans aucune foi, véracité sans critique et sans conviction, d'une âme tout entière abandonnée à la fantaisie du moment, crédule au premier aperçu, coutumière de mettre les petites choses sur le même plan que les grandes et de tout trancher à la volée, et ne s'en cachant pas non plus que d'un péché mignon, se contredisant d'une page à l'autre sans rien faire pour se concilier avec elle-même, sans s'apercevoir peut-être de ses contradictions, tant elle est inattentive et déroutée avec délices à chaque paragraphe par le vagabondage de sa verve nonchalante; au demeurant, franchise de Gascon qui fait passer droit dans son livre tout ce qui lui passe par l'esprit.

* * *

Quiconque a des boutades, mais non une haute et constante vue, n'est pas à vrai dire un grand esprit.

* * *

Les pensées de Montaigne sont toujours disposées de manière à laisser supposer une arrière-pensée qui n'est jamais la dernière.

* * *

Un proverbe dit que nous pouvons nous flatter de connaître l'homme avec qui nous avons mangé un boisseau de sel. Mais qui dira combien d'exemplaires des Essais il faut avoir usés avant de croire qu'on connaît Montaigne?

* * *

En lisant Montaigne, qu'est-ce donc qui me vient à l'esprit? O irrévérence que lui-même il m'aura sans doute inoculée! C'est un refrain d'un jeu d'enfants :

> Il court, il court, le furet,
> Le furet du bois, mesdames,
> Il a passé par ici
> Le furet du bois joli....

Il a passé, mais il ne fait que passer, et il court encore, insaisissable, s'en faisant fête....

* * *

Montaigne pense souvent aux mêmes choses, mais il n'y pense pas longtemps, et ce sont deux procédés d'esprit qui diffèrent du tout au tout.

* * *

Tout essayer, tout esquiver, voilà Montaigne.

* * *

Montaigne, qui tient tant à la sécurité matérielle de sa vie privée, à avoir toujours sa tour où il se retire et se renferme, n'a point, au contraire, dans son esprit, un « chez soi », une idée choisie et éprouvée à laquelle il revient avec confiance, ou, si l'on veut, il n'en a qu'une, c'est qu'il est inutile d'en avoir une, c'est qu'il est bon de n'en avoir pas. Il aime et il s'ingénie à faire vivre son esprit en rase campagne et à l'abandon. S'il se construisait un rempart, il craindrait d'avoir à se compromettre et d'en être moins défendu qu'engagé à le défendre; il ne ferme aucune porte afin de ne repousser aucun assaut. Ce n'est pas simplement une âme libre, c'est une âme

nomade et qui mènera son train d'école buissonnière
jusqu'au tombeau.

* * *

Montaigne est presque invincible, parce qu'il est
insaisissable; il n'a point de capitale où vous puissiez
l'assiéger et l'abattre; c'est un nomade qui ne prétend
pas à se maintenir ici ou là contre vos entreprises :
il vous abandonnera le champ de bataille autant de
fois qu'il le faudra, s'estimant toujours vainqueur
pourvu que de jour en jour il vous échappe et puisse
transplanter sa tente hors de votre camp. En cela
consiste, selon lui, la seule liberté de l'esprit, et quiconque adopte une autre manière de vivre, quiconque
reconnaît une vérité où il s'établit par choix et qui
devient le centre de ses pensées, perd ainsi toute
indépendance.

* * *

« Peu d'hommes, dit Joubert, sont dignes de
l'expérience; la plupart s'en laissent corrompre. »
Plus on avance dans la vie de Montaigne, plus cette
maxime se vérifie, et il serait difficile de méconnaître
que les sentiments et les pensées de sa jeunesse ont
mieux valu que les sentiments et les pensées de sa
maturité ou de son déclin.

* * *

Montaigne vieux de bonne heure et jeune jusqu'à
la fin.

* * *

Je ne sais point d'homme en qui se révèle plus
qu'en Montaigne la souplesse et la variété de la nature

humaine. A chaque instant, en le lisant, on voit
surgir un personnage nouveau, on est tenté de lui
assigner un autre cadre, une autre patrie, un autre
nom....

* * *

Ce qui déroute, quand on lit Montaigne et quand on
veut essayer de tirer au clair sa pensée, c'est que l'on
a affaire tour à tour à un Montaigne qui se laisse être
poëte et à un Montaigne qui veut être sage, sans que
rien vous avertisse, sans qu'il s'aperçoive peut-être
lui-même du double personnage qu'il joue et qui vous
déjoue.

* * *

Cette imagination vive et forte qui est partout dans
le langage de Montaigne ne laissait pas de jouer en
lui un autre rôle, et comme il s'y abandonnait pour
écrire, il lui obéissait souvent aussi quand il s'agissait de penser et de juger.

* * *

« Je crois des hommes plus malaisément la cons-
tance que toute autre chose, et rien plus aisément que
l'inconstance [1]. » Il avait dit d'abord « et rien plus
volontiers que l'instabilité ». Le mot était vrai : il fait
plus que de croire aisément à l'instabilité humaine, il
y croit volontiers; il la recherche, il s'y délecte; il
justifie le mot profond de Pascal que la volonté est
un des principaux organes de notre croyance et que
nous jugeons la plupart du temps selon un parti pris
qui vient de notre choix.

1. *Essais*, liv. II, chap. 1; t. II, p. 2.

4

* * *

Montaigne passe pour un esprit fonciérement modéré. Il n'en est rien. C'est un esprit flottant et une âme indifférente, qui comprend et admet tour à tour les thèses opposées, et ne s'attache pas avec force à la thèse même qu'il finit par choisir ; mais ni le scepticisme ni la tiédeur ne sont la modération.

* * *

L'esprit de Montaigne valse à trois temps :
Premier temps. Ne pas s'attacher aux raisons vulgaires.
Second temps. Ne pas s'arrêter aux pensées savantes.
Troisième temps. Revenir aux raisons vulgaires, s'y tenir sans y tenir, et pirouetter dessus.

* * *

Montaigne, à vrai dire, n'est ni modéré ni impartial. Il est indéterminé. Il vit dans un perpétuel et rapide « devenir ». Aller jusqu'à son être, jusqu'à sa substance, c'est plus qu'un travail, c'est une gageure : il met, à vous déjouer, toute sa force et tout son plaisir, et la peine qu'il prétend prendre à se faire connaître il ne l'emploie en réalité qu'à vous faire suivre et toucher du doigt les replis de ses nœuds gordiens. Ne croyez pas qu'il vous apprenne à les débrouiller ni qu'il vous invite à les trancher : il vous en défie au contraire, y ayant échoué lui-même, et comptant bien que vous n'y réussirez pas.

* * *

Montaigne est le représentant de l'impartialité qui n'aboutit pas et ne sert à rien.

* * *

Voilà bien Montaigne, n'est-ce pas? avec son air de bonhomie qui vous attire et d'insouciance qui vous désarme. Il se croit obligé, pour son compte, à n'oublier rien de ses ancêtres; mais comme il permet aisément aux autres, à ses enfants, à nous-mêmes, de lui faire la part moins belle et de ne plus penser à lui quand il ne sera plus! Laissez-le parler de ses prédécesseurs : c'est un devoir de piété filiale. Laissez-le parler de lui : c'est une causerie qu'il propose à ses amis seulement. Laissez-le parler, et ne l'écoutez pas si vous avez quelque objection à son babil : il sait bien que ce n'est pas raison que vous perdiez votre temps en un sujet si frivole et si vain, et que le temps est proche où la mort l'aura rendu plus insensible à votre oubli que vous ne pouvez l'être à ses avances. Il va du train qui lui plaît; c'est à vous de savoir si vous le voulez suivre : mais si vous passez votre chemin sans le regarder, adieu, qui que vous soyez, et bonne route à vous comme à lui! Que lui importe de vous importer peu? N'est-il pas impossible d'être plus accommodant?

* * *

En Montaigne, ce que je blâme sans détour, ce que je combats sans ménagement, c'est la mortelle ennemie du philosophe comme du croyant, de l'homme privé comme du citoyen : c'est l'indifférence. Elle n'apparaît pas toute pure dans ces propos successifs et contradictoires qu'il nous a donnés sous le titre d'Essais. Elle s'y montre traversée par des vivacités d'esprit, par des restes de passions, par des habitudes et des velléités plus viriles et meilleures qui peuvent tromper et qu'il serait injuste de méconnaître, mais après tout Montaigne est un endormeur des consciences.

* * *

Montaigne, conscience éveillée et énervée.

* * *

Pour respecter la conscience d'autrui, le plus sûr moyen est d'en avoir une soi-même.

* * *

Ce n'est pas par plaisir et pour heurter les mots qu'en parlant de Montaigne je reviens sans cesse aux antithèses et les multiplie. Toute figure de rhétorique, comme telle, comme procédé, m'est odieuse, et, qui pis est, ennuyeuse. Mais que faire? Je ne vois en cet homme rien qui ne soit contrarié et contre-balancé par quelque velléité ou force différente. Aussitôt que je viens de parler, par exemple, de son insouciance, je sens bien qu'il manque un trait au portrait, et si je ne disais pas sa « vaillante insouciance », j'aurais menti.

* * *

Le péché et le danger de Montaigne, c'est ce que tout le monde sait de lui, c'est la contradiction, non

pas fortuite ou partielle, mais continue, essentielle,
de ses pensées. Qu'on accepte, qu'on reconnaisse,
autant de fois qu'il le faudra, le désaccord de deux
idées qui semblent également vraies quand elles sont
prises à part, de deux faits qui sont également prou-
vés, rien de mieux ; c'est un acte d'honnêteté et
d'humilité qui s'impose aux plus grands esprits
comme aux plus faibles, et qui les honore, Mais on
sait si Montaigne s'en tient là. Il n'accepte pas la
contradiction, il la recherche et au besoin il la suppose ; il ne l'avoue pas seulement, il la caresse, il en
triomphe, il en tire ses délices et son orgueil. Vue
fausse et plaisir malsain, qu'on ne saurait trop combattre, car ce que Montaigne énerve ainsi et dissout
à plaisir, c'est le principe même, et de la science, et de
la foi, et de la vie, c'est l'idée de l'ordre réel et caché
que la vie suppose, que la foi affirme, que la science
saisit, décrit et justifie en le décrivant. Je ne me ris-
querais pas à discuter contre Montaigne, si je n'étais
pas convaincu qu'il y a, au point de départ et de
retour de toutes ses pensées, un vice radical ; je ne
prends point plaisir à résister au plus charmant esprit
qui fut jamais, et il faudrait être un barbare pour
n'avoir pas d'effort à faire si on refuse de le suivre.

* * *

L'état d'esprit de Montaigne n'est pas simple, et
ceux qui s'embarquent avec lui sans être résolus à
tenir les yeux bien ouverts s'exposent à des aventures
bien diverses. Son esprit va, avec une égale complaisance, de l'apparence la plus vulgaire au raisonne-

ment le plus subtil, d'un fait raconté par une bonne femme de son village à un tour d'escamotage intellectuel inventé par Sextus Empiricus : il y a tout ensemble du badaud et du sophiste en lui.

* * *

Il y a, dans les Essais, un continuel effet de résonance ; les lignes que vous venez de lire vous rappellent sans cesse trois autres passages où il se répète, et quatre encore où il se dément, et vingt où il ajoute quelque chose à sa pensée du moment. C'est un livre que l'on ne peut toucher nulle part sans qu'il s'éveille et vibre tout entier.

* * *

Montaigne a sur Aristote un mot qui lui convient plutôt à lui-même : « Aristote, dit-il, qui remue toutes choses... ». Cela est vrai ; mais remuer toutes choses, ce n'est que la moitié d'Aristote et le moindre effort de son génie. Ces faits qu'il tire de partout, ces problèmes que de partout il soulève, le philosophe grec ne s'en dessaisit plus jusqu'à ce qu'il se croie assuré de les avoir pénétrés à fond ; il remue tout pour tout définir et tout coordonner. C'est un savant. Montaigne à ce seul mot se récuse et demande grâce pour son compte ; prenez garde même de le trop presser : il va railler Aristote et tourner en satire un commencement d'éloge. Il se connaît trop pour essayer tant ; il s'aime trop pour souffrir qu'un autre essaie impunément ce dont lui-même se sent incapable. Remuer toutes choses et les laisser retomber là où il les a prises, en homme qui s'amuse à les tâter sans désirer s'en rendre maître, prompt à la fatigue et au dégoût, et qui en voit assez du premier coup d'œil pour s'arrêter avant le premier effort; remuer toutes choses et s'en tenir là, voilà pour Montaigne la mesure de la capacité humaine comme la fin de son propre plaisir.

* * *

Il est une maxime que Montaigne a fait inscrire sur une des poutres de son cabinet, qu'il a écrite aussi dans ses Essais, puisée à une des plus hautes sources qui soient au monde, et sous l'autorité de laquelle, évidemment, il pense bien consacrer une fois pour toutes le train habituel de son esprit. C'est une recommandation de saint Paul aux chrétiens de Rome. La voici telle qu'il la rapporte et l'invoque : *Non plus sapite quam sapere oportet, sed sapite ad sobrietatem.* Reste à savoir ce que la maxime de saint Paul contient vraiment, et ce que Montaigne prétend en tirer. Mais tout de suite je me heurte à deux scrupules : vais-je reprocher à Montaigne d'avoir pris le texte de la Vulgate pour la parole de Dieu même? Vais-je lui reprocher d'avoir commenté un texte isolé sans tenir compte de ce qui l'entoure et l'éclaire? Il est si loin, en ceci ou en cela, d'être le seul coupable que sa double faute se perdrait dans le nombre de ses complices. De ces deux reproches on est presque en droit de dire que l'un atteint tous les catholiques, l'autre tous les chrétiens.

* * *

« J'ai toujours vu — dit Montesquieu en ses Pensées diverses — que, pour réussir dans le monde, il fallait avoir l'air fou et être sage. » C'est cela, ou la réputation de cela qui a tant fait réussir Montaigne.

* * *

Si Montaigne a été presque unanimement célébré depuis trois siècles, ce n'est pas comme un ami indulgent et complaisant de la nature humaine, mais comme un sage. Cet ancêtre de Philinte passe avant tout pour un descendant de Socrate.

* * *

Montaigne est-il un sage? Aimable et sage, voilà en gros, mais nettement, l'opinion courante sur Montaigne, le texte de tous ses éloges, le fond de tous ses portraits. Sans doute, selon la diversité des caractères et des opinions, plus ou moins de réserves, plus ou moins de regrets se mêlent à ce jugement. Mais à tout prendre, après les reproches et les objections, on revient au point de départ, on répète, on proclame l'aimable sagesse de Montaigne. Que telle soit l'opinion générale, cela suffit pour y regarder. Après y avoir regardé, je la crois fausse.

Je sais combien de risques on court à dire en même temps qu'une opinion est générale et qu'elle est fausse, et à ne constater la persistance séculaire d'une tradition que pour aboutir à l'infirmer. Mais comment faire? Il faut bien avouer que j'ai abordé l'étude de Montaigne sans m'attendre aux sentiments où elle m'a conduit. Il faut même avouer que je me suis aperçu tard du chemin que j'avais fait pas à pas,...

* * *

« J'appelle Montaigne, dit Sainte-Beuve[1], le Français le plus sage qui ait jamais existé. » C'est précisément ce que je conteste. Ni Montaigne ni ceux qui lui ressemblent ne sont, selon moi, les meilleurs modèles du Français et du sage. Nous avons mieux à admirer et à recommander, et si tant de choses qui devraient être depuis longtemps accomplies dans notre pays sont encore en suspens et en litige, ce n'est pas pour avoir trop peu écouté la sagesse de Montaigne, c'est plutôt pour y avoir trop cru et trop cédé. Non, je n'appelle pas Montaigne le Français le plus sage qui ait jamais existé. Et je ne crois pas non plus que le Spinozisme soit son dernier mot et que son respect pour la religion soit une méthode de grand tour qui doive mener à la longue tout lecteur sagace à sourire en se penchant sur un abîme désolé. L'Hôpital était plus sage, car il croyait aux droits de la conscience. Henri IV était plus sage, car il croyait à la maîtrise de l'action. La Boëtie était plus sage, car il croyait à la certitude du devoir. Pascal lui-même était plus sage, car il croyait que le scepticisme devait mener au pied de la croix. Voltaire était plus sage, car il croyait à l'efficacité du bon sens. Montesquieu était plus sage, car il croyait à la cohésion et aux lois secrètes des faits. Mais cette promenade sans fin et sans but, ce parti pris de tourner le manège pour ne point tirer d'eau, ce système du cercle vicieux où s'exerce et se berce un Ecclésiaste gascon, cette phi-

1. Sainte-Beuve, *Nouveaux lundis*, t. II, p. 170.

losophie bourgeoise par ses limites et aristocratique
par ses dédains, où il y a tout ensemble du Béranger
et du Renan, ce n'est pas de quoi faire décerner à
Montaigne un pareil brevet de sagesse.

* * *

Montaigne a le génie de la modération et du langage le plus propre à l'exprimer et à l'embellir. Chez
la plupart des hommes, elle est basse, plate et pro-
saïque; chez lui, elle est savoureuse et généreuse.
Nulle part elle n'apparaît avec autant de lustre que
dans certains passages des Essais : c'est avec Montaigne qu'il fait bon et qu'il est beau de s'instruire à
être modéré.

* * *

Ce que je reproche à Montaigne, ce n'est pas d'être
un esprit modéré, c'est de l'être immodérément, car
on peut faire de la mesure même un excès, comme
de la négligence une manière et de la justice une
iniquité.

* * *

Montaigne est bien loin de mériter le titre de sage
qui lui a été si complaisamment donné. On peut
passer en revue les sujets les plus importants dont il
ait parlé; plus ils seront importants, et plus on le
trouvera en défaut. Mais pour mesurer mieux encore
la portée de son esprit, rien n'est plus utile que de le
comparer à Rabelais. Décidément le plus sage des
deux, c'est le bouffon, c'est le fou, et depuis qu'ils
sont morts tous les deux, c'est à Rabelais et non à

Montaigne que tout donne raison. Quand rendrons-nous justice à Rabelais? Jamais, dans conditions plus désavantageuses ni plus difficiles, une telle somme de bon sens n'a été amassée par un seul homme ...

Aux confins du monde qui disparaît et du monde qui est à naître, Rabelais ramasse la vieille malice bourgeoise, la vieille chevalerie gigantesque, la vieille allégorie, la vieille fantaisie, les vieilles grimaces, les vieilles farces de trois siècles; il construit et décore de tout cela un monument d'une nouveauté inouïe, une sorte de cathédrale profane consacrée au bon sens bouffon, et ce qui fait la grandeur de cet étrange édifice, c'est que, sous les ruses d'une forme compliquée qui sent encore la crainte des puissances, à travers les excès d'une verve sans choix qui sent encore la grossièreté du passé, Rabelais fait circuler partout les hardiesses d'une raison qui ne craint plus aucun problème, le souffle d'une science qui aspire à tout, et je ne sais combien d'espérances généreuses qui vont rejoindre au loin le XVIIIᵉ siècle et 89.

*   *   *

Ce qui manque à Montaigne, c'est d'avoir pris la vie au sérieux. Tout le poids des tragédies de son temps n'a point réussi à faire de lui plus qu'un dilettante de sagesse, et à le convaincre que, grands ou petits, nous sommes ici-bas pour quelque chose. Les fleurs amères où il s'est complu ont laissé un arrière-goût dans son miel, mais il ne faut pas se tromper sur cette tristesse de Montaigne : elle le condamne plutôt qu'elle ne l'excuse, parce qu'elle nous le

montre assez sagace pour voir la misère humaine, et
trop occupé de lui pour s'y intéresser. Eût-il mille
grâces de plus, outre les siennes, fût-il, s'il est possible, plus séduisant encore, ce n'est pas l'ami que
je vous souhaite; il n'aurait qu'à vous rendre semblable à lui!

* * *

A Dieu ne plaise que je médise de la mesure, du
bon sens, des esprits réservés et équilibrés! Mais il
y a une fausse mesure, un faux bon sens, une fausse
réserve, un faux équilibre de l'esprit, comme il y a
une fausse dévotion, et je ne vois aucune raison raisonnable de ménager, par respect pour des qualités
réelles et rares, les vices courants qui usurpent leur
nom et les compromettent en les imitant. C'est là le
cas de Montaigne. S'il est vrai que les fanatiques et
les hypocrites ont fait tort à la piété, il est également
vrai que les sceptiques ont fait tort à la liberté
d'examen, les indifférents à la tolérance, les âmes
timorées à la prudence, et les équilibristes à l'équilibre.

* * *

Après tout, il faut ranger les écrivains selon les
services qu'ils nous rendent et selon les plaisirs
qu'ils nous donnent; il faut leur tenir compte du
talent et leur demander compte de son emploi. Je
sais bien que la critique ainsi comprise n'est pas à
la mode aujourd'hui. Elle a contre elle toutes les épi-
thètes décriées du moment; elle est dogmatique,
bourgeoise, oratoire, morale, que sais-je encore?

Mais Montaigne a moins que personne le droit de récuser ce tribunal. Il nous a assez souvent répété que les livres ne valent que s'ils apprennent à vivre, il s'est assez moqué des écrivains qui se soucient de l'art et visent à la gloire, il nous a assez disputé notre Cicéron comme s'étant oublié aux mots, au lieu d'aller aux choses et au but, pour que nous soyons en droit de lui poser la double question et de chercher en lui s'il y a un sage sous l'écrivain.

* * *

..... La Boëtie croit au progrès. Montaigne, au contraire, revient sans cesse sur « la maladie naturelle » de notre esprit qui, selon lui, « ne fait que fureter et quêter, et va sans cesse tournoyant et s'empêtrant en sa besogne ». Montaigne en tire, il est vrai, cette conclusion que nous ne devons jamais nous contenter de ce qui a été trouvé par les autres ou par nous-mêmes. Mais, d'une part, il ne conclut ainsi que par moments et en théorie; en fait, et à l'ordinaire, il est pour la coutume, pour la tradition, contre toute nouveauté et tout espoir de mieux. Et d'ailleurs, en théorie même, s'il ne veut pas que nous nous contentions de ce qui a été trouvé déjà, ce n'est pas que Montaigne croie au progrès, c'est qu'il se résigne au doute et s'y complaît. Faire à jamais l'école buissonnière dans un labyrinthe sans issue, chasser par amour de la chasse même et en sachant bien qu'il n'y a point de gibier, s'amuser à aller et venir, pour se consoler de n'arriver à rien, voilà le fond de sa sagesse trop vantée et le refrain amer où

aboutit toute sa bonne humeur. S'il en est que ce
refrain séduise, je ne leur demande que de se poser
deux questions : où en seraient les hommes, si cette
sagesse-là avait prévalu parmi eux? Et aujourd'hui,
quand elle tente et entraîne quelqu'un d'entre nous,
où trouve-t-elle appui dans nos cœurs? Quels sentiments a-t-elle pour complices naturels et innés?
Est-ce la force des choses qui nous fait penser
comme Montaigne, ou bien est-ce la faiblesse des
âmes qui s'y prête? Chacun n'a qu'à se consulter et
peut répondre pour soi.

* * *

Par des raisons de toute sorte, ce qui domine
dans l'esprit de Montaigne, c'est la haine des nouveautés. Il les hait, parce qu'il est épris de la sagesse
antique, parce qu'il ne croit pas pouvoir honorer
assez Plutarque et Sénèque, s'il ne se les représente
comme des hommes appartenant à une race plus
haute et meilleure, à qui l'on doit de son temps une
foi sans contrôle et des regrets sans espoir. Il hait
encore les nouveautés, non plus parce qu'il est un
fils de la Renaissance, mais parce qu'il est un spectateur de la Réforme et des convulsions qui en sont la
suite, parce qu'il demande avant tout le repos des
consciences et l'apaisement des haines fratricides....

* * *

Montaigne est un de ces esprits qui ne voient point
d'autre remède à leur propre volubilité que le silence
universel et qui se font stationnaires et réactionnaires

par système, incapables qu'ils sont de s'arrêter eux-
mêmes si quelque chose bouge autour d'eux.

* * *

Montaigne, un Girondin conservateur.

* * *

Érasme a été le Montaigne d'une génération entre-
prenante et ardente, tandis que Montaigne a été
l'Érasme de la halte et de la réaction.

* * *

Il y a beaucoup de libertinage en Montaigne. Non
seulement il ne s'en cache pas, mais il s'y complaît,
et à mesure qu'il avance en âge, il s'y complaît
davantage, il va jusqu'à la licence en vieillissant, il
se venge de la froideur croissante des années par des
propos plus nus et des tableaux plus échauffés. C'est
lui-même qui l'a dit au cinquième chapitre de son
troisième livre, et, quand on a mis en regard des
diverses pages des Essais la date de l'édition où
chaque passage a paru pour la première fois, ce
progrès d'impudeur sénile n'est que trop évident.

* * *

Parce qu'il est de son siècle, mais aussi parce qu'il
est lui, Montaigne parle des femmes avec une légèreté et du plaisir avec une ardeur qui l'emportent
terriblement loin. Tout mettre en ce genre sur le
compte de son temps, c'est pure duperie. Tout mettre
sur le compte de sa franchise, c'est pure complai-

sance C'est faire la sourde oreille et à ses propres
aveux qui sont nombreux et au témoignage inquiet
de La Boëtie. Montaigne était foncièrement un volup-
tueux et un sensuel. Son style même le montre assez;
comme Joubert l'a dit de Jean-Jacques, il y a de la
chair dans ses mots. Et il faut reconnaître que, plus
il avance en âge, plus les passages qu'il ajoute à ses
premiers essais ou les nouveaux essais qu'il écrit sont
licencieux de pensée et de ton. On dirait que, vieillissant et malade, il s'émancipe de plus en plus de sa
sagesse forcée aux dépens du papier qui souffre
tout; il se complaît visiblement à en dire davantage
pour se revancher d'en moins faire. Rabelais est plus
malpropre, Montaigne plus libertin.

* * *

Si quelqu'un voulait nier que Montaigne eût l'esprit
naturellement droit, juste, fin, étendu, actif, propre
au jugement des personnes et des affaires, je serais
le premier à réclamer. Je tiens pour évident que
Montaigne avait reçu en partage toutes ces qualités
d'esprit; elles brillent à chaque page sous sa plume,
elles se manifestent à chaque instant dans sa vie,
elles sont la meilleure part de sa gloire. Mais avec
toutes ces qualités rares et excellentes, à quoi a-t-il
abouti? A des idées très étroites, à des sophismes très
vulgaires, à un système qui ravale le bon sens, à des
habitudes d'indolence et de fantaisie qui font de lui
un homme aussi impropre à l'action qu'à la spéculation. Comme observateur même, comme spectateur
de lui-même ou des autres, Montaigne est loin de

mériter les éloges sans réserve qui lui ont été prodigués. On en pourrait donner d'assez nombreux exemples. Qu'est-ce donc qui lui a manqué? Quel défaut, en lui, ou quelle erreur a pu contrarier et fausser tant de dons? La seule erreur, le seul défaut dont l'homme soit responsable et d'où découlent tous les torts : l'amour de soi et l'absence de volonté.

* * *

Pour résumer le caractère de Montaigne, je ne sais qu'un mot, souvent employé à propos de Montaigne, mais toujours repoussé avec indignation par ses admirateurs fervents, ou complaisamment atténué par ceux que charme son talent. Montaigne est un égoïste, aussi aimable qu'on voudra, mais s'il fallait hésiter à lui appliquer ce mot, c'est un mot qu'il faudrait alors rayer du dictionnaire, car il n'aurait plus d'emploi s'il est ici hors de propos. Oui certes, un gros mot pour un grand défaut. Ne nous laissons pas aller à cette théorie qu'il ne faut pas appeler les gens par leur nom, et que la complexité de la personne humaine, la délicatesse des questions morales, la difficulté de tout dire en peu d'espace doivent exclure du langage toute parole nette, ferme et qui conclut.

* * *

Sans doute, si l'on prend à part tel ou tel trait du caractère de Montaigne, telle ou telle de ses idées et des dispositions habituelles de son esprit, on ne peut que se répéter à chaque instant : comme nous lui ressemblons tous! Voilà bien l'homme et le fond de notre commune nature. Il pousse la franchise bien loin, trop loin peut-être, et nul d'entre nous ne se serait si bravement déshabillé en public. Mais comment me défaire et me dégager de ses aveux? Il m'oblige à convenir que je retrouve en moi ce qu'il a découvert en lui. Mais, après avoir admiré cette sagacité de Montaigne dans le détail et cette curiosité qui lui fait voir dans la nature humaine une foule de vérités particulières, je ne puis m'empêcher de penser que la sagacité et la curiosité ne suffisent pas pour connaître les hommes ou même un seul homme, et moins encore pour se connaître soi-même que pour connaître son prochain. Il faut que, dans l'esprit de l'observateur, les faits se rangent et se balancent comme dans la réalité, chacun à sa place et selon son importance, de peur que l'ensemble de ses remarques morales n'aboutisse à quelque grande erreur composée de beaucoup de vérités et qui en serait d'autant plus spécieuse et pernicieuse.

V

MONTAIGNE ET LES ESSAIS. — SA MÉTHODE. —
COMMENT ÉTUDIER MONTAIGNE

... Mais quoi? Ai-je osé me plaindre vraiment que
Montaigne n'ait pas eu une autre éducation, une
autre vie, une autre sagesse? Quel blasphème! Il
faudrait peut-être dire : quelle sottise! Si Montaigne
n'avait pas été tout ce que nous savons, il n'aurait
pas écrit les Essais, et les Essais de moins, dans
notre littérature, ce serait une lacune qu'on ne
peut imaginer ni accepter. Un meilleur exemple de
facultés bien développées et bien employées, un bon
citoyen de plus à estimer dans le passé, un esprit
en équilibre et en pleine possession de soi ne nous
dédommageraient pas de ce livre incomparable que
vous voulez rayer, de ces épîtres de notre Horace qui
feront de tout temps comme depuis trois siècles les
délices des honnêtes gens.

* * *

Les Essais n'étaient d'abord que les extraits de
Montaigne, le cahier ou les feuilles volantes qui lui
tenaient lieu de mémoire et où il transcrivait ce qui

l'avait frappé dans sa lecture du jour avec quelques réflexions courtes et générales, et non sans laisser une ample marge ouverte aux autres exemples que les jours suivants pourraient apporter. Quant à ce qui est devenu plus tard et de plus en plus le dessein avoué ou affiché du livre, quant à l'étude minutieuse de soi-même et au parti pris de se peindre tout entier, tout nu, cela paraît si peu dans le premier jet des premiers chapitres que l'on y voit même avec surprise Montaigne prendre des détours pour parler de lui et ne se mettre en scène que sous le voile de l'anonyme (voir le chapitre sur le parler prompt ou tardif).

* * *

Montaigne a ouvert et livré au public le tiroir où s'étaient amassés ses notes, les extraits de ses lectures, les souvenirs de ses observations et de ses causeries, quelques épaves des lettres qu'il avait écrites ou reçues, tout ce qu'il a cueilli en faisant l'école buissonnière. Ses Essais sont bien l'image d'une vie qui n'a été elle-même qu'une suite d'essais. Sa vie en effet a-t-elle été autre chose? N'est-ce pas l'idée que lui-même nous en donne et veut nous en donner? Et lui qui avait un sens si fin, un tact si juste de la valeur des mots français ou latins, n'aurait-il pas souri de voir de Thou traduire par *Conamina* le titre de ce livre où il a si habilement éludé toute occasion d'effort? N'aurait-il pas approuvé bien plutôt Juste Lipse qui, dans son latin un peu bizarre, appelle les Essais *Gustus*? Quand Montaigne voyageait, cherchant de place en place des eaux contre la gravelle et des

arguments contre la médecine, il buvait à toutes les
sources, se baignait à toutes les piscines, et, selon le
goût du premier verre ou l'effet du premier bain, il
décidait (autant que la nature de son esprit lui per-
mettait de décider) que telle eau contenait du fer, etc.
Il s'en est tenu là toute sa vie, et en toute matière. Il
jugeait du bout de la langue, il croyait par-dessus tout
son impression première et personnelle, et quand il
en avait plusieurs qui ne s'accordaient pas, il conti-
nuait à les croire également et confusément, peu soucieux de les combiner et incapable d'en exclure aucune.

* * *

« Il avoit, dit Rabelais, argumens sophistiques qui
le suffocquoyent.... et demeuroit empestré comme la
souriz empeigée ou ung milan prins au lasset... » Montaigne, *mus in pice*.

* * *

De Thou [1] et Sainte-Marthe [2] ont traduit dans leur
latin ce titre d'Essais par *Conatus* ; c'est *Lusus* qu'il faudrait ; *Conatus* est un contresens par rapport à Montaigne. Ce n'en serait pas un à l'égard d'un Sénèque ou
d'un La Bruyère qui ont l'*effort* heureux, mais qui l'ont.

Freytag [3] a traduit par *Tentamina*. Mais Juste
Lipse [4], plus heureusement encore, dans sa latinité

1. De Thou, *Histor.*, ad annum 1592.
2. Scévole de Sainte-Marthe, *Elogiorum* lib. II.
3. Voir Dr Payen, *Recherches sur Montaigne*, p. 19, n. 1, nov. 1862.
4. Juste Lipse, lettre à Théodore de Leeuw, *Epist.*, Centuria 1;
Miscellanea, Epist. 44. — « Ita indigitavi Michaëlis Montani librum
Gallicum Gustuum titulo, probum, sapientem et valde ad meum
gustum. »

savante et subtile, a traduit par *Gustus*, qui répond
bien au sens où Montaigne me semble avoir pris le
mot français. Faire l'essai d'un vin ou d'un plat, ce
n'était pas en boire ou en manger, mais les goûter,
les tâter, les effleurer pour en savoir la saveur; et
ainsi faisait Montaigne, essayant les questions,
essayant ses forces, et nous en servant des échantillons par où il ne prétend pas nous nourrir et serait
bien fâché de nous rassasier — assez content s'il nous
met et nous tient en goût de recommencer sans cesse
l'essai des Essais de M. de Montaigne.

* * *

« Quand mes amis sont borgnes, disait Joubert, je
les regarde de profil. » Un ami de Montaigne me
rappelait récemment ce joli mot et soutenait qu'il en
faut user ainsi dans la critique comme dans la vie. Je
vous vois fort occupé, me disait-il, de savoir sur
Montaigne l'exacte vérité. Prenez garde : la vérité est
toujours minutieuse; il n'y a que la vérité totale qui
soit judicieuse et solide. Essayez de supprimer Montaigne : ce serait non seulement un joyau de moins
parmi nos gloires, mais encore une force de moins
dans l'histoire de nos progrès. Vous aurez beau chercher, vous ne trouverez rien qui vous mette en droit
d'oublier cela. Ni sa biographie complétée ou rec-
tifiée, ni son portrait plus semblable au modèle, ni
ses idées discutées plus impartialement, ni l'histoire
de leur influence suivie plus loin et exploitée plus à
fond, ni même le texte de ses adorables écrits enrichi
ou épuré par vos soins, rien, je vous le répète, ne sera

un service rendu si vous arrivez par là à prétendre
qu'il faut déplacer Montaigne du rang où nous l'avons
trouvé il y a cinquante ans et où nous l'avons
maintenu.

J'étais et je reste d'un avis contraire. Ou plutôt je
trouve le mot de Joubert appliqué mal à propos.
Quand je m'applique à comprendre et à juger un
auteur, ce n'est pas encore un ami à moi que j'ai
devant les yeux, c'est tout au plus l'ami des autres ou
quelqu'un qui me plaît et m'attire; il s'agit justement
de savoir si je le compterai, moi aussi, et une fois
pour toutes, au nombre de mes amis. Faut-il en ce cas
le regarder de profil? En d'autres termes, faut-il,
sachant qu'il a un défaut, passer de l'autre côté pour
ne point le voir?

* * *

Le meilleur moyen d'étudier Montaigne serait peut-
être de le faire connaître par des citations qui ne sen-
tiraient ni le travail ni le choix, mais toutes vives,
toutes spontanées, toutes naturelles, sans autre artifice que celui de rapprocher ses pensées éparses et
d'y mettre l'ordre auquel il ne les a pas lui-même assu-
jetties. Et cela même, peut-être Montaigne s'en plain-
drait-il; peut-être, comme ce mari d'une comédie
d'Augier, voudrait-il

Qu'on lui fît cette grâce
De lui laisser un peu son pêle-mêle en place,

et eût-il été capable de se fâcher tout net et de jeter
ses papiers au feu s'il avait pu prévoir qu'un jour vien-
drait où il serait traité comme un auteur. Montaigne

tenait tant à éviter, comme il dit, la physionomie
« livresque » ! Il a pris tant de soins, et tant de
libertés, précisément pour n'avoir point l'air d'écrire,
mais de rêver tout haut et de causer ! Lui qui ne haïs-
sait pas les souvenirs antiques, il serait homme à nous
dire que, lorsque Dédale construisit le Labyrinthe,
c'était pour qu'on s'y perdît, et qu'Ariane avec son
fil aurait mérité d'être dévorée par le Minotaure.

* * *

On a pu dire de Buffon (le mot est, je crois, de Vicq
d'Azyr) : « Pour savoir ce que vaut M. de Buffon, il
faut l'avoir lu tout entier ». De Montaigne, c'est
justement le contraire que nous devons dire, et le
moyen de savoir tout ce que vaut Buffon est le moyen
de savoir tout ce qui manque à Montaigne. Quelques
pages çà et là, rencontrées, quittées, reprises, savou-
rées comme il les a écrites, à loisir et sans intention,
laissent de lui une impression unique de nonchalante
puissance : c'est ainsi qu'il a gagné son influence et
son renom. On finit bien, en se laissant prendre à sa
manière, par avoir lu et relu tout ce qu'il a écrit,
on peut même l'avoir appris par cœur sans s'en
apercevoir, on l'a lu tout entier, mais on ne l'a pas
lu comme un tout, et peu à peu on s'est comme
engagé envers lui à lui pardonner, à ne voir pas
même en lui toutes ses contradictions.

* * *

Je ne connais point de livre qui soit plus facile à
lire que les Essais, ni aucun homme qui soit plus que

Montaigne partout présent dans son livre. Vous diriez qu'il est là, en propre et réelle personne, devant vos yeux; il semble que vous apercevez dans les mouvements de son style tous les gestes d'un homme qui cause; le voici qui sourit; le voilà qui hausse les épaules; le voilà qui laisse percer son accent gascon. C'est cette continuelle et familière présence de Montaigne dans ses écrits qui en rend la lecture si différente de toute autre et lui ôte toute apparence de travail.

Ouvrez les Essais et laissez-vous aller, c'est tout ce que Montaigne vous demande; il se charge du reste, et vous irez plus d'une fois du premier mot jusqu'au dernier. Vous n'avez pas, pour le suivre, à vous mettre en peine d'être attentif; il vous en dispense et il y supplée; à chaque page il fait une halte qui vous met à l'aise; à chaque pas il a un élan qui vous met en train; il recommence sans cesse à vous attirer ailleurs, plus loin, sans vous dire où il vous mène, sans avoir l'air de le savoir lui-même, sans qu'il vous reste assez de sang-froid pour y penser. Il a su mieux que personne faire de ses pensées, pour l'esprit d'autrui, une occupation légère et vive qui se distingue à peine du loisir.

Mais un jour vient-il où vous ne vous contentez plus de lire et de relire les Essais et d'en jouir sans vous lasser? Voulez-vous les comprendre jusqu'à savoir pourquoi ils vous charment et où ils vous mènent? Prétendez-vous à le connaître jusqu'à pouvoir le juger? Aussitôt votre impression change, votre illusion se dissipe. Vous avez devant vous un livre très facile à lire, mais très difficile à étudier, un homme qui vous hante, mais qui ne se laisse pas étreindre; la physionomie de Montaigne est devenue vacillante et confuse, le sens et la portée des Essais se dérobent à vous, et chacune de ces pages que vous tourniez naguère en ne les comptant pas vous arrête désormais et redouble votre perplexité.

* * *

Pour connaître Montaigne, il faut avoir lu ses Essais au moins trois fois. Je ne compte pas les lectures à bâtons rompus de ceux qui prennent Montaigne à la page où le volume s'ouvre, à la ligne où tombent leurs yeux, et qui le suivent comme il les mène, en ne se souciant guère de savoir où l'on ira. Beaucoup de gens qui ont usé ainsi plusieurs exemplaires des Essais et qui ne partiraient point pour un voyage sans ce facile et charmant compagnon, ont encore à le lire s'ils veulent le connaître vraiment. Ils ont pris le meilleur moyen de se plaire avec lui et de se faire enlacer par ses filets flottants. Mais pour peu qu'ils désirent contrôler leurs plaisirs avant de s'y abandonner tout à fait et de ne se laisser séduire qu'à bon escient, ils feront bien de revenir souvent à la charge et de se persuader qu'on ne possède vraiment Montaigne qu'à la condition de l'étudier longuement et sans relâche.

* * *

Les Essais sont un Labyrinthe où il n'y a point de Minotaure; leur véritable péril est qu'on s'y perd à en chercher le plan et l'issue.

* * *

Je n'imagine que deux moyens de faire connaître
Montaigne qui puissent être pleinement satisfaisants,
et ce n'est ni de le prendre pour sujet d'un cours, ni
de le prendre pour sujet d'un livre. Ou bien il faudrait le mettre en action dans une œuvre d'imagination et d'art, très ample, très libre, sans autre unité
que celle du héros (et l'on sait, rien qu'en le nom-
mant, si ce serait là une unité gênante); ou bien il
faudrait, dans une série de récits ou de scènes, faire
revivre autour de lui les personnages qui ont été
mêlés à sa vie et qui ont exercé sur lui leur influence
ou subi la sienne, en reprenant en quelque sorte à
Sainte-Beuve le thème heureux du convoi de Montaigne suivi par les plus grands de ceux qu'il a inspirés ou séduits.

* * *

Il y a deux manières de lire Montaigne : on peut
lire les Essais et y puiser; on peut étudier Montaigne
et se livrer à lui. Dans l'infinie variété des opinions
qu'il raconte ou des idées qu'il éparpille, il y a tant
de choix, tant d'ouvertures offertes aux esprits les
plus divers, que nul écrivain peut-être n'a eu autant
de part que lui à la vie intellectuelle de ceux qui lui
ressemblent le moins. Lui-même, et par ses maximes
et par ses exemples, il nous invite, en lisant ses Essais,
à en prendre et à en laisser. C'est sa méthode avec les
auteurs mêmes qu'il aime le mieux et à qui il attribue
par places la plus indiscutable autorité. Mais cette
méthode, qui est excellente en un sens, méconnaît

d'autre part et laisse de côté deux traits de l'esprit humain qui, méconnus et niés, n'en prennent pas moins vite leur revanche : après avoir choisi dans les idées d'un homme, nous subissons encore son influence. Après avoir accepté une idée jusqu'à certaine limite précise qui nous semble la circonscrire, nous exerçons sur elle involontairement cette puissance logique qui est en nous et qui ne nous permet pas de conserver indéfiniment dans le sanctuaire de notre intelligence une idole à la place du vrai Dieu, une erreur sous le titre de la vérité. L'action personnelle de l'homme sur l'homme, et l'action abstraite de la logique sur la raison continuent toutes deux à s'exercer sans notre concours et à notre insu.

* * *

Pour parler de Montaigne, il y a une méthode qui est la sienne et qui s'adapte si bien au génie de Montaigne qu'on est tour à tour tenté de croire que c'est lui qui l'a inventée ou que c'est elle qui nous l'a donné; c'est de n'avoir aucune méthode, d'entrer dans le sujet autrement que par la porte, de fuir sans en avoir l'air tout chemin tracé et de s'abattre à loisir dans ce vaste et riche enclos, jusqu'à ce qu'à force d'en avoir joui on finisse par s'en croire maître. C'est bien la meilleure manière de lire Montaigne. Mais est-ce de la critique? On tend aujourd'hui à ériger en principe qu'il faut faire ainsi, et cela s'appelle se mettre à sa place, ou plus familièrement encore entrer dans sa peau. Et comme il convient, quand on a une faiblesse, de s'en faire gloire, on proclame que c'est là la grande découverte et le triomphe de la critique moderne. La critique d'autrefois était dogmatique, dit-on; elle couchait tous les esprits sur un lit de Procuste; quiconque n'était pas conforme à tous les articles d'un credo littéraire, à tous les préjugés d'une tradition surannée et pédantesque, était condamné d'emblée.

La critique d'aujourd'hui prend les gens comme ils sont; elle veut les connaître et se refuse à les juger; elle n'a rien à dire ni pour eux ni contre eux; elle les analyse, elle les décrit, elle les met en lumière; ne lui en demandez pas davantage, ou vous allez passer pour un esprit attardé.

Il est certain que, de notre temps et en suivant cette voie, la critique littéraire, historique, philosophique, a fait d'immenses conquêtes. Il est évident qu'on a, depuis soixante ans, remis en valeur et en culture une immense étendue où naguère on ne daignait pas seulement jeter un regard. Je n'en voudrais pour mon compte rien abandonner. Mais je ne puis m'ôter de l'esprit que le rôle de la critique n'est pas là. On aura beau faire et beau dire : critiquer, c'est juger. Juger, c'est appliquer une règle, c'est comparer un fait, un cas spécial, à un principe, à une loi.

* * *

A suivre cette méthode, qui est de n'avoir aucune méthode, Montaigne a gagné sans doute bien des grâces, un nombre infini de lecteurs, et une incalculable puissance sur ceux qui l'ont lu. Son livre est vivant : ce n'est point un livre, c'est une personne, et celui que Pascal appelait le maître incomparable en l'art de conférer est à jamais présent dans ces pages, toujours prêt à conférer avec nous, tour à tour provoquant nos questions ou habile à s'y dérober, mais avec la coquetterie de Galathée et en se laissant suivre pour nous mener plus loin.

* * *

Montaigne assure qu'il n'a écrit que pour se faire connaître. Depuis trois siècles on l'étudie, on le relit, on le commente. Le connaît-on? En un sens oui, et mieux que la plupart des hommes. On le connaît comme Hamlet, comme Ulysse, comme un de ces personnages multiples et vivants que l'imagination d'un grand poëte propose et impose à l'imagination d'autrui. On se représente Montaigne, et son air, et son regard, et l'énigme de son sourire. On se dit volontiers : voilà ce que Montaigne n'aurait pas fait, voici ce qu'il se serait bien gardé de dire. On se sert de son nom plutôt que d'une définition pour faire comprendre par analogie ce que l'on pense de tel ou tel écrivain. Si c'est là connaître un homme, oui, on le connaît. Mais dirai-je à si bon marché qu'un homme est connu?

Personne n'a eu, pour se peindre et s'empreindre dans la mémoire d'autrui, un don plus prodigieux de subtile analyse, d'imagination vivante et colorée, d'adresse à s'insinuer, de hardiesse à se déshabiller, de force dans les résumés après cent détours où il se multiplie. Mais ainsi doué, ainsi désireux de se faire connaître, ayant réussi à fixer tous les regards, célèbre, recherché, aimé jusqu'au culte, Montaigne est-il connu? Son souhait est-il accompli? Il me semble que non, et si, parmi nos écrivains, il n'en est pas sur qui les documents abondent davantage, à qui la curiosité publique s'attache plus fidèlement, il n'en est pas non plus qui reste plus énigmatique au fond et plus rebelle à la sèche et rigoureuse analyse.

* * *

Montaigne veut que « tout abrégé d'un bon livre soit un sot livre[1] »; et un autre jour encore, après avoir noté ce qu'il pense de Tacite, soigneux, selon sa coutume, de se préparer des excuses contre ceux qui pourraient trouver ses vues peu exactes ou peu complètes : « Voilà, disait-il, ce que la mémoire m'en présente en gros, et assez incertainement. Tous jugements en gros sont lâches et imparfaits[2]. »

Entre tant d'opinions de Montaigne qui prêtent à la controverse, faut-il accepter celle-ci les yeux fermés? Et par crainte d'être un sot ou de juger imparfaitement, doit-on s'abstenir de résumer ce qu'il pense et ce qu'on pense de lui? Il me semble au contraire que c'est là précisément la seule chose qu'il nous ait laissé à faire sur son compte. Il a été prodigue de détails et de contradictions. Il a multiplié et brisé en mille fragments son âme et sa vie. Il a tout fait pour être connu jusqu'aux moindres particularités et pour n'être pas compris. Exciter, satisfaire,

1. *Essais*, liv. III, ch. viii; t. IV, p. 36.
2. *Id.*, t. IV, p. 41. Montaigne avait d'abord écrit : « Tous jugements universels sont lâches et dangereux » (éd. de 1588).

dépasser même la curiosité de ses lecteurs, et déjouer en même temps les prises de leur raison, provoquer l'attention et demeurer une énigme, voilà le programme qu'il semble s'être proposé et qu'il a rempli.

* * *

Pour bien saisir les idées de Montaigne et les juger à leur valeur, il faut se résigner à un travail déplaisant, il faut les dépouiller de leur forme ancienne et originale et les traduire en langage d'aujourd'hui. C'est un chagrin, c'est presque un meurtre, quand il s'agit d'un écrivain tel que Montaigne, né avec des dons personnels qui ont toujours été si rares, et à une époque qui se prêtait si heureusement à l'emploi de ces dons. Quel moment que cette fin du XVIe siècle pour un écrivain libre et hardi! Il y avait déjà un public, plus nombreux, plus empressé, plus avide d'enseignements et de plaisirs nouveaux que nous ne l'avons longtemps pensé, et surtout plus habitué à s'enquérir et à communiquer d'un pays à l'autre, moins enfermé dans les limites d'un pays et d'une langue qu'il ne devint au siècle suivant.

* * *

Nous sommes vraiment insatiables. Voici un homme qui a employé sa vie à se regarder vivre et à se raconter. De son propre mouvement il nous a fourni sur son compte plus de détails minutieux, plus de nuances fines jusqu'à la subtilité, plus de confessions au moins hardies que l'on n'en possède sur aucun autre homme. A tant parler de soi, tout autre nous lasserait. A parler de soi avec si peu de réserve, tout autre serait depuis longtemps rangé parmi les cyniques. Peut-être Montaigne en a-t-il trop dit; sans doute il en a dit assez. Mais non; puisque c'est de Montaigne qu'il s'agit, nous ne croirons jamais en savoir assez. Il nous a rendus curieux de lui à sa manière, c'est-à-dire à l'infini, et comme il recommençait toujours à s'étudier, il faut reprendre l'enquête là où il l'a laissée en mourant, il faut creuser encore sous ces racines mises à nu, il faut chercher autour de lui, avant lui, après lui, tout ce qui peut jeter quelque lumière nouvelle sur sa vie, sur son caractère, sur ses idées, sur son influence. On dirait que les admirateurs de Montaigne au XIXe siècle se sont délibérément proposé cette gageure d'arriver à connaître mieux qu'il n'a fait lui-même l'homme qui passe pour s'être le mieux connu.

VI

LE STYLE DE MONTAIGNE

En quoi donc Montaigne a-t-il excellé? Car on ne saurait comprendre et par suite il ne faut pas prétendre que trois siècles de séduction et d'empire soient sans cause efficace et ne tiennent qu'à une totale erreur. Il faut trouver à Montaigne un titre réel, un mérite indiscutable, qui explique le crédit dont il jouit depuis si longtemps et pour si longtemps encore. Qu'est-ce donc qui a fait admirer jusqu'à l'excès cet observateur léger, ce raisonneur inconséquent, ce politique à courte vue, ce moraliste sans morale, ce sceptique crédule, ce conservateur qui ne regarde ni comme valable ni comme durable ce qu'il veut conserver, cet avocat de l'Église qui n'est le client d'aucune religion, en un mot ce singulier mélange de routine et de paradoxe que nous venons d'analyser? A côté de ces hommes divers et au-dessus d'eux il faut qu'il y ait eu en Montaigne un homme de génie pour les rendre à ce point célèbres et puis-

sants. Oui certes, et il n'est pas difficile à trouver.
L'homme de génie en Montaigne, c'est l'écrivain.

* * *

Un des plus grands services que Montaigne ait
rendus à la langue française, et le plus grand peut-
être, c'est de prouver qu'elle est capable de tout, et
c'est pourquoi l'on peut soutenir qu'il n'a pas, dans
notre enseignement littéraire, la place qui lui est due.
Montaigne sans doute n'est pas le plus parfait de nos
écrivains, mais il est le plus complet : toutes les
couleurs sont sur sa palette, toutes les notes sont
dans sa voix, et lorsqu'en comparant notre littérature aux autres nous sommes pris de jalousie ou
d'excessive humilité, lorsque nous entendons dire et
redire que notre langue et notre génie national se
refusent à exprimer certaines choses, fatalement
réservées à d'autres peuples, je voudrais qu'avant
de passer condamnation sur chaque point l'on se
demandât seulement si Montaigne, lui aussi, y aurait
échoué. Pour ma part, je n'en crois rien. Je tiens ses
ressources de style pour infinies.

* * *

La langue de Montaigne a cela d'admirable qu'elle
est au même degré universelle et personnelle, la
langue de tout le monde et celle de Montaigne seul.
Le lettré, l'homme qui a parlé latin dès son enfance,
l'admirateur et le dégustateur délicat de Virgile et de
Lucrèce y a sa grande part; l'homme du monde, le
causeur, qui aime la conversation des femmes et qui

dédie à celle-ci son essai sur l'éducation, à celle-là son apologie de Raymond Sebon, s'y laisse aussi reconnaître; et cependant ce latiniste et ce gentilhomme n'a nul dédain, il s'en faut de beaucoup, pour le langage populaire ou même provincial; avant tout, il veut que sa pensée soit en lumière et en relief, et que le gascon y aille si le français n'y peut aller! Il prend donc de toutes mains les éléments de son style, non comme un ignorant qui ne saurait pas les distinguer, mais avec réflexion et avec choix, comme un homme complet qui ne veut laisser échapper sans la dire aucune vérité humaine, et comme un artiste consommé qui s'entend à combiner et à nuancer toutes ses couleurs. Sans doute il y a des secrets de l'art d'écrire que Montaigne ne possède pas et dont il peut, par son charme, faire trop oublier l'absence : la suite, l'ordre, la proportion des parties, et la parfaite clarté qui en découle, lui manquent décidément; non seulement il ne s'en pique pas, mais encore, et cent fois plutôt qu'une, il vous avertit que vous n'avez pas à les attendre de lui. Chez certains écrivains, ces qualités sont des dons naturels; chez lui, non, et ce seraient des vertus; pour celles-là comme pour les autres, il se récuse. Mais si les mérites qui tiennent de la méthode lui échappent sans qu'il prenne seulement la peine de les regretter, tous ceux qui tendent à l'expression proprement dite lui appartiennent de naissance, et il s'y complaît. Cette puissance miraculeuse que, selon la Genèse, Adam eut pour nommer chacun des êtres nouvellement créés qu'il passait en revue, il semble que Montaigne l'a reçue à un degré aussi extraordinaire, au lendemain du chaos d'où sortait le monde moderne, pour nommer, définir, dépeindre l'un après l'autre les sentiments petits ou grands, les pensées les plus générales ou les plus subtiles, les faits familiers ou étranges qui se pressaient autour de lui, et jusqu'à ces états indistincts de l'âme qui ont en eux du « je ne sais quoi » et qui seraient mal rendus si l'écrivain voulait les forcer à passer du crépuscule où ils voltigent à la clarté du plein midi. Il y a des livres qu'il n'aurait pas pu faire; mais ce que Montaigne n'aurait pas pu dire ne peut pas être dit ou n'en vaut pas la peine. Quand on vient de lire quelques pages de Montaigne, on ne peut croire que les mots soient capables de se refuser à aucun service qu'il lui plairait d'exiger d'eux. C'est un des plus grands magiciens à qui ils aient jamais obéi.

* * *

Quand on pense que, parmi nos grands prosateurs, Montaigne est seulement un des premiers au second rang, on ne peut réprimer un frisson d'orgueil pour la patrie de tels écrivains. Notre poésie prête à la discussion; elle est, à l'étranger, peu connue et peu goûtée, elle paie cher maintenant un siècle de domination superbe et peu féconde, et nous-mêmes, j'en suis persuadé, nous sommes maintenant pour elle plutôt sévères et ingrats. Mais s'il est dans l'histoire littéraire une cause entendue et gagnée, c'est celle de Montaigne....

* * *

Le talent est par nature spécieux. Il consiste justement dans la puissance d'ajouter ou de suppléer à la vérité.

* * *

Ce ne serait pas une mince question de psychologie que celle-ci : qu'est-ce que le talent? Et quel rapport y a-t-il entre le talent d'un homme et ses autres dispositions ou facultés? Est-il vrai, est-il évident, est-il nécessaire que le talent d'un homme soit toujours le portrait exact de toute sa nature intellectuelle et morale, et que par conséquent on puisse toujours conclure de l'un à l'autre? Peut-on s'assurer que tous les traits du talent se retrouvent dans l'homme, tous les traits de l'homme dans le talent, et que ses écrits soient ainsi sa biographie exacte et complète, son involontaire et infaillible portrait? Prenons un exemple pour que la question soit plus claire encore, et prenons pour exemple Montaigne lui-même. Nous l'avons vu agir et vivre, nous avons sur ses actions et sur sa vie des récits, des aveux qui nous viennent de lui, des faits et des documents qui s'y ajoutent : cela est achevé, il nous reste à le regarder écrire. Est-ce le même homme que nous allons voir, et rien de plus? Eh bien, non.

Et quand je dis non, remarquez que l'exemple sur lequel j'opère est le plus favorable à la thèse que je combats. Je l'ai déjà dit, mais on ne saurait parler de Montaigne sans le redire sans cesse : aucun écrivain ne s'est plus dévoué à faire passer sa personne dans son livre, à mouler son livre sur lui-même, à se survivre tout entier dans ses écrits et à les occuper de lui seul. Partout il avoue, partout il affiche ce dessein ; c'est l'éloge unique auquel il aspire et l'unique excuse sur laquelle il se rabat continuellement. Léguer son image plus entière et plus vive à ceux qui l'ont connu, voilà comment il exprime lui-même son désir dans la première page de ses Essais, et légèrement, nonchalamment, il congédie ceux qui n'ont pas de loisir à perdre en un sujet si vain....

* * *

Montaigne médit beaucoup des livres et de ceux qui s'y adonnent [1], mais sûr qu'il est de ne se laisser point dominer et écraser par eux, il ne les craint point pour son compte; lire est pour lui une autre manière de voyager et de causer; écrire est une manière de nous faire voyager dans son âme et de causer avec nous. Toutes ses idées littéraires se ressentent de cette humeur curieuse et mobile qui est au fond de lui. Elles sont libres, variées, et souvent contradictoires, comme les notes d'un touriste qui ne veut pas choisir entre ses impressions successives ni sacrifier aucun de ses goûts.

* * *

Si l'on prend au pied de la lettre ce que Montaigne dit de son livre et de son style, on croirait qu'il a écrit sans aucun souci de la forme et de l'art, sans

1. *Essais*, liv. III, chap. III.

autre préoccupation que celle de se tenir aussi près que possible de sa pensée spontanée et de garder toute pure et toute simple sa verve du premier jet. A chaque instant, qu'il s'agisse de lui-même ou des autres, il a, contre le choix des mots, contre les scrupules de la grammaire, contre le désir d'orner ou d'ordonner sa pensée, cent arguments ou mille épigrammes, et visiblement il veut passer et rester dans notre mémoire à un tout autre titre que celui d'artiste et d'écrivain.

C'est cependant comme écrivain et comme artiste que Montaigne est tout à fait du premier ordre; c'est l'artiste, c'est l'écrivain qui a fait sa gloire et sa force; son talent, qu'il semble mépriser, lui a livré les esprits éblouis et séduits. Jamais les mots n'ont eu autant de prestige sous la plume d'un homme qui ait autant médit des mots. Le talent a cela de singulier que, partout où il paraît, les autres esprits se modèlent sur lui et qu'aucun autre ne le reproduit. Il fait école et demeure inimitable. Il pénètre partout, il se répand partout, il envahit tout, et après tout il lui reste une saveur unique, une essence propre dont il ne saurait faire part. Il s'assimile tout le monde, et personne ne finit par lui ressembler.

* * *

Par la forme, Montaigne est un maître et un homme de génie, et nul exemple n'est plus propre que le sien à prouver que le don d'écrire peut être, comme Pascal le dit de l'éloquence, une puissance trompeuse et qu'il nous faut veiller sévèrement à

maintenir notre esprit assez libre et sûr de lui pour
qu'il sache refuser sa confiance à qui ravit son admiration.

* * *

De la part d'un homme qui écrit, est-ce un tort,
est-ce un ridicule d'être occupé de son langage et de
mettre un peu de soin, beaucoup de soin même, à
trouver les mots et les tours qui conviennent le
mieux à ses pensées? Je suis si loin de le croire que
le véritable ridicule, à mes yeux, est de se prétendre
indifférent sur ce point, et si cette indifférence n'est
pas une prétention et une petite comédie de notre
vanité déguisée, si c'est un mépris sincère et réel de
la forme, il y a là une erreur qui va loin, un véritable
défaut de l'esprit. Qu'on écrive pour le public ou
pour quelques amis, qu'on écrive pour soi-même,
peu importe; quel que soit le dessein de celui qui
prend la plume en main, il aurait tort d'accepter au
hasard les premières paroles qui s'offrent à lui, et de
ne jamais chercher, de ne jamais choisir, de ne
jamais ordonner. Nous nous laissons aisément aller
à un désir puéril de n'avoir pas l'air de faire ce que
nous faisons. On écrit, et l'on ne veut point passer
pour un écrivain. Celui-ci feint d'écrire comme il
cause; celui-là joue le personnage d'un orateur, il
s'échauffe sur son papier, il apostrophe un adversaire
absent, il implore et gourmande un auditoire qui ne
répond pas; cet autre se pose en homme inspiré en
qui les pensées surgissent sans qu'il sache d'où elles
viennent. A quoi bon ces mensonges? Pourquoi se
tromper et tromper les autres?

* * *

L'examen attentif des diverses éditions des Essais fait naître dans l'esprit un tout autre sentiment que celui qu'on avait pris de son auteur. Montaigne n'écrit pas à bride abattue, comme il le dit. C'est un écrivain raffiné et habile, sachant cacher sous des dehors innocents la pensée la plus hardie. Il n'est pas simple et ouvert, comme il voudrait le laisser croire. C'est un artiste et un diplomate.

* * *

Montaigne, dans son style, n'a ni masque ni fard ; mais il a de la toilette, plus qu'il ne veut le laisser croire, plus qu'on ne l'a cru généralement.

* * *

La vivacité de l'expression ne prouve pas toujours la netteté des idées. Voyez Montaigne.

* * *

On a beaucoup loué Montaigne d'avoir pensé et écrit naturellement, et il n'est pas besoin de citer ce qu'il dit de ses idées et de son style, pour prouver que c'est bien là l'éloge auquel il prétendait lui-même et qu'il se réservait sans embarras parmi ses plus grandes protestations de modestie.

* * *

Le naturel, à coup sûr, est d'une puissance et d'une grâce incomparables ; c'est parce qu'ils ont plus de naturel que Molière et La Fontaine s'isolent

parmi leurs contemporains et restent toujours à
notre portée malgré les modes qui passent et le goût
qui change. Mais si l'on prétend tirer de leurs chefs-
d'œuvre et de leur gloire un argument pour prouver
qu'il faut abandonner à lui-même ou même restreindre le génie et toujours le pousser à abonder
dans son propre sens, nous voilà où je ne saurais en
venir. Ni Molière ni La Fontaine ne sont les produits
du naturel tout pur et tout seul. La longue culture
des autres, leur propre culture est pour beaucoup
dans la beauté de leur art, et quand nous en savou-
rons les fruits, n'oublions pas plus dans notre plaisir
ce qui vient de la greffe que ce qui vient du plant.
On est aujourd'hui trop porté à considérer comme
factice et faux tout ce qui n'est pas de premier jet;
on tend à supprimer d'un seul coup les profits de la
réflexion, de la comparaison et de la volonté; on
veut revenir à l'état de nature et tenir pour non
avenue la civilisation même. Montaigne est déjà en
plein paradoxe à ce sujet, et au lieu de tant admirer
son indépendance et sa fermeté d'esprit dans les
complaisantes rêveries où le jette la pensée des sauvages, on est en droit de s'étonner de son naïf étonnement.

* * *

Montaigne, dans l'art de conférer, se montre tout
autre que dans l'art d'écrire. Quand il écrit, la méthode
est son ennemie jurée; il l'ignore avec délices, il la
répudie avec éclat; chercher, dans la solitude, l'ordre
de ses propres pensées, on dirait que, selon lui, ce

serait presque une manière de mentir, et que le tohu-
bohu fait partie de sa bonne foi.

* * *

Ce qui charme et entraîne en Montaigne, c'est cet
air de vie qui circule partout en son livre, un je ne
sais quoi de dramatique et de direct, infiniment
varié, par où ses dissertations, questions et sentences
sont relevées. Vous vous croyez en pleine analyse :
« Quelles causes n'inventons-nous des malheurs qui
nous adviennent? A quoy ne nous prenons-nous à tort
ou à droit, pour avoir où nous escrimer[1]? » Mais
qu'est-ce donc? Une femme se dresse devant la pensée
de Montaigne et devant nos yeux : elle se lamente,
son frère a été tué par une balle, il la voit, il lui parle,
il nous force à la voir comme lui : « Ce ne sont pas ces
tresses blondes, que tu deschires, ny la blancheur de
cette poitrine, que despitée tu bats si cruellement, qui
ont perdu d'un malheureux plomb ce frère bien aymé;
prens t'en ailleurs. » Et cela, sans transition, brus-
quement, avec un effet inattendu que La Bruyère lui
eût envié et n'aurait obtenu qu'avec bien plus de
préparation et d'effort.

* * *

Il est nécessaire que nous perdions l'habitude de
laisser nos admirations emporter avec elles notre
adhésion, et que nous apprenions de plus en plus à
faire leurs parts bien distinctes au plaisir de lire et
au devoir de juger. Je tiendrais beaucoup à y réussir

1. *Essais*, liv. I, chap. iv; t. I, p. 25.

en parlant de Montaigne, car je suis convaincu qu'il est peu d'écrivains en qui le bien et le mal soient plus profondément mêlés, et plus également couverts d'un style presque sans rival. Il a par-dessus tout le don de la vie. A propos de tout il parle de lui-même, et en le lisant nous n'avons jamais affaire à la raison abstraite et indistincte d'un penseur qui s'efforce à n'être pas quelqu'un. Avez-vous vu parfois dans une maison bien antique, bien austère, bien triste, entrer tout à coup un de ces êtres privilégiés à qui tout est permis, qui semblent avoir plus d'une âme à dépenser et qui en prêtent à tout ce qui les entoure, le fils de vingt ans qui revient de voyage ou l'écolier dont les vacances vont commencer? Comme la vieille maison s'émeut et s'illumine en un instant! Comme une personne vraiment et fortement vivante change l'aspect des lieux où elle apparaît et peut pour ainsi dire faire foule à elle seule, là où l'on ne voyait avant elle qu'une solitude habitée par des fantômes silencieux! Ainsi Montaigne se jette à corps perdu dans les problèmes qui appartenaient avant lui à l'école ou à la science pure; il les anime, il les peuple, il est partout, c'est comme l'effet d'un enchantement.

* * *

Montaigne ne corrigeait pas seulement; il ajoutait, et, quand il ajoutait, ce n'était pas en une fois et d'un jet. A comparer les diverses éditions de ses Essais, on est déjà amené à diviser ses chapitres en beaucoup de morceaux; mais, en regardant les notes manuscrites de l'exemplaire de Bordeaux, on reconnaît que cette mosaïque brillante se compose de fragments encore plus menus qu'on n'aurait cru ; on voit qu'en deux tiers de page la plume et l'encre changent jusqu'à dix fois, et au lieu de se représenter tout cet esprit comme le flot courant d'une conversation abondante, il faut changer d'image : c'est un chef-d'œuvre de marqueterie. Si La Bruyère, au lieu de mépriser et de rejeter l'art des transitions, si difficile selon Boileau, avait rapproché et soudé les sentences, les remarques qui se succédaient dans son esprit, rien ne ressemblerait autant à un chapitre des Caractères qu'un chapitre des Essais.

* * *

Montaigne écrit d'abord[1] : « Extrêmement oisif, extrêmement libre, et par nature et par art, *je ne treuve rien si chèrement acheté que ce qui me couste du soing…* », mais il se ravise, il raye la dernière phrase et met en place : « *je presterois aussi volontiers mon sang que mon soing…* ». Voyez-vous l'écrivain ? Il aime l'hyperbole pourvu qu'elle s'aiguise en pointe d'acier ; un peu d'allitération même ne lui déplaît pas ; il ne craint pas de se compromettre à ce petit jeu des sons qui frappent l'esprit. C'est toujours son axiome :

Hæc vere sapiat dictio quæ feriet.

Il a beau se vanter de sa nonchalance, je crois qu'il prête à son style beaucoup de soin, et très volontiers. Il est primesautier, oui ; mais ce qui lui revient en se relisant, il n'en ignore pas le prix, et il en tient note.

1. *Essais*, liv. II, chap. XVII. — Ed. Courbet et Royer, t. III, p. 34. Le passage entier ne figure que dans l'édition de 1595.

* * *

Si rare qu'elle soit, la puissance de rendre les faits, les idées, les sentiments saisissables et comme visibles par le choix d'un mot ou par un assemblage de mots, le don de nommer ce qui se passe en nous ou ce que nous apercevons au dehors n'épuise pas, tant s'en faut, l'office de la pensée. Entre ces faits vivement observés, entre ces sentiments finement analysés, entre ces pensées puissamment taillées et colorées, n'y a-t-il point de rapport et de lien? Ou n'y aurait-il entre eux d'autre rapport ni d'autre lien que ceux de leur succession fortuite dans l'esprit de l'écrivain? N'ai-je rien de mieux à faire que d'énumérer à mesure, dans l'ordre ou le désordre de leur défilé, mes observations, mes aperçus, mes théories, si je vais jusqu'à avoir des théories, et ne dois-je me soucier d'aucun autre élément de la vérité ni d'aucune autre condition de l'art? Il y a ici, et dans Montaigne, et dans la tradition française, et dans les tendances d'aujourd'hui, plus d'un point à discuter et à définir. Montaigne n'a pas cru à la nécessité, au devoir de mettre de l'ordre dans ses idées. Il y a, dans la tradition française, tout un courant d'idées qui va droit à nier cette nécessité et à se jouer de ce devoir. Il y a aujourd'hui toute une école d'écrivains, d'artistes, de critiques, de philosophes même qui se laissent aller et qui nous entraînent dans le même sens. Ont-ils raison? Ont-ils tort? Voilà tout.

Cela vaut d'autant plus la peine d'être examiné qu'il y a là, on peut le dire, lutte incessante entre nos plus grands esprits. L'histoire de la littérature française est l'histoire d'une guerre civile séculaire entre les dons divers que notre race a reçus en partage, qui ne lui sont certainement pas particuliers, mais qui sont en elle dosés et mélangés autrement que chez les autres peuples. Si l'on continue, nous finirons par regarder l'esprit de chaque nation comme un élément irréductible, comme une substance première et unique, n'ayant rien de commun avec l'esprit des nations voisines, et destiné à se développer, à s'accomplir, à s'affaisser et à se détruire enfin par le seul mouvement spontanément fatal de son principe propre. En politique, cela mène à croire que la liberté est anglaise, et que la France n'a rien de mieux à faire que d'y renoncer. En religion, cela mène à croire que nous sommes, par grâce spéciale et définitive, catholiques ou sceptiques, et capables seulement, comme dernier achèvement de notre destinée, d'être catholiques et sceptiques à la fois. En littérature, cela mène à croire que nous sommes voués, ou condamnés, à être des orateurs ou des causeurs, voués à l'être en perfection ou condamnés à l'être sans rémission, car avec ce fatalisme on ne sait jamais s'il s'agit d'une grâce inaliénable ou d'une sentence sans appel, ni si l'on est aux pieds d'un bienfaiteur ou aux mains d'un geôlier....

* * *

Si l'on me demandait à quel titre Montaigne me semble impérissable, je dirais sans hésiter : comme poète. Nous n'en avons pas deux tels que lui. C'est

une des raisons qui ont le plus puissamment contribué à maintenir son nom hors de pair et à lui
rendre de nos jours une nouvelle popularité. A
mesure que notre littérature de plus en plus filtrée et
appauvrie devenait ultra-prosaïque jusque dans son
fond, on prenait plaisir, sans savoir bien nettement
pourquoi, à retrouver sous un tout autre langage,
sous la pourpre brodée de cette antique draperie, les
banalités, les humilités, les médiocrités de pensée
que les écrivains plus récents habillaient de serge et
de guingan. Le dirai-je en réunissant deux noms
qui hurlent d'être accouplés? Il y a, dans Montaigne,
du Shakespeare et du Béranger. Il y a une langue
constamment figurée et colorée, pleine de mouvement, de vie, luttant à force d'invention contre tous
les aspects de la réalité, une langue où l'image ne
vient pas se juxtaposer froidement à l'idée, mais se
mêle à elle et fait corps avec elle si étroitement qu'on
ne saurait les disjoindre. Et c'est ce qui me fait dire
qu'il y a du Shakespeare dans Montaigne. Mais cette
langue ample, riche, novatrice, hardie, recouvre une
sagesse qui ne lui ressemble pas, — une sagesse sans
grandeur, sans fécondité, toute oisive et négative,
toute faite de sens commun subtilisé, d'indépendance
stérilisée et d'égoïsme à peine déguisé. C'est pourquoi je dis qu'il y a en lui du Béranger.

*　*　*

Quand Montaigne parle de Virgile, de Lucrèce, de
Lucain, du Tasse ou de l'Arioste, quand il parle de la
poésie même, de ses caractères et de ses effets, tout

7

le monde l'admire et le cite comme un oracle; il fait autorité et c'est justice, car il était lui-même trop véritablement poète (Montesquieu ne s'y est pas trompé) pour n'être pas bon juge. Mais il est une des admirations de Montaigne en fait de poésie qui a fait l'étonnement de nos pères et qui demeure encore contestée : il s'agit de Ronsard....

* * *

A quel point Montaigne est poète, il n'est pas de termes trop forts pour le dire, et lui-même il l'avouerait sans embarras. Tous les symptômes concourent pour établir à son sujet un diagnostic irrécusable; il ne lui manque que la rime pour être incurablement poète, et encore c'est à peine qu'elle lui manque; tout ce qui peut imiter ou approcher ce jeu décevant de deux syllabes qui se font écho se trouve dans son style; il n'a pas la rime, mais il a un rythme très marqué; il balance et agence les mots en artiste consommé, et l'allitération qui est une moitié de rime est un des secrets habituels, une des grâces les plus recherchées de son langage harmonieux.

VII

LA PHILOSOPHIE DE MONTAIGNE

LE SCEPTICISME DE MONTAIGNE

Le centre et le cœur des Essais, c'est le scepticisme, et sous sa forme la plus insinuante, avec tous ses moyens de séduction. Est-ce donc là décidément que nous devons nous arrêter? Est-ce au scepticisme que nous devons notre gratitude pour les progrès accomplis, notre hommage pour la sécurité et les progrès de l'avenir? La liberté religieuse et philosophique, la réforme des abus, les conquêtes ou les ambitions des sciences naturelles, la vigueur et la splendeur des arts, la paix des sociétés et des âmes sont-elles attachées à cette triste condition de ne croire à rien fermement, ou, si l'on croit à quelque chose, de ne l'affirmer qu'avec réserve et en feignant de douter? On le dit, mais je le nie, et Montaigne lui-même me servira d'exemple pour prouver que j'ai raison contre lui.

Admettez pour un instant que Montaigne, tel que

nous le connaissons, soit devenu le type de l'humaine nature depuis trois siècles, et calculez les conséquences. Un monde fait à l'image de Montaigne, qu'en dites-vous? Il ne l'est que trop, vous dis-je, et c'est le mal dont nous souffrons. Supposez, je vous prie, non pas un Montaigne, ni mille Montaignes, ni même un peuple de Montaignes, mais l'humanité tout entière convertie aux doctrines de Montaigne, rangée à ses habitudes, acoquinée à ses sentiments, et si vous pouvez par la pensée réaliser cette hypothèse et en suivre pendant une heure les conséquences, dites-moi, de grâce, quels résultats vous en pouvez attendre, quel état de la société et des âmes, quelle civilisation, quelle politique, quelle vertu, quelle honnêteté....

* * *

Il y a des philosophes qui sont plus sceptiques que Montaigne; il n'y a pas d'homme qui le soit davantage, et s'il n'a pas, comme Pyrrhon, comme Ænésidème, poussé jusqu'à l'art parfait de ne croire à rien, il est dans le doute comme dans son élément; il va de l'affirmation à la négation sans que rien, dans sa nature morale, s'éveille en faveur de l'une plutôt que de l'autre....

* * *

Que Montaigne ne soit pas persévérant et conséquent dans son scepticisme, je le reconnais; Montaigne n'est pas Kant ni Pyrrhon; il n'est même ni Charron ni Bayle, et ses disciples ont poussé bien plus loin que lui dans les voies qu'il leur a ouvertes; ils ne se sont pas réservé comme lui la liberté de rentrer à chaque instant dans les opinions médiocrement établies et confusément dogmatiques qui servent de demeure au commun des hommes. Mais par cela même, et en fait, Montaigne n'est que plus sceptique et plus propre à propager l'esprit de doute. Le scepticisme qui est une doctrine n'a pas de grandes chances de convertir l'intelligence humaine ; il lui demande à la fois trop de sacrifices et trop d'efforts, trop de sacrifices, parce qu'elle porte en elle des instincts indomptables qui répugnent au scepticisme, et trop d'efforts, parce qu'il n'est que le dernier mot d'une dialectique à chaque instant oublieuse de la réalité. Mais si le scepticisme qui est une doctrine a contre lui de si efficaces résistances, il en va autrement du scepticisme qui est un préjugé. Il ne s'agit plus de mettre au pied du mur, une fois pour toutes, la raison humaine, et de lui faire avouer, par une série de tortures savantes, qu'elle est menteuse et condamnée à toujours se décevoir ; il s'agit seulement de la tourmenter et pour ainsi dire de la taquiner d'une main plus délicate, jusqu'à ce qu'elle se soit habituée et résignée à se défier toujours d'elle-même, sans savoir et sans chercher jusqu'où sa défiance est légitime, où peuvent reprendre pied ses affirmations, comment elle réussira à sauver quelques épaves de son naufrage. C'est à quoi Montaigne excelle et se complaît. C'est son jeu et son triomphe.

* * *

Il y a deux sortes de scepticisme, ou, pour mieux dire et pour éviter un de ces mots mal famés par qui

les idées justes sont souvent compromises, il y a
deux raisons différentes de s'arrêter dans la recherche
du vrai et de se dire : « Où en sommes-nous? Où
allons-nous? » L'un s'arrêtera ainsi par défiance
envers la vérité, l'autre par respect pour elle, l'un
parce que les faits les mieux assis et les raisonnements les mieux suivis ne le décideront pas suffisamment à s'engager de sa personne tout entière au
service des idées qu'il a conçues, l'autre au contraire
parce qu'il est résolu à servir de toutes ses forces
chaque vérité par lui reconnue....

*　*　*

Que si l'on veut appeler sceptique quiconque pense
avant de parler, observe avant de conclure, examine
le témoin avant d'accepter le témoignage, et ne se
tient pour engagé qu'après avoir en conscience
épuisé les moyens qui lui sont propres de s'engager
dans la bonne voie, alors vivent les sceptiques! Ils
sont le sel de la terre et les véritables croyants, car
ils se sentent responsables de leur croyance, de leurs
efforts vers la vérité, et c'est ce sentiment qui règle
la conduite de leur esprit.

*　*　*

Il ne faut pas confondre le scepticisme et le doute.
Le doute est une des facultés de l'âme, une de ses
forces vives et naturelles, capable comme toutes ses
forces d'égarement et d'excès, mais non moins salutaire que les autres à la condition, qui leur est commune, de se surveiller et de se contenir. Le scepti-

cisme est précisément le résultat du doute qui ne se contient pas. C'est le système du doute ne doutant pas de lui-même et s'attribuant la solidité qu'il conteste à tout. A le bien prendre et dans son vrai rôle, le doute n'est que l'instinct du danger dans les choses de l'esprit. Un cheval généreux et rapide, mais qui ne s'emporte point, continue, tout en galopant, à voir les obstacles et à les éviter, ou à juger s'il peut les franchir d'un bond; tant que le sol sur lequel frappent ses pieds ferrés est assez élastique pour leur donner prise et assez résistant pour leur donner appui, il a confiance, il va, il emploie toute sa vigueur à conquérir sans cesse et sans trêve l'étendue où ses regards ont déjà couru bien loin devant lui; mais qu'il entende le terrain sonner creux, qu'il le sente s'amollir et s'épaissir, qu'il y sente au contraire une surface inflexible où il ne trouve plus d'instant en instant cet équilibre soudain dont chacun de ses pas a besoin, alors quelque chose l'avertit confusément : il y a là une voûte, une caverne, secrète et mal assise, qui peut s'effondrer; un marécage est voisin; le cheval qui voudrait courir sur ces roches polies s'abattrait : il se rassemble de lui-même et se ralentit; ses oreilles, dressées, couchées tour à tour, transmettent au cavalier les sages soupçons de sa monture, et, si le cavalier n'en tient pas compte, s'il ne cherche pas à comprendre, pour l'éluder ou la vaincre, cette difficulté de son chemin qui lui est ainsi révélée, il n'a qu'un nom imaginable : dans toutes les langues de la terre, il s'appelle un fou.

* * *

Quand on parle du doute, il faut s'entendre, et pour s'entendre, il faut distinguer : car on peut, par peur et par haine du doute, attaquer l'activité même de l'esprit humain et maudire ses démarches les plus légitimes. C'est ainsi que Lamennais, dans son *Essai sur l'indifférence en matière de religion*, ne voyait partout qu'une seule et même manière de douter, également imprudente et condamnable. A ses yeux, le doute est toujours le regard troublé d'une intelligence qui s'éteint [1]; mais c'est l'incurable faiblesse de tout son système d'avoir pour point de départ nécessaire cette sentence étroite et fausse.

Non, il est un autre doute, regard inquiet mais sain d'une intelligence qui s'éveille, courageuse initiative de l'homme qui se sent appelé à vivre par lui-même et à son tour comme d'autres ont vécu avant lui et à se mettre en règle, pour son propre compte, envers l'éternelle vérité. Si Montaigne avait mieux que Lamennais distingué ces deux sortes de doute, si ses disciples après lui en avaient fait le départ, si, de son école et de son influence, ce résultat était sorti que chacun de nous, grâce à elles, se sentît tenu de savoir ce qu'il pense et ce qu'il dit, à ses risques et périls, et sous le regard d'un juge à qui rien n'échappe, Montaigne en ce cas serait notre plus grand bienfaiteur, notre libérateur, notre maître. Mais il en va tout autrement.

1. Préface de la *Défense de l'Essai*.

* * *

Encore si le scepticisme restait fidèle à lui-même
et borné à ses propres dangers! Quoiqu'ils suffisent
pour inquiéter et pour attrister ceux qui désirent que
l'esprit humain demeure armé de toutes ses forces
saines et animé de toutes ses légitimes ambitions, le
scepticisme n'est pas le mal extrême tant qu'il n'est
que le scepticisme. Mais par ce parti pris de ne se
décider jamais, par cette habitude de vivre en suspens, par cet interdit et ce défi jetés au témoignage
des sens comme à l'autorité de la raison, par cette
ruine finale de toute science et de toute foi, bientôt
se répand, grandit et triomphe l'une ou l'autre des
deux doctrines avec qui nous ne pouvons plus vivre
en paix : celle qui maudit comme une insolence tout
effort de l'esprit, ou celle qui consacre comme un
droit tout appétit des corps. Heureux encore si ces
deux doctrines funestes ne grandissent pas à la fois
pour étouffer entre elles les âmes qui naissent sous
un astre si malheureux!

* * *

Le scepticisme aurait peu de prise sur l'intelligence
humaine s'il se présentait à elle en propre personne
et à visage découvert. Il lui répugne si essentiellement qu'elle est obligée de se nier elle-même pour le
reconnaître et de se suicider pour le faire vivre.
Encore s'il suffisait à notre intelligence de se suicider
une fois, et si, après cet acte de désespoir, le scepticisme pouvait subsister et se soutenir! Mais non; il

est à peine né qu'il s'est déjà détruit; à peine sa volontaire victime s'est-elle sacrifiée et frappée qu'elle se sent revivre et qu'il faut recommencer. Qu'elle recommence, j'y consens; qu'elle essaie encore un coup d'en finir avec elle-même, encore un coup, encore cent coups, qu'importe? Mais irons-nous ainsi à l'infini? Et ne viendra-t-il pas un moment où l'esprit humain, las de se tuer sans réussir à mourir, pour l'honneur d'une idole dérisoire dont il ne retrouve plus rien dès que, malgré lui, il rouvre les yeux, consentira à se laisser vivre puisqu'il ne peut s'en empêcher?

Mais autant le scepticisme révolte l'intelligence humaine quand il se montre à nu, autant il la séduit quand il se déguise, et nulle manière de penser n'est plus féconde en déguisements ni plus habile aux succès dérobés que le scepticisme.

* * *

... Que la raison humaine se suicide, je le veux bien, mais une fois pour toutes, et de manière à ne plus parler. Quant à la regarder du soir au matin et du matin au soir s'anéantir dans ses triomphes et s'infatuer de ses désastres, et toujours s'affirmant se nier par métaphore, c'est un cercle vicieux dont le spectacle est malsain quand on s'y arrête et ridicule dès qu'on s'en détourne. Il n'y a pas assez de mépris ici-bas pour un tel emploi des heures et de l'esprit.

* * *

Le scepticisme est un instinct paresseux, élaboré par une pensée active et viciée.

Le scepticisme, c'est le mouvement perpétuel dans le vide absolu.

* * *

C'est la ruse du scepticisme, c'est sa perfidie, de donner satisfaction en même temps à l'indépendance et à la paresse de l'esprit, de se présenter tour à tour comme un acte de fierté et comme un acte d'humilité, comme une hardiesse et comme une prudence, et, en flattant ainsi tous nos instincts, toutes nos prétentions contradictoires, il nous fait perdre ce qui nous fait vivre, la force de choisir et de vouloir. Nulle part cela n'est plus sensible que dans Montaigne, et son incroyable génie d'écrivain n'aurait pas suffi à l'illustrer comme il l'a fait, à propager son influence et à multiplier ses disciples, s'il n'avait pas trouvé dans ses doctrines mêmes de quoi servir d'appât à nos plus intimes désirs, à nos vices secrets et favoris.

* * *

Montaigne croit sincèrement et répète sans cesse que l'affirmation est un acte d'orgueil. Qu'il le prouve. Je me fais fort de lui démontrer jusqu'à une égale évidence que le doute est un acte de vanité. C'est la ruse du scepticisme de favoriser et de caresser en nous, tout ensemble ou tour à tour, nos instincts les plus contradictoires. Le scepticisme nous donne le change à chaque instant. Vous qui doutez de toute science et de toute sagesse, rentrez en vous-mêmes, faites sérieusement votre examen de conscience, et dites-nous si votre scepticisme ne procède pas du plaisir de donner un démenti à Aristote, plaisir d'abord secret que vous rendrez bientôt public et qui aboutira à un triomphe ironique où vous allez faire défiler devant la foule les plus grands génies, en vous réservant auprès d'eux le rôle de l'esclave et la revanche de leur crier : « Souvenez-vous que vous n'êtes que poudre et poussière ».

* * *

L'orgueil de l'ignorance est plus insolent que l'orgueil du savoir.

* * *

Ce qui me frappe dans les arguments de Montaigne, c'est qu'il commet les unes après les autres toutes les fautes qu'il reproche à ses adversaires; ses preuves ne tiendraient pas contre sa propre critique, et la raison peut être défendue par les armes qu'il a aiguisées contre elle. De là vient l'impression qu'il laisse et son renom de scepticisme absolu. Il affirme à tout propos, il tranche à la légère, il dogmatise, il régente son lecteur aussi hardiment que qui que ce soit....

* * *

Ce parti pris que Montaigne affiche de laisser son esprit toujours ouvert de toute part, c'est dans la vie oisive et spéculative un grave inconvénient, un mauvais système, c'est le scepticisme. Mais dans la vie active, qui d'heure en heure provoque, oblige l'homme à se concentrer et à se décider, le danger n'est plus le même, et ce penchant qui menait Montaigne au scepticisme ne l'aurait mené qu'à la liberté d'esprit, si les devoirs d'une action suivie l'avaient encadré et soutenu.

* * *

Dans le scepticisme du XVIe siècle et de Montaigne, il faut faire entrer pour une part ce que George Sand (*Césarine Dietrich*) appelle « l'incertitude où flotte une vive intelligence en voie d'éclosion trop rapide ».

* * *

Henri Heine écrivait un jour, à propos d'un de ses contemporains : « Il est trop spirituellement doué et trop universellement instruit pour n'être pas au fond un sceptique[1] ». Réduite à des termes si brefs et si nets, cette sentence arrêtera peut-être ceux qui la liront. Mais qu'ils veuillent bien regarder autour d'eux et rentrer en eux-mêmes : n'est-ce pas une opinion partout répandue, n'est-ce pas une banalité plutôt qu'un paradoxe, que plus un homme a d'esprit et de savoir, plus il doute, inévitablement et à bon droit ?

* * *

Si le scepticisme se présentait à l'esprit des hommes tout seul et tout nu, il aurait sur eux bien peu de prise, il serait presque sans chances et sans danger. Pourquoi donc est-il au contraire partout répandu et menaçant pour tout ? Pourquoi le trouve-t-on mêlé et noué intimement aux spéculations les plus raffinées, aux maximes les plus populaires, aux croyances les plus ferventes, aux dogmatismes les plus fanatiques ?...

Il prend toutes les formes, il s'arrange de tous les

---

1. *Lutèce*, 2 février 1843.

masques, il usurpe tous les noms. Lui qui est le paradoxe extrême et le sophisme le plus compliqué, prenez garde : il va s'insinuer sous le couvert du bon sens ; il va se donner pour le résultat le plus net de l'expérience, tandis qu'il n'est que la plus extravagante aberration de l'hypothèse.

* * *

Parmi les idées aujourd'hui courantes, il en est une que Montaigne adopterait tout d'abord, car il y reconnaîtrait la substance de toutes ses pensées et la justification de toutes ses faiblesses. Rien n'est absolu, nous dit-on, tout est relatif ; Montaigne n'a jamais dit autre chose. Il sourirait sans doute de ce langage pédantesque et scolastique ; mais il se rappellerait bien vite les images délicates ou saisissantes dont il savait revêtir ce que cette formule sèche exprime en quelques mots, et voyant quelle peine les savants ont prise pour lui fournir une trame aussi favorable à ses broderies, il recommencerait à broder. Mais la trame est-elle solide ? On ne l'a pas mieux démontré aujourd'hui que Montaigne ne le démontrait il y a trois cents ans. Après Kant et Stuart Mill, il y a encore des esprits qui résistent, et qui ne voient dans cet axiome solennel que l'inévitable absurdité de tout scepticisme conséquent.

* * *

Sommes-nous restés ou revenus au point où Montaigne s'est arrêté, c'est-à-dire à l'impuissance de s'arrêter jamais et à la résignation de vivre ainsi ? J'espère que non. Mais, quoi qu'il en soit de mes espérances, voici ce dont je suis pleinement convaincu : si Montaigne doutait, si nous doutons à notre tour, c'était sa faute, et c'est la nôtre; il n'y a pas de quoi s'en vanter. Le doute n'est pas la fin légitime de la pensée, l'état parfait d'un esprit exercé et sincère; Montaigne a cru et a fait croire à trop de gens qu'il en était ainsi, pour qu'il ne soit pas nécessaire de bien poser la question et d'y regarder de près. Est-il vrai que l'expérience et le raisonnement s'accordent à certifier que rien n'est certain?

Mais tout de suite je suis arrêté, et dès le premier pas je me refuse à suivre le sceptique. Certifier que rien n'est certain, c'est se contredire, c'est invoquer et démentir tout ensemble la raison. C'est poser le paradoxe en axiome et prendre l'impossible pour point de départ. Le sceptique pourtant ne peut pas en prendre d'autre. Il est engagé d'honneur à maintenir une thèse désespérée; il se condamne de gaieté de cœur à faire continuellement disparaître et reparaître son intelligence, à l'escamoter et à en jongler.

Je sais bien qu'il y a longtemps que le scepticisme est ainsi réfuté. Mais on l'oublie sans cesse ou l'on n'en tient compte. Pourquoi donc, si ce n'est parce que le scepticisme a un autre attrait que celui de satisfaire l'esprit? Parce qu'au lieu de le satisfaire il le dissipe et le détourne de lui-même? Parce qu'il enseigne le mépris de la vérité après en avoir enseigné le désespoir? Parce qu'il est la plus commode des philosophies en même temps que la plus insoutenable? Si le scepticisme n'avait pour lui que la logique, il ne serait pas redoutable. Mais toutes nos lâchetés recrutent pour son armée; il gagne de la force à chaque fibre qui se détend dans notre cœur.

* * *

Est-il donc vrai que rien n'est vrai? Ce n'est pas à Montaigne qu'il eût fallu poser ainsi la question, car il ne voulait pas aller à ces extrémités. Mais je la pose à ses lecteurs, parce qu'il les mène là où lui-même il ne voulait pas aller. Il y a quelqu'un, dit-on, qui a plus d'esprit que Voltaire, c'est tout le monde. Ce n'est point assez dire : ce quelqu'un-là a aussi plus de logique qu'Aristote. Subtilisez, parez, tempérez une erreur autant qu'il vous plaira : cette laborieuse et consciencieuse humanité qui vous écoute va, aussitôt que vous l'aurez convaincue, travailler contre vous. Elle va lui rendre sa figure d'erreur; les subtilités reprendront corps et redeviendront grossières; la parure tombera et laissera voir le mensonge nu; les tempéraments s'évanouiront, et la violence, la tyrannie du principe mauvais se déchaînera sans réserve. Grâce à Dieu, le mal et le faux ne se laissent pas longtemps méconnaître; on dirait qu'après s'être déguisés pour réussir ils ont hâte de jeter le masque pour jouir de leur succès; il ne leur suffit pas d'être puissants sous un nom d'emprunt; ils veulent régner de leur propre titre, et c'est l'effort constant des générations successives de tirer peu à peu les conséquences légitimes et nécessaires des erreurs comme des vérités qui leur ont été enseignées pêle-mêle.

* * *

On dit souvent que le scepticisme seul permet
d'établir la liberté de conscience, et que, là où la foi
est vivace, elle ne laissera jamais germer ou croître à
côté d'elle une foi contraire à laquelle elle pourrait
couper court. Ni le scepticisme ne mérite cet excès
d'honneur, ni la foi cette indignité. Le seul fonde-
ment qui soit capable et digne de porter la liberté de
conscience, c'est la conscience elle-même, et le prix
que j'attache à ma propre foi est la seule mesure du
respect que je rends à la foi d'autrui.

* * *

C'est une opinion très vulgairement acceptée que
Montaigne a été un des premiers défenseurs de la
liberté de conscience, un des plus puissants propaga-
teurs des sentiments propres à la favoriser, et que
son scepticisme a du moins cette belle excuse. Je n'en
crois rien. Ce n'est pas à Montaigne ni à ceux qui
pensaient et agissaient comme lui, c'est à des hommes
très différents de lui et à des idées très éloignées des
siennes que nous devons ce grand progrès des temps
modernes, encore incomplet, mais désormais assuré.

* * *

On dit souvent, et au premier abord il semble vrai
que Montaigne a continué, avec d'autres procédés
que commandait un autre temps, le travail d'Erasme
et de Rabelais. C'est grâce à lui, si l'on en croit l'estime publique, que la *liberté de penser* du XVIe siècle

s'est prudemment insinuée et continuée dans le siècle
suivant jusqu'à ce que le jour fût venu pour elle
d'éclater de nouveau et de tout reconquérir. D'Erasme
et de Rabelais à Voltaire et à l'Encyclopédie, ce serait
donc Montaigne qui aurait fait la chaîne et secrètement
entretenu l'indépendance de l'esprit. Singulière vestale
pour un feu si sacré! Non, ce n'est pas à Montaigne,
ni à ses disciples, ni à ses pareils, que nous devons
notre reconnaissance pour cet héritage heureusement
sauvé.

* * *

La liberté d'esprit est encore si rare et d'un tel prix
que beaucoup de gens qui ne la pratiquent guère
la louent avec effusion et estiment à cause d'elle
d'autres personnes en qui elle ne brille que d'un
médiocre éclat. L'habitude, la routine, la lâcheté
intellectuelle sont trop générales pour qu'il en soit
autrement; il suffit de quelques velléités d'indépendance pour se distinguer et de quelques apparences
de libéralisme pour y applaudir. Mais que nous aurions
tort de nous contenter à si bon marché! Montaigne,
entre autres, doit-il être considéré comme un modèle
en ce genre, et voudrions-nous les uns ou les autres
être un libre esprit à sa façon? Mais d'abord est-il
vrai que, pour son siècle, il ait été un prodige unique,
seul maître de lui parmi des troupeaux d'esclaves,
seul éclairé et sensé entre des fanatiques et des dupes,
entre des pédants et des ignorants? Je n'en crois rien,
et je ne comprendrais même pas qu'on l'ait jamais cru,
si Montaigne n'avait pas déposé lui-même contre son

siècle un témoignage qui a été accepté sans conteste et dont il a profité sans débat.

* * *

Ce qui est admirable et immortel dans Montaigne, c'est le don d'imaginer, de voir, de peindre, de faire vivre ses pensées fortement. Mais ce n'est pas tout. Le talent, le don poétique et pittoresque que Montaigne avait à un si rare degré n'est pas le seul secret de son influence et de sa gloire. Son scepticisme dont nous pouvons et devons répudier l'héritage a été pendant longtemps, et à travers bien des crises diverses de notre histoire intellectuelle, un rare exemple de liberté d'esprit, et comme une dernière ressource contre l'insolence de ceux qui veulent contraindre la raison d'autrui. Le grand tort de Montaigne, c'est d'avoir été insolent lui-même contre la raison et de ne lui avoir appris à être libre que pour lui conseiller de s'endormir dans une chambrette de douteur épicurien et d'égoïste modéré. Malgré ce tort, Montaigne a rendu à plus d'hommes que je n'en saurais compter le service immense de maintenir à l'état de questions ouvertes une foule de problèmes que mille autres s'efforçaient de transformer en autant de prisons ou de tombeaux.

* * *

Que le scepticisme de Montaigne ait rendu des services, c'est possible, mais c'est honteux. C'est possible, mais c'est douteux. Pensez-vous que la liberté de croire aurait perdu quelque chose à n'être point

confondue avec l'impuissance de croire et le parti
pris de ne tenir à rien? Pensez-vous qu'aujourd'hui il
ne soit pas temps de faire cesser cette confusion? Si
je voyais un des chefs-d'œuvre de la sculpture antique
sur un socle de pierres mal jointes et qui menacent
ruine, je m'inquiéterais à juste titre, je m'indignerais
tout haut contre l'imprudence et l'incurie de ceux qui
laisseraient les choses en cet état. Eh bien! il s'agit
ici de bien plus que la Vénus de Médicis ou l'Apollon
du Belvédère : il s'agit de la plus haute faculté de
l'homme, de son droit le plus sacré, de son plus universel intérêt, et il faudrait se taire ou ne parler qu'à
demi? Et pourquoi? Parce que Montaigne est un
grand écrivain, parce qu'il y a danger d'être confondu
avec le père Garasse, parce que sur la base où Montaigne l'a posée, la liberté de penser s'est tenue debout
jusqu'ici et a répandu autour d'elle un divin sourire
qui a ravi les cœurs? Qu'est-ce que cela prouve?
Encore un coup, regardez au piédestal, et sauvez la
statue; elle penche avec lui, avec lui elle va tomber.

* * *

Raymond Sebon n'a pas seulement fourni à Montaigne le thème d'un chapitre qui est tout un livre, et
qui, sous forme d'apologie, ne va à rien moins qu'à
ruiner de fond en comble le système du théologien
espagnol. On retrouve Sebon ailleurs encore dans les
Essais, toujours déformé et détourné de son sens,
défiguré par le miroir où il se brise en se reflétant.
Ceci vaut la peine d'y regarder de près, car c'est bien
le travail de Montaigne d'avoir ravi à la tradition et à

la dogmatique chrétiennes une masse considérable
d'idées qu'il a rendues à la sagesse païenne et mondaine, et notre effort est de distinguer tout ce qu'il
dérobe ainsi et ce qu'il fait gagner ou perdre à ces
vérités anciennes en les transplantant dans un sol
nouveau.

* * *

C'est le piège du scepticisme que, sans avoir l'air
de se démentir, il donne également satisfaction aux
instincts les plus opposés de l'esprit humain et réa-
lise pour ainsi dire le programme de Pascal, nous éle-
vant et nous abaissant tour à tour. La seule différence, la voici : quand Pascal nous abaisse, c'est qu'il
veut vaincre notre orgueil ; quand il nous élève, c'est
qu'il veut vaincre notre mollesse, et il ne va de l'un à
l'autre extrême que pour être toujours en passe de
contrarier notre pente et notre tort du moment. Le
scepticisme, au contraire, trouve son compte à flatter
tour à tour chacun des vices humains que Pascal
contrarie. Sommes-nous orgueilleux ? Il nous enseigne
à mettre sous nos pieds les sages, les savants, les
héros, et à prendre sur eux, en masse et d'emblée, ce
triste avantage qui s'appelle le mépris. Sommes-nous
mous ? Il nous enseigne à l'être sans remords et sans
espoir, à ne compter sur rien, car tout passe, à ne
rien commencer, car tout casse, à ne rien aimer, car
tout lasse, et à donner une fois pour toutes notre
démission d'hommes et de vivants.

* * *

Nous en sommes tous là : nous croyons avoir fait
le tour du monde, quand nous avons pris l'omnibus

à notre porte et poussé nos aventures jusqu'aux bureaux de l'octroi.

* * *

Que ne donnerait-on pas pour avoir les deux exemplaires des Essais sur lesquels a travaillé l'auteur des *Pensées*! Tenir d'une main le *Montaigne* de Pascal, et de l'autre main le *Montaigne* de Shakespeare, et arriver à comprendre, à saisir par quel prodigieux chaos de génie ce même écrivain a pu réussir auprès du plus humain des hommes et auprès de celui qu'on est tenté d'appeler, pour sa dureté et sa pureté, le plus inhumain des anges!

* * *

Montaigne parle de lui-même, et redit à tout propos qu'il vise uniquement à se faire connaître, jusqu'au fond le plus caché de son être et dans ses détails les plus particuliers, tout entier et tout nu. Sur ces entrefaites arrive Pascal; il veut peindre au naturel non pas un homme, mais l'homme, et Montaigne lui suffira. Il s'empare des confidences complaisantes de Montaigne, il les prend au pied de la lettre et ne leur fait subir qu'une légère transformation, oh! bien légère : d'un cas particulier il fait une thèse générale.

* * *

Combien toutes les ressemblances sont peu de chose, quand la différence est au point de départ, au fond du cœur! Pascal a beaucoup emprunté à Montaigne, et il a eu tort de lui faire tant d'emprunts. Le mépris, le dégoût de la raison était aussi absolu chez l'un que chez l'autre. Ils ont triomphé d'elle l'un et l'autre avec une fausse et insolente humilité. Mais qu'importe? Pascal veut sauver celui qu'il humilie, et se sauver lui-même tout d'abord, pour servir d'exemple à sa foi. Montaigne laissera volontiers les autres humiliés et perdus, pour qu'on ne lui demande pas d'essayer de les sauver....

* * *

Quelle leçon ne devrait-on pas tirer de cette alliance inouïe, et comment se peut-il que, de part et d'autre, il reste encore quelque illusion? Les Montaigne travaillent pour les Pascal, les Pascal travaillent pour les Montaigne; ne finiront-ils pas par se lasser de jouer ce jeu terrible et sans issue? L'âme humaine est depuis trop longtemps ballottée et mourante entre le scepticisme et l'autorité; ne trouvera-t-elle pas un jour, ne cherchera-t-elle pas dès à présent, hors de cette inexorable alternative, sa voie et son salut? Mais comment expliquer, s'il ne tient pas à la nature des choses, un conflit qui s'est toujours reproduit jusqu'ici? D'où vient ce malentendu séculaire, s'il n'est pas éternel?

Redoutables et difficiles questions qui ne veulent être ni traitées en passant, ni laissées de côté quand on les a entrevues, et qui ne sont point ici hors de leur place, puisque c'est le tort de Montaigne d'avoir cru les résoudre à la volée quand il ne faisait que les écarter nonchalamment. Non, ni Montaigne ni les empiristes plus savants et plus logiques de nos jours, ni Pascal, ni les plus vénérés et les plus prudents de

ceux qui recommencent à rétablir sur les mêmes
bases que lui l'apologie de la religion, ni celui-ci ni
celui-là ni personne ne réussira à nous décourager,
à nous dégoûter, à nous détourner de chercher l'accord entre la raison et la foi, et malgré soi, en écrivant ces mots, et en pensant combien ils ont peu de
chances d'être lus sans sourire, on ne peut se défendre
d'une grande tristesse et de quelque colère....

* * *

Elle est bien ancienne, cette guerre contre la
raison humaine, et s'il fallait en croire l'expérience
seule, il faudrait croire qu'elle durera toujours. Mais
quoi? Ne sortirons-nous jamais de la prison des
vieux dilemmes? Ne pourrons-nous pas nous désac-
coutumer des mots qui nous divisent, et nous mettre
en face des idées qui devraient nous unir? Au lieu
d'entre-choquer sans cesse la raison et la foi, parce
que, depuis que le monde pense, elles se sont entre-
choquées, ne faudrait-il pas nous demander s'il est
vrai que leur querelle soit éternelle et leurs droits
inconciliables? Le point de fait n'est pas douteux :
ces deux puissances ont toujours lutté. Mais le point
de droit n'est pas vidé : doivent-elles lutter toujours?
Que sont-elles donc, en réalité et au fond? Si la question est insoluble, c'est Montaigne qui dit vrai. Si elle
se résout contre la raison, c'est Pascal qu'il faut
suivre. Mais si nous ne pouvons suivre ni Montaigne
ni Pascal, à qui irons-nous et que ferons-nous de ce
fardeau qui est notre gloire et de cette intelligence
qui veut tout à la fois l'activité et la paix?

* * *

Pourtant, de Montaigne et de Pascal, lequel est à vrai dire le plus injurieux contempteur de la nature humaine et de la raison? Pascal, je le sais, semble la plupart du temps ne voir en nous que faiblesse et péché; son ironie poignante nous poursuit, son ascétisme extrême va jusqu'à condamner comme un larcin dont Dieu pourrait se plaindre l'amitié d'une sœur pour son frère, d'une sœur même telle que la sienne pour un frère tel que lui. Mais comme Pascal a vengé l'homme de ses propres dédains! Cette même raison qu'il foule aux pieds, dans ses étranges accès de pieuse fureur, il l'a exaltée au-dessus de toutes les splendeurs et de toutes les forces de l'univers....

* * *

Montaigne n'accepte pas l'homme tel que Dieu l'a fait ou, pour parler son langage à lui, tel que l'a fait la nature, et s'il ne pousse point contre l'humanité ce cri de guerre à outrance par lequel Pascal nous confond et nous révolte, s'il ne nous somme point de nous abêtir, décidément il nous conseille de nous amoindrir, et ce qu'il y a de moins violent, de moins outrageux dans son procédé, est compensé et au delà par le ton plus méprisant et le résultat plus indifférent de son dessein. Pascal au moins, quand il fait main basse sur toutes nos ambitions, ne les saccage que pour nous sauver de nous-mêmes et pour nous assurer, c'est sa foi, le bonheur éternel. Où voyez-vous que Montaigne se justifie de ses duretés pour la nature humaine, et que nous offre-t-il en échange de ce qu'il nous dénie? Un peu plus de calme peut-être, pendant quelques jours incertains, un peu plus de flegme, et que sais-je? un certain droit de nous compter tout bas parmi ceux qui n'ont point été dupes de la vie et de ses mirages. C'est trop peu de chose en vérité....

* * *

Non, ni Pascal ni Montaigne n'ont raison, et la nature humaine n'est point représentée au complet et au vrai par la peinture de l'un ni de l'autre. L'un et l'autre, quoique par des motifs tout contraires, ils ont été trop préoccupés d'eux-mêmes dans l'image qu'ils se sont faite de nous tous et qu'ils nous ont imposée à force de génie : leur portrait est trop visible et trop dominant dans le portrait de l'homme tel qu'ils le tracent, et à chaque instant leurs maximes les plus générales trahissent les faiblesses ou les passions personnelles du peintre plutôt qu'elles ne reproduisent la physionomie du modèle. Ce kaléidoscope avec lequel se joue la fantaisie indifférente de Montaigne, cette antithèse violente de bassesse et de grandeur où triomphe l'austère satire de Pascal, ce n'est point l'homme tel que Dieu l'a fait, tel que l'histoire le montre, tel que nous le voyons autour de nous ou en nous-mêmes.

* * *

Si j'avais à dresser une enquête sur quelque âme compliquée et obscure, les deux observateurs que je voudrais ressusciter, ce serait Montaigne et Shakespeare sans contredit.

* * *

On n'en dira jamais trop du talent d'analyse et de description que Montaigne applique aux mouvements les plus compliqués, aux phénomènes les plus passagers de la vie intérieure. En cela il est tout à fait moderne, et nous mettrions toute l'antiquité à contribution sans trouver son égal. Pourquoi Virgile nous semble-t-il plus moderne qu'Homère, Tacite plus que Tite-Live, Racine plus que Corneille, Shakespeare plus que tout autre ?

* * *

Montaigne conçoit l'humanité et la peint grande, sage et belle un instant chez les anciens, mais depuis lors et surtout autour de lui mesquine, folle et laide, criminelle, ignare, sotte, pédante, vide de sens et enflée d'orgueil. Mais à cette pauvre espèce humaine dont il trace un si triste portrait, quels conseils va-t-il donner ? quelle objurgation salutaire sortira de tant de mépris ? Quel remède héroïque appliquerons-nous à de telles plaies et à une si pénétrante corruption ? C'est ici que l'insuffisance et le néant de la morale de Montaigne se signalent ouvertement. Il n'a rien de ce que les écrivains protestants appellent à bon droit le sentiment tragique du péché.

* * *

Montaigne a de la moralité, mais point de morale.

* * *

Montaigne, un pessimiste et un dégoûté en belle humeur.

* * *

Dans le système moral de Montaigne, on finit par s'obéir à soi-même — ou plutôt non, on ne s'obéit même plus, car on finit par ne se plus commander rien.

* * *

Montaigne n'est ni un guide sûr pour la pensée ni un conseiller utile pour la vie.

* * *

En fait de questions morales et humaines, il faut bien distinguer de quel style on vous parle et avec quelles visées. J'ai toujours envie d'interrompre et de demander : pardon, monsieur, est-ce une définition ou une peinture? Maître Jacques, à laquelle de vos casaques ai-je l'honneur de parler? C'est que la différence est grande. Je ne sais presque pas un de ces mots vifs, acérés, flèches destinées à rester dans la plaie, et que les grands artistes en psychologie vivante décochent sans cesse de droite et de gauche, je n'en sais presque pas qui ne soit faux, faux à crier, si vous prétendez en faire de la science. Et là-dessus tous tant que nous sommes nous sommes trompés à chaque instant par l'admiration. On en arrive en trois glissades à citer du Shakespeare comme de l'Aristote, comme de la géométrie, comme un axiome à termes précis et évidents d'où l'on part avec absolue confiance pour rayonner et raisonner à l'infini. Il y a là une illusion foncière qui profite à tous les grands écrivains moralistes jusqu'au jour

où elle se dissipe et vous met en tentation de vous
retourner contre eux plus que de droit. On oublie à
chaque instant ce que la littérature ajoute à la réalité, ce qu'elle a nécessairement de trop large et de
trop coloré, de vêtements qui flottent, drapent et
chatoient autour du corps. Montaigne pris pour
exemple le prouverait aisément.

* * *

Montaigne se savait assez bon gré d'avoir su discerner la vertu et de l'avoir contemplée pour se pardonner de ne l'avoir pas suivie et pour se sourire en
la voyant s'éloigner. Au rebours du vers sublime de
Perse :

> Virtutem videant intabescantque relicta.

* * *

Il y a des gens qui, n'ayant que des opinions, les
posent et tâchent de les imposer sous forme de théories et de systèmes. Il en est d'autres, tout contraires,
qui ont bien un système, une théorie à eux, mais qui
s'en défendent et s'en cachent, qui trouvent plus de
chance et moins de péril à disséminer, à insinuer
leur pensée dernière sous les formes les plus flottantes; c'est un système à l'état gazeux; on y entre,
on en sort sans s'en douter presque, et la lumière s'y
joue plus à l'aise en mille reflets, en beaux arcs-en-
ciel multicolores. Plus d'un se laisse prendre à cette
apparence et se sent singulièrement touché, charmé
de la discrétion avec laquelle de tels esprits le trai-
tent et se gardent de vous dicter leur pensée. Ils ne
vous la dictent pas, non, mais ils vous la soufflent,

ils vous la glissent, ils vous apprivoisent à elle en
prenant leur temps, et à la fin vous vous trouvez disciple, je dis disciple, non moins tenu et non moins
marqué que si vous aviez eu affaire à quelque franc
et avoué dominateur des esprits.

Montaigne a un système, qu'il le sache ou non,
qu'il le veuille ou non. Il fait école. On n'est pas
impunément un esprit étendu, ouvert, curieux :
quand on est cela, il faut s'y résigner et en accepter
la responsabilité; cela vous mène de toute nécessité
à avoir un avis et à le répandre. Pourquoi s'en
défendre et s'en cacher?

* * *

Il y a dans Montaigne beaucoup de choses qui font
grand honneur à son fonds premier, au Montaigne
avant la chute, et qui ne vont point avec son système.

* * *

Sainte-Beuve a défini Chateaubriand par ces mots :
un Épicurien qui avait l'imagination catholique. Je
dirais volontiers de Montaigne : c'était un Épicurien
qui avait l'imagination capable de stoïcisme et qui
avait besoin de se donner le spectacle de la vertu,
mais sans vouloir s'en donner la peine. Là est le vice
de Montaigne et le danger de son influence. Il connaît les instincts nobles du cœur humain, il leur
parle, mais il les trompe plutôt qu'il ne les satisfait,
il émousse tout ce qui devrait être un aiguillon, il ne
s'en sert que pour se chatouiller. Ceci semblera
sévère peut-être, et je sais bien moi-même en com

bien de places Montaigne semble échapper à un tel
jugement. Il faut cependant le serrer de près, le
mettre au pied du mur, enchaîner ce Protée et lui
faire avouer le fond de son cœur. Or je le demande
hardiment à qui a lu Montaigne tout entier : en dernière analyse, ne permet-il pas tout? N'excuse-t-il
pas tout? Laisse-t-il à ceux qu'il pénètre de son esprit
une seule raison de dire *non* à qui que ce soit, à
quoi que ce soit?

* * *

Montaigne a-t-il du moins dit vrai sur son compte,
puisqu'il ne voulait parler que de lui-même et prétendait tout sacrifier à la vérité? C'est toujours une
question délicate que celle de la sincérité d'un écrivain, surtout dans ces temps de troubles féconds et
de nouveautés encore confuses où il est tout naturel
que plusieurs hommes coexistent dans le même
homme et paraissent se démentir parce qu'ils ne se
connaissent pas et travaillent aveuglément à se
dégager. Il serait donc injuste de reprocher à Montaigne ses contradictions mêmes, de soutenir qu'il
n'est pas sincère à telle page parce qu'il dit des choses
inconciliables avec ce qu'il a écrit ailleurs, et de vouloir que le vrai Montaigne soit celui-ci ou celui-là
seulement. Mais il est juste de lui reprocher le plaisir
qu'il prenait à se trouver ainsi inconciliable avec lui-
même et à maintenir au fond de son âme le chaos
qui lui paraissait une preuve de richesse. Jamais
homme n'a eu, en fait d'idées et de principes, une
telle horreur du choix, et n'a été si content et si fier
de ne jamais dire *non*. Dire *non*, pourtant, est néces-

saire, il le savait bien. C'était un des mots de Plutarque qui l'avaient le plus frappé et qu'il voulait *mettre en place marchande* « que les habitants d'Asie servent à un seul, pour ne savoir prononcer une seule syllabe qui est *non* », et ce mot pour Montaigne avait plus de prix encore qu'un simple précepte de Plutarque, puisque selon lui « il donna peut-être la matière et l'occasion à La Boëtie de sa *Servitude volontaire* [1] ». Pourquoi Montaigne ne voyait-il pas que, si les peuples incapables de dire *non* s'asservissent à un seul, les esprits incapables de dire *non* s'asservissent aux autres esprits, au premier venu, au dernier venu, et que c'est là une autre servitude pire que la première? La liberté d'esprit est un si grand bien et une si vive jouissance que tout ce qui lui ressemble commence par plaire. Mais Montaigne nous a rendu un bien mauvais service en croyant et en donnant à croire qu'elle consiste à demeurer toujours prêt et porté à quelque entraînement nouveau.

* * *

Il n'est pas de mot qui revienne plus souvent sous la plume de Montaigne que ceux de philosophie et de philosophes, et sur aucun sujet il ne se contredit plus hardiment ou même plus étourdiment. Tantôt il cite et accepte l'opinion, suspecte encore, de cet ancien qui voulait voir les rois convertis à la philosophie ou les philosophes appelés au trône ; tantôt il ravale les philosophes aussi bas qu'il peut et s'empare avec joie

---

1. *Essais*, liv. I, chap. xxv; t. I, p. 191.

de toutes les anecdotes, de toutes les comparaisons,
de tous les arguments que lui suggèrent contre eux
ses lectures ou sa propre malice....

* * *

Que telle ou telle proposition des philosophies
jusqu'à présent connues, tel ou tel dogme des théologies jusqu'à présent enseignées, ait été pour l'esprit
humain un fardeau insupportable ou un exercice
inutile; que le plus grand nombre de ces propositions ou de ces dogmes, et même, si vous le voulez,
que toutes ces propositions et tous ces dogmes aient
mérité un pareil reproche; que ce rigoureux arrêt
soit mis hors de doute sans que rien puisse le contre-
balancer; ce n'est qu'une hypothèse, mais une hypothèse à laquelle pour un moment je veux donner
les mains. S'ensuit-il que nulle philosophie, nulle
théologie ne soit possible dans des conditions décidément meilleures? D'un arrêt rigoureux il ne faut
tirer que de rigoureuses conséquences; il ne faut pas
être sévère envers les autres esprits et facile envers
le sien; il ne faut pas conclure à la hâte après avoir
critiqué à loisir. C'est-à-dire qu'il ne faut pas faire
comme Montaigne. C'est un des traits de son esprit,
c'est, de toutes ses inconséquences, celle qui lui a le
plus nui dans la recherche de la vérité, mais qui lui
a le plus servi pour prendre influence, que la mer-
veilleuse promptitude avec laquelle il passe de
l'extrême exigence en fait de preuves, quand il s'agit
des idées d'autrui, jusqu'à l'extrême complaisance,
quand il s'agit des siennes. Tour à tour défiant et

crédule sans mesure, rebelle à l'évidence et satisfait
de l'apparence, accordant aux sens, au témoignage,
à l'instinct, à la tradition, à l'autorité pure, ce qu'il
refuse à la raison réfléchie et maîtresse d'elle même,
Montaigne nous a tous encouragés et poussés sur cette
pente qui ne nous est que trop naturelle. Mais quit-
tons-la, et remettons Montaigne sur le terrain même
où il croit avoir vaincu ses adversaires, sur le terrain
des analyses sans miséricorde, des déductions sans
ambages et des conclusions sans ombre. Ne permet-
tons point les « à-peu-près » aux esprits critiques,
puisque leur puissance consiste à ne permettre point
les « à-peu-près » aux esprits affirmatifs.

* * *

Montaigne est très curieux, minutieusement et
obstinément curieux de psychologie personnelle, des
phénomènes et des accidents qui se succèdent en
lui ; chez les autres comme en lui-même, il est curieux
au même degré et dans la même limite ; mais il ne
veut jamais la dépasser ; il s'amuse, il s'applique, il
se voue à tourner sans trêve et sans fin dans ce
cercle étroit, et autant est visible chez d'autres le
parti pris de tout réduire en système, autant est manifeste en lui le parti pris de tout résoudre en poussière
et en tourbillons. C'est son système de n'en avoir pas
et d'affirmer qu'il n'est pas légitime d'en avoir un.

* * *

La philosophie de Montaigne tourbillonne autour
de l'esprit et l'aiguillonne sans trêve jusqu'à l'affoler.

C'est un essaim de guêpes. Chaque piqûre est de peu
d'effet, mais toutes ces piqûres vont à faire mourir....

* * *

Montaigne tendait, sans y arriver, sans le savoir,
sans le vouloir, à toutes les extrémités où se complaît
la philosophie de nos jours. On le voit à chaque page
favoriser par ses instincts et autoriser par ses
maximes l'une ou l'autre des écoles qui se disputent
maintenant les esprits.

* * *

Il y a une école qui affirme avant tout autre axiome
l'ignorance radicale où nous sommes de notre origine
et de notre fin. Au nom de cette sentence qui aurait
jusqu'à présent passé pour un dernier aveu d'humilité
et de tristesse, mais que nous devons désormais,
paraît-il, répéter avec des cris d'allégresse et de
triomphe, l'école positiviste se promet la défaite et
l'héritage de toutes les philosophies, de toutes les
religions : elle va organiser toutes les sciences et
réformer toutes les sociétés. Montaigne ne s'en faisait pas tant accroire, mais son sentiment était d'accord avec celui de nos nouveaux philosophes. C'était
un positiviste rêveur ; ils ne sont que des sceptiques
entreprenants....

* * *

Montaigne somnambule volontaire, qui s'endort
par système pour marcher les yeux ouverts, mais
sans voir, au bord d'un précipice qu'il connaît et où
il espère tomber sans y penser.

* * *

Faut-il donc croire que Montaigne, non chrétien,
non religieux, ait tendu par mille détours, mais de
propos délibéré, à insinuer dans les esprits une autre
doctrine, à propager secrètement une sorte de spinozisme à l'état gazeux? Sainte-Beuve en a jugé ainsi,
et les pages qu'il a écrites à ce sujet sont peut-être
le plus singulier monument de cette sagacité patiente
et déliée qui a fait de lui pour ainsi dire le grand
confesseur des écrivains[1]. Pour Sainte-Beuve, Montaigne est un rusé, un perfide; il a une méthode de
grand tour par où il vous mène tout juste aux résultats dont il feint de vous éloigner; il ne vous crie
pas d'écraser l'infâme, mais il vous engage à éluder
l'impossible. Ainsi, quand il doute et rit de Pythagore,
qui croit l'homme capable de se corriger, c'est à la
conversion et à la régénération d'après saint Paul
qu'il en veut....

A cela j'ai deux objections préalables, l'une toute
personnelle à Montaigne, l'autre plus générale, et qui
porte sur la manière légitime d'interpréter les pensées
d'autrui. Si Sainte-Beuve a raison, que devient ce premier mot du livre de Montaigne : C'est ici un livre de
bonne foi? Il faudrait donc en faire son deuil une fois
pour toutes et sans réserve? Ici point de milieu.
Montaigne a affirmé sa franchise. A-t-il menti tout
de suite, menti dans toute la force du terme, menti
d'autant plus vilainement qu'il promettait de dire

1. Sainte-Beuve, *Port-Royal,* t. II, p. 423 et 433.

vrai, sur ce point du moins où il était maître de discerner et de choisir? Je ne demande pas en ce moment s'il s'est vu autre qu'il n'était; je demande s'il s'est représenté autre qu'il ne se voyait. Je demande s'il a pris la bonne foi pour excuse de toutes ses témérités, de toutes ses fluctuations, de ses contradictions évidentes et avouées, de ses indécences systématiques, et si cette bonne foi qui peut seule le sauver de tant et de si graves reproches n'est que l'acte le plus insigne d'une mauvaise foi qui doit le condamner au mépris. C'était bien assez de se faire un jeu de tant de choses : au moins avais-je besoin de croire que Montaigne y va de franc jeu. Prudent, timoré, inconséquent, et peu soucieux de ses inconséquences, je vous l'accorde, je le vois bien ainsi, et je vois qu'on peut plaider pour lui sur ce terrain bien des circonstances atténuantes. Mais si vous voulez me mener plus loin, s'il faut admettre en Montaigne un Janus composé d'insouciance et de ruse, d'indifférence et de calcul, de cynisme et d'hypocrisie, il n'y a ni finesse, ni souplesse, ni grâce de l'esprit, ni éclat de l'imagination, ni justesse instinctive du jugement, ni génie de style, qui puissent le sauver du mépris.

Comment donc Saint-Beuve, qui ne veut certainement pas appeler le mépris sur Montaigne, en est-il venu à lui attribuer ces desseins compliqués et cachés sous une si savante apparence de franc-parler? Comment tant d'autres sont-ils disposés à croire comme lui que Montaigne a joué la comédie et sciemment poursuivi une propagande irréligieuse sous un double masque de sincérité et de respect?

Leur erreur, ce me semble, tient à une erreur plus générale. On se croit en droit de suivre jusqu'au bout les conséquences d'une idée et d'attribuer ces conséquences à l'homme qui a mis l'idée première en avant. Or il y a ici une distinction très importante à faire. Est-ce l'idée que vous discutez? Vous avez le droit de la presser, de la tordre, de lui faire rendre tout ce qu'elle contient; vous avez le droit de montrer dans le germe la moisson future et d'avertir ceux que l'idée première pouvait tenter des conséquences où elle peut les conduire, où elle les conduira s'ils n'ont pas la force de réagir. Mais les hommes sont-ils donc tous logiques, et logiques jusqu'au bout? Vont-ils, sur la foi d'une idée, tant que la terre les porte? Vont-ils même au delà, et se lancent-ils inconsidérément dans l'abîme plutôt que de se retourner et de s'arrêter? Et surtout Montaigne est-il de ceux-là?

* * * *

A mesure que j'ai étudié Montaigne, j'ai vu beaucoup plus de diplomatie se mêler à sa franchise, beaucoup plus d'arrangement perçu à travers son nonchaloir. Montaigne est, presque à égales doses, un aventureux et un habile, un inventeur primesautier et un styliste minutieux. Mais en même temps je crois que Sainte-Beuve lui a fait tort en lui prêtant une méthode perfide qui tendrait à insinuer secrètement dans l'esprit de ses lecteurs une pensée générale pareille à celle de Spinoza. Spinoza et Montaigne! Et c'est Sainte-Beuve qui les a rapprochés! Je me serais attendu plutôt à le voir s'armer de tout

Montaigne pour railler Spinoza et le mettre en
déroute. L'erreur de Sainte-Beuve a été de vouloir
dérober à Montaigne son dernier mot. Il n'en a pas,
il ne croit pas que les choses en aient un, il ne voudrait pas le leur arracher, de peur de le trouver terrible ou seulement gênant....

* * *

Vivre sans but, penser sans suite, parler sans
règles, c'est un jeu délicieux, mais c'est un danger
grave, par cela même que c'est un jeu, et parce que
la parole, la pensée, la vie ne sont pas des jouets
livrés à notre caprice, des hochets que nous puissions, comme des enfants qui se récréent, agiter
jusqu'à nous étourdir ou rejeter nonchalamment :
ce sont des instruments de travail qui nous ont été
confiés pour une tâche, et nous rendrons compte, un
jour ou l'autre, de l'usage que nous en aurons fait.
Depuis la première ligne des Essais jusqu'à la dernière, cette idée manque, et c'est le vice radical de
la sagesse de Montaigne. Le Thalès gaulois, le plus
éclairé des Français, notre moraliste en chef pèche
par le point de départ. Il se trompe et il nous trompe.
Il supprime en le passant sous silence le principe
essentiel de toute moralité....

* * *

Vivre sans but ou vivre sans hasards, ce sont assurément deux manières de ne point vivre; nous ne
sommes nés ni pour l'une ni pour l'autre; nous avons
besoin de nous consacrer à une tâche et de garder,

en dehors de notre tâche, une part de nous-mêmes
qui demeure ouverte à d'autres pensées. Mais si, à la
rigueur, il fallait choisir, mieux vaudrait encore pour
l'homme être toujours engagé dans un même travail,
attaché à un même devoir, borné à une seule pensée,
et aller de la naissance à la mort comme un wagon
sur ses rails va d'une station à l'autre, plutôt que
d'aller et venir sans savoir où, de la forêt à la plaine,
du désert au grand chemin, comme la pauvre feuille
desséchée sur laquelle Arnault a pleuré. Croire que
celui-là est le plus libre qui flotte à tout vent de doctrines et de désirs, c'est le plus faux et le plus funeste
de rêves, car à ce jeu, et pour échapper à toute con-
trainte, l'homme s'échappe à lui-même et se perd en
détail ; pour le plaisir de dire qu'il ne dépend de rien
ni de personne, il s'habitue à dépendre successive-
ment de tout, du premier venu, du dernier venu, et le
moindre incident est pour lui la force des choses.
C'est justement à ce rêve que Montaigne s'est adonné,
et plus il a avancé en âge, plus on le voit se disperser
avec délices et comme se dissoudre par système.

* * *

... Montaigne s'est trompé, et avec lui tous ceux
qui répètent sous une forme ou sous une autre, avec
telle ou telle intention, sous le bénéfice de telle ou
telle réserve, que l'ignorance et l'incuriosité sont un
oreiller commode et sain pour une tête bien faite.
Non, cela n'est pas vrai. Le savoir est bon, la volonté
de savoir est légitime, la curiosité est un devoir, les
têtes bien faites ne sont pas celles qui cherchent un

oreiller, mais celles qui cherchent la lumière, qui
veillent en l'attendant et en l'appelant, et se dressent
pour l'apercevoir à son premier rayon. Mais en vérité,
pourquoi parler comme si nous vivions dans la nuit,
en attente d'une aurore incertaine? Quelle ingratitude
dans cette apparente humilité! Quelle ingratitude
envers ceux qui ont travaillé, depuis des siècles dont
le nombre nous échappe, à épeler l'une après l'autre
les connaissances dont nous nous emparons sans
effort, et quelle ingratitude envers Celui par qui tout
commence et à qui tout aboutit!

* * *

C'est tout d'abord une querelle capitale à vider
avec Montaigne. Sur lui-même et sur l'homme en
général est-il possible, est-il légitime de résumer et
de juger? En sommes-nous réduits à cette déplorable
alternative de ne point conclure si nous tenons à la
vérité, ou de manquer la vérité si nous tenons à conclure? Montaigne sur ce point est tranchant, et
comme tous les sceptiques il se réserve en ceci le
droit d'affirmer. A ses yeux, et pour tous ceux qu'il
a pénétrés de son esprit, plus on entre dans l'intimité
d'un homme et dans la sincérité de sa propre pensée,
moins on se sent en droit de dire : je le connais, et à
mesure que les yeux s'ouvrent et que la lumière
abonde, la vue s'offusque et se perd.

* * *

... Cette idée de l'impuissance de l'esprit humain,
qui est la plus habituelle maxime de Montaigne, com-

bien de fois, et avec quels regrets, ne l'avons-nous
pas entendue invoquer autour de nous, tantôt contre
les théologiens, tantôt contre les philosophes, tantôt
contre les politiques qui veulent raisonner! Le positivisme en a fait son axiome essentiel; et cependant les
adversaires du positivisme s'en emparent à leur tour,
comme d'une arme qu'ils réclament plutôt qu'ils ne
la veulent briser. Ceux-là mêmes qui font de la raison
l'usage le plus hardi, quand il s'agit de discuter les
croyances d'autrui ou les documents où ces croyances
se fondent, se récusent ou s'esquivent quand on leur
demande d'employer leur raison à dire ce qu'il faut
penser après avoir dit ce qu'il faut ne penser pas. On
suit volontiers Kant jusqu'au fond de sa critique de
la raison pure; on le laisse remonter seul jusqu'aux
sommets de la raison pratique, et, si nous n'y prenons garde, nous serons bientôt entourés, envahis,
noyés d'une immense et presque universelle marée de
découragement intellectuel. Et pourquoi?...

* * *

Peut-on dire de Montaigne qu'il aime la nature
humaine? Il faudrait dire au moins qu'il l'aime sans
l'estimer; ou plutôt non, il s'en informe et s'en amuse;
il s'amuse à la percer à jour, à la prendre en défaut,
à la convaincre d'inconséquence, de décadence et de
déraison; il prend contre elle tous ses avantages et se
fait la partie aussi belle qu'il peut; il écarte comme
autant de mensonges littéraires les hautes effusions
où elle se montre ennoblie, et il commente comme
autant de documents authentiques les moindres anec-

dotes où il la voit s'abaisser et se trahir. Et n'oubliez
pas que Montaigne est un esprit sain, gai et soi-disant
modéré; s'il nous malmène et nous accable ainsi, ce
n'est ni en chrétien, du haut du Calvaire et au nom
d'un divin modèle, ni comme un Byron, du haut de son
Caucase et au nom de son désespoir, ni même comme
Swift, avec une rage froide et aigrie qui a, avant de
s'épancher, torturé et rongé le cœur d'où elle sort :
non, Montaigne nous méprise comme il respire, tout
à son aise, tout naturellement, j'allais dire tout bon-
nement; il tire de ce mépris les complaisances les
plus commodes pour lui-même et pour nous, et
quand on vient de lire quelques-uns des principaux
chapitres où s'égaie cette verve également ombrageuse et énervante, on a faim et soif d'un jugement
plus sévère qui aboutisse à un plus noble espoir; on
redemande les rudesses extrêmes de tous ces grands
esprits irrités de notre abaissement et ambitieux de
notre salut; on finit par préférer le plus violent des
misanthropes à Montaigne et à son pardon qui nous
avilit.

* * *

Tous ces préceptes socratiques ou chrétiens qui
abondent tour à tour sous la plume de Montaigne, où
le mènent-ils? Il fait sans cesse appel à l'étude de
soi-même : que devons-nous, selon lui, tirer de cette
étude? Il prêche le détachement des choses exté-
rieures et fortuites : à quoi donc faut-il nous attacher? Hélas! il n'en sait rien, ou plutôt il n'en dit
rien, car il faudrait, pour le dire, s'avouer à soi-même
et déclarer tout haut que la vie est sans but, l'âme

sans boussole, et que la seule sagesse consiste à flotter de hasard en hasard, comme le naufragé de vague en vague, en se fiant au débris qui le soutient, mais en ne lui demandant de soutien que pour la minute présente, et sans penser ni tendre à un rivage où l'on puisse aborder. Jamais, que je sache, aucun homme n'a plus complètement que Montaigne fait abstraction de la vie éternelle. Non seulement il conteste toute évidence, toute efficacité aux preuves dont les théologiens ou les philosophes se servent en faveur de l'immortalité de l'âme; il fait bien plus, il rabat sans cesse le désir même de l'immortalité, et à force de s'être convaincu que rien ne peut être certifié au delà du monde étroit dont nos regards saisissent les formes, dont nos oreilles recueillent les bruits, dont nos mains palpent les parois, il travaille infatigablement à y enfermer nos vœux, à nous distraire et nous décourager de tout essor à travers des espaces plus larges et vers un ordre plus pur.

* * *

Ah! que Bossuet avait raison de dire : « Il ne faut pas permettre à l'homme de se mépriser tout entier, de peur que, croyant avec les impies que notre vie est un jeu où règne le hasard, il ne marche sans règle et sans conduite au gré de ses aveugles désirs! » A Dieu ne plaise pourtant que, pour nous défendre contre Montaigne, nous allions nous livrer sans réserve à Bossuet! Nous connaissons trop sa politique; nous sommes trop loin de comprendre comme lui l'Église et la doctrine chrétiennes; dans l'histoire

même, nous ne reconnaissons plus que ses yeux
d'aigle aient vu très loin. Mais à tout prendre il vaut
mieux vivre en la compagnie de Bossuet que de
Montaigne; nous ne craignons guère que Bossuet
nous asservisse; tout nous garantit contre lui. Avec
Montaigne, au contraire, nous nous sentons comme
découverts et désarmés : son influence plus subtile a,
dans nos propres instincts, des alliés qui la favorisent
et nous compromettent; les âmes d'aujourd'hui sont
préparées et gagnées d'avance à ses molles sugges-
tions, et, si elles ne veulent pas qu'il achève promptement de les dénouer et de les dissoudre, il faut
qu'elles commencent dès la première page à se défier
d'elles-mêmes et de lui.

* * *

A chaque instant dans Montaigne on trouve quelque
idée juste ou élevée, quelque maxime forte ou sensée,
dite en un langage qui saisit. Mais est-ce là qu'on
peut le voir lui-même et ce qui fait sa physionomie
et son action? Hélas! non. Rien n'est plus facile que
d'extraire de Montaigne un demi-volume qui trompe-
rait tout à fait sur son compte, un demi-volume de
stoïcisme chrétien, de morale généreuse et modérée,
sans faute, sans tache, et d'un vigoureux accent,
grâce auquel Montaigne semble, à chaque chose
qu'il dit, ne pouvoir pas penser autre chose. Reste à
savoir à quel rang et de quel poids a été dans l'âme
de Montaigne cette partie de belle et bonne sagesse,
aujourd'hui éparse dans ses écrits.

L'exemple de Montaigne prouve mieux qu'aucun

autre à quel point ce sont deux choses différentes que les idées d'un homme et son esprit. Si je parle de l'esprit de Montaigne, je veux dire ici sa tendance et son intention habituelles, son πνεῦμα. Eh bien, son esprit dément et détruit les meilleures de ses idées. A travers sa vie et ses œuvres, on sent sourdre de partout l'indolence et l'indifférence. Esprit curieux, il n'aime point la vérité. Admirateur de la force d'âme, il trouve commode d'être modeste pour se dispenser de toute vertu....

* * *

L'esprit de Montaigne est toujours si piquant qu'on est toujours tenté de le croire pénétrant. Mais il y a loin d'une épithète à l'autre et il faut y regarder à deux fois avant de croire que tout ce qui est acéré soit aciéré.

* * *

Ce que je reproche à Montaigne, c'est sa manière de concevoir la vie humaine et son emploi. Il n'est pas vrai qu'on soit un sage à si bas prix. Je veux bien qu'il soit désormais entendu que le stoïcisme est une chimère et le christianisme une folie. Mais toute langue sera énervée, toute conscience sera ensevelie, toute pudeur sera dissipée au vent quand il sera admis que le dernier mot de la sagesse est de faire comme les autres et de passer ici-bas, aussi doucement qu'il sera possible, une suite de jours sans lendemain....

VIII

LA RELIGION DE MONTAIGNE

S'il est difficile de dire avec précision quelle était la philosophie ou la politique de Montaigne, sa religion est bien plus obscure encore, à ce point qu'on en est réduit à se demander d'abord s'il y a vraiment telle chose qu'une religion de Montaigne, et si ce n'est pas un contresens, d'autres diraient un blasphème d'en parler.

Que Montaigne ait cru avoir une religion, et même qu'il ait cru être chrétien, je veux bien en passer par là. Mais à quel prix le christianisme s'enrichira-t-il de son témoignage? A quoi ne faut-il pas réduire l'Évangile pour le retrouver dans les Essais! Quelle honte pour le Christ si cela s'appelle être chrétien!

* * *

Le christianisme de Montaigne! Rien qu'à voir ces deux mots ensemble, on se sent entre une duperie et un blasphème. Ne dites pas que Montaigne a été

chrétien, si vous ne voulez pas faire rire les libres
penseurs et pleurer les croyants.

* * *

Montaigne chrétien ! Est-il possible que cela ait
jamais été dit ? Pour marier un tel mot et un tel nom,
ne faut-il pas défigurer également le christianisme et
Montaigne, et à quoi bon ? Ceux qui tiennent au
christianisme ne gagnent rien à revendiquer un Montaigne qui n'a point existé, ni ceux qui aiment Montaigne à le parer d'un christianisme qui ne ressemble
en rien à l'Évangile. On peut réduire le christianisme
tant qu'on voudra ; on peut le faire aussi simple,
aussi dépouillé de dogmes, aussi vague qu'on voudra ;
jamais on ne pourra le restreindre ni le subtiliser
assez pour le retrouver tout entier dans l'âme de
Montaigne et dans ses écrits. L'Évangile a eu des
adversaires plus décidés et plus acharnés que Montaigne, mais au fond personne n'est plus étranger que
lui à l'Évangile. Personne, pour devenir chrétien,
n'aurait eu plus formellement besoin de naître de
nouveau, dans toute la force du mot. Saul le persé-
cuteur était moins loin de Paul l'apôtre que Montaigne n'est loin d'un chrétien.

Montaigne est par essence un homme du monde et
un galant homme, épicurien, fataliste et sceptique,
avec des parties de stoïcisme dans l'imagination, content de ce pêle-mêle où son esprit demeure, sans
inquiétude et sans ambition morales, et toujours disposé à rabattre l'estime que l'homme a de lui-même
pour réduire d'autant les devoirs imposés à l'homme

par ses semblables ou par Dieu. Si Montaigne n'est pas cela, je n'y entends rien. Eh bien, cela même, à première vue, n'est-ce pas directement le contraire de l'homme tel que le Christ l'a voulu?

* * *

Que Montaigne fût chrétien, chrétien comme nous l'entendons les uns ou les autres et si différentes que soient nos manières de l'entendre, cela ne fait pas question, je pense : personne de nous ne croit que Montaigne fût vraiment chrétien.

Mais je vois deux autres questions moins simples, et qu'il faut résoudre. Oui ou non, Montaigne se croyait-il chrétien? Il dit oui. Est-il sincère ou perfide? Oui ou non, sa manière de présenter et de défendre le christianisme est-elle chrétienne? Est-ce la vraie apologétique, ou, pour réduire encore ses prétentions, en fait-elle légitimement partie et peut-elle y trouver place? Et quand on voit de vrais chrétiens, bien qu'établis dans leur foi tout autrement que lui, sortir de chez eux, si l'on peut ainsi dire, pour adhérer ou même seulement se complaire à l'apologétique de Montaigne, faut-il les imiter ou leur crier gare?

* * *

Quand j'entends parler du christianisme de Montaigne, dirai-je le mot? cela me révolte. J'ai de la peine à imaginer quelqu'un qui soit plus complètement non-chrétien que Montaigne, et qui, sans dessein arrêté « d'écraser l'infâme », avec un vif désir au contraire de laisser subsister l'Église, le credo, les rites, etc., ait plus fait pour désagréger et décimenter l'édifice intérieur que le Christ a érigé en chacun de ses vrais fidèles.

* * *

Montaigne n'est ni chrétien ni religieux en aucune manière, mais il n'est ni irréligieux ni antichrétien de propos délibéré. Il ne se rendait pas, il ne cherchait pas à se rendre nettement compte de ce qu'il pensait et des conséquences de ses pensées. Il entrevoyait confusément qu'à suivre jusqu'au bout l'idée de Dieu, ou celle du bien, il en arriverait à une crise intérieure, à une nécessité de prendre parti, à une sommation de rompre avec des habitudes d'esprit ou de vie qui lui étaient douces, pour obéir désormais à des règles qui lui semblaient pénibles. Il n'a jamais voulu en arriver là. Au fond de toutes ses doctrines et de leur incertitude, ce que je vois, c'est une paresse de conscience à laquelle on cherchera les noms qu'on voudra, à laquelle on trouvera des excuses partielles, mais qui, atténuée par mille arguments ou ornée de mille séductions, reste à nos yeux un triste et mauvais spectacle....

* * *

Personne n'a mieux montré que Montaigne à quel point un homme peut être irréligieux sans vouloir être antireligieux, et quelle distance il y a entre la profession, je ne dis pas de la foi, mais du simple respect pour Dieu, et ce respect même. Déiste, Montaigne l'était, je crois, mais de manière à perdre le déisme dans l'opinion de tout homme sérieux. Il n'y a ni sève ni suc dans l'idée de Dieu telle qu'il la conçoit. Ce qu'il voit surtout en Dieu, c'est un ennemi des philosophes, un mystère pour rabattre leur orgueil, et un ami des rois, un allié pour soutenir leur prestige. Mais vous vous demanderiez peut-être si telle ou telle action, telle ou telle pensée est conforme aux volontés de ce Dieu et si vous pouvez par conséquent vous la permettre, ou si vous devez la combattre : voilà un problème que pour sa part Montaigne ne se posa jamais. Dieu alors s'efface et se déguise : c'est la nature qui le remplace, c'est elle seule que Montaigne nomme et consulte, et comme elle est, quoi qu'il en dise, aussi mystérieuse et aussi compliquée que Dieu, comme Montaigne n'a jamais essayé de la définir et profite de cette absence de définition, il se fait répondre par la nature tout ce qui lui plaît. Ces deux augures ne se seraient pas regardés sans rire.

* * *

Montaigne a beau laisser dans le vague ses idées sur la religion et sur l'Église, il a beau se refuser à toute recherche approfondie et se dérober à qui veut le serrer de près, cela même est une thèse qu'il faut discuter avec lui, un premier point qui ne peut pas lui être concédé sans débat. Montaigne a souvent plaidé et partout supposé l'incompétence de l'homme en matière religieuse et ecclésiastique. Il se récuse, afin que personne ne l'accuse. Il se déclare humble et soumis pour échapper au soupçon d'hérésie. Mais qu'est-ce à dire? Entre ces mains qui semblent si respectueuses et si prudentes, que devient la révélation? Et l'Église à qui Montaigne reconnaît une telle autorité trouve-t-elle en lui un disciple aussi obéissant qu'il est un complaisant avocat? Indiscutable parce qu'elle est incompréhensible, divine au point de réduire l'homme à se courber, à s'abdiquer, à s'annuler devant elle, qu'est-ce que la foi gagne à un tel sacrifice? Montrez-moi, de grâce, dans Montaigne le chrétien qui doit s'être dégagé sans doute de l'homme ainsi rudoyé et humilié.

Ai-je besoin de le dire? Ce chrétien n'existe pas dans Montaigne, et, quelle que soit l'idée que l'on se fasse du christianisme, le fond des Essais y est étranger. Le fond des Essais, c'est l'Ecclésiaste, et non l'Évangile. C'est le scepticisme, et non la foi. C'est l'indifférence, au lieu de l'espérance. C'est l'égoïsme, au lieu de la charité. C'est l'empirisme étroit, mou, flottant, au lieu de l'idéalisme énergique et infini qui a transformé le monde et qui l'agite encore pour le sauver. A prendre les mots mêmes des saints Livres, la sagesse de Montaigne est uniquement mondaine....

Rien n'est plus propre, ce semble, à donner la mesure de Montaigne, à montrer comment son esprit opère et jusqu'où en va la portée, que son langage à propos de la Bible. Le XVIᵉ siècle est profondément biblique, et Montaigne ne l'est aucunement. Traduire l'Écriture sainte, la répandre, la commenter, lui rendre sa place et son empire au-dessus de la tradition et de l'invention humaines, restaurer ces anciens

oracles dans toute la plénitude de leur droit divin,
faire tourner à l'épuration des sources chrétiennes ce
mouvement d'études que la Renaissance avait employé
d'abord au service des beautés et des richesses profanes, c'est à quoi le XVIᵉ siècle a travaillé d'un zèle
admirable, par les efforts mêmes de ses plus libres
ouvriers, par Erasme comme par Luther. Et en
même temps qu'ils réclament, pour quiconque a soif
de vérité et de justice, le droit de s'abreuver aux
livres saints, ils donnent en personne l'exemple, ils
tirent de la Bible, pour l'Église et pour l'État, des
enseignements qui y restaient ensevelis, ils la lisent
et la comprennent, sinon avec toute l'exactitude et
toute la sagacité critiques dont nous sommes désormais avides, du moins avec un instinct profond de
sa forte influence morale et de l'usage qu'on en peut
faire pour ressusciter Dieu dans les cœurs. Aussi
peut-on dire que le XVIᵉ siècle a travaillé presque tout
entier à préparer la langue et l'éloquence de Bossuet,
à rendre possible un dernier Père de l'Église, en
rouvrant de toutes parts des jours et des passages
entre Athènes et le Calvaire, entre le Capitole et le
Sinaï....

* * *

Pour enseigner à Montaigne la foi telle qu'il la
comprend et la recommande, Jésus-Christ était inutile; l'Ecclésiaste suffisait.

Aussi bien, de la Bible tout entière, Montaigne
parle comme d'un livre qu'il connaît peu et dont il a
peur. Il l'ensevelit sous le respect. Il ne veut pas
qu'on la traduise, encore moins qu'on la commente

et qu'on la cite; ou si quelques hommes ont le droit de toucher à ces pages sacrées et d'y chercher la vérité religieuse, ce ne sera ni vous ni moi ni Montaigne lui-même; ce seront uniquement et exclusivement les docteurs attitrés, gardiens mystérieux ou plutôt confiscateurs jaloux de la source qui devait jaillir jusqu'à la vie éternelle. A ce compte, qu'est-ce donc que la Révélation, et la lutte de la lumière contre les ténèbres, et le flambeau qui n'est point fait pour être mis sous le boisseau?...

Au surplus, quand Montaigne parle éducation, morale, philosophie, il a sans cesse à la bouche l'antithèse des choses et des mots. Il veut que son écolier fasse sa leçon plutôt que de l'apprendre. Il veut que son philosophe soit un sage plutôt qu'un savant. Bien dire est quelque chose, mais peu de chose, si rien de plus ne s'y joint. De même pour sa religion. C'est la plus extérieure, la plus officielle, la plus superficielle des religions : elle est toute de surface et d'étiquette.

* * *

Ce n'est pas seulement l'impuissance des philosophes et de l'esprit humain, ce n'est pas seulement l'autorité de l'église où il est né et où il veut mourir, que Montaigne invoque pour soutenir que Dieu est inconnu et impossible à connaître : il appelle en témoignage Dieu lui-même et sa parole; il tient pour incontestable que la Bible est d'accord avec son scepticisme, et à diverses reprises il la cite à cet effet. Assurément il n'est pas le seul qui en use de la sorte.

S'il a tort, c'est un tort commun à de bien plus grands
et plus religieux esprits. Il y aurait donc une injustice manifeste et sans excuse à faire peser sur Montaigne en particulier ce reproche auquel se sont
exposés tant de véritables et illustres chrétiens, je
veux dire le reproche de dénaturer l'enseignement de
la Bible sur ce point. Mais sans tomber dans cette
injustice, voici un autre grief qu'on doit adresser
personnellement à Montaigne. Il parle de la Bible,
il s'arme de ses préceptes, et il ne la connaît pas, il
ne s'en soucie pas. Il est le moins biblique des
hommes, et surtout des hommes de son temps. On
compare souvent Erasme et Montaigne. Quelle différence entre eux cependant!...

* * *

La religion, suivant Montaigne, est à ce point sim-
plifiée et facilitée qu'un seul étonnement me reste,
une seule objection : si la religion était si facile et si
simple, comment tous les hommes ne seraient-ils
point religieux? Quoi? Pour satisfaire Dieu, il ne
s'agirait que de croire sans examen ce que nos pères
ont cru, de pratiquer sans réflexion ce qu'ils ont pratiqué, et nous pourrions ensuite suivre avec confiance
les appels confus de la nature ou les saillies désor-
données de la fantaisie, en nous bornant à les sanc-
tifier par un aveu verbal de notre ignorance et par
l'accomplissement de quelques rites extérieurs? La
rougeur monte au front, l'amertume vient aux lèvres,
quand on pense de quelle hauteur est descendue,
pour tomber là, l'idée de la religion....

* * *

Êtes-vous une âme religieuse, agitée par les souffles qui s'élèvent de toutes parts, qui ébranlent ici une église, là une autre, partout la foi elle-même, et qui nous mettent en demeure de rentrer au dedans de notre conscience, afin de prendre un parti et de savoir un peu ce que nous sommes? Montaigne vous conseillera de n'en rien faire, de ne point accepter cette sommation, de vous refuser à cette enquête.

* * *

On voit bien, dans les voyages de Montaigne, de quelle nature et de quelle portée était sa curiosité sur les questions religieuses dont son siècle était si fortement préoccupé. Il regarde, il interroge, il note tout ce qui touche aux variétés de l'usage et des cérémonies, et aussi tout ce qui montre les Réformés divisés entre eux. La discipline extérieure et l'unité de l'enseignement, voilà pour lui toute la religion ou du moins tout ce qui l'intéresse dans la religion, et la raison en est facile à comprendre. Le culte était ce qui lui allait le mieux, l'unité des idées était ce qui lui manquait le plus, et par un double mouvement qui lui était naturel, il offrait à Dieu ce qui ne lui coûtait guère, il s'en remettait à Dieu de ce qui lui aurait trop coûté.

* * *

Que faut-il faire pour atteindre le vrai? Quelle méthode est la plus sûre? Quelle somme d'efforts devons-nous à cette recherche? Quelle espérance

avons-nous d'y réussir? Quelle conduite tiendrons-
nous envers les vérités connues? Autant de questions
qu'il faut tour à tour distinguer et relier entre elles,
car elles se tiennent sans se confondre, et mon premier grief contre Montaigne est précisément qu'il
les a prises pêle-mêle et entassées de manière à les
étouffer l'une sous l'autre. Voyez plutôt laquelle de
ces questions a toujours le pas dans l'ordre de ses
raisonnements. N'est-ce pas celle-ci : quelle espérance avez-vous de trouver le vrai? Et sa réponse,
vous la connaissez. Il l'a tant répétée qu'il nous en a
fatigués; malgré la verve qu'il y met, elle est mono-
tone; même sous la plume de Montaigne, c'est du
rabâchage. « Ne heurtez pas, car personne ne vous
ouvrira. Ne cherchez pas, car vous ne trouverez rien.
Ne demandez pas, car on ne saurait vous accorder. »
J'emploie à dessein les termes mêmes de l'Évangile :
on a assez dit, on a trop dit que Montaigne était
chrétien.

* * *

Invoquer Jésus-Christ pour récuser Aristote, cela
suffit-il pour être chrétien? Nommer Dieu à tout
propos pour se dispenser de rien expliquer et de rien
comprendre, cela suffit-il pour être déiste?

* * *

A quoi se borne en résumé la religion de Montaigne?
A si peu de chose qu'on est surpris d'en parler. Personne n'a autant nui à la foi que ces sceptiques age-
nouillés. Qu'ils le sachent ou qu'ils l'ignorent, ils ne
font que compromettre l'église à laquelle ils rendent

hommage; ils témoignent contre elle en donnant à
croire qu'elle peut à la rigueur se contenter de ce
qu'ils lui offrent. Rien qu'on puisse appeler amour de
Dieu, désir de sainteté, confiance en une vie à venir,
charité ou même moins noblement et moins fortement souci des autres, rien qu'on puisse appeler vigi-
lance active sur soi-même et lutte du meilleur homme
contre l'homme mauvais. Une révélation, par qui la
lumière ne s'est point accrue, une foi par qui l'incertitude n'est point diminuée, une espérance qui laisse
le cœur désolé, une crainte qui le laisse frivole, une
charité qui le laisse égoïste, voilà le bilan de la religion de Montaigne. C'est un bilan de banqueroute,
et si Jésus-Christ était mort pour qu'il y eût de tels
chrétiens, jamais un aussi adorable sacrifice n'aurait
abouti à une si cruelle déception.

* * *

Mais autant je suis surpris qu'il ait pu venir à l'idée
de quelqu'un d'appeler Montaigne chrétien et de le
réclamer pour son église, autant je repousse la thèse
qui veut faire de Montaigne un hypocrite, et représenter les Essais comme un autre cheval de Troie
inventé par un autre Ulysse pour introduire au cœur
de la place ennemie une légion de guerriers armés et
cachés. Non, la foi de Montaigne n'est pas de la foi.
Mais sa bonne foi n'est pas un mensonge. Montaigne
a cru sincèrement qu'il suffisait de croire superficiel-
lement. Il a cru que l'Église et Dieu lui-même se
contenteraient à bon marché, et qu'en raillant les
philosophes dogmatiques, en pratiquant les rites

extérieurs, en étant un galant homme, et en avouant que tout cela ne le menait guère au delà du médiocre, il faisait acte de piété, de soumission, de conscience et d'humilité dans une mesure suffisante, de manière à être en règle et à gagner son procès s'il y avait jugement. A vrai dire, il n'a jamais voulu aller au fond des choses; il ne s'est jamais rendu un compte net et sévère des questions religieuses, il les a traitées comme les autres, avec des aperçus profonds, par coups de sonde qui allaient loin, mais sans creuser aucune mine dans le sol qu'il avait exploré.

* * *

Une manière habile de se dispenser d'être chrétien, c'est de se défendre d'être philosophe.

* * *

Il y a quelques mois à peine Montaigne était cité avec une égale confiance par deux adversaires, par l'un d'eux, au nombre des athées, et pour prouver que l'athéisme convient aux plus honnêtes gens, par l'autre, au nombre des apologistes chrétiens, et pour prouver que la foi soumise convient aux plus grands esprits. Si c'était là un fait isolé, il ne vaudrait pas la peine d'être relevé. Mais Montaigne l'avait prévu de loin quand il écrivait ceci : « On couche volontiers les dits d'autrui à la faveur des opinions qu'on a préjugées en soi », et comme « à un athéiste », selon lui, « tous écrits tirent à l'athéisme », comme « il infecte de son propre venin la matière innocente », Montaigne prévoyait aussi sans doute et plus volontiers que « cette préoccupation de jugement » pouvait agir en sens contraire et que plus d'un chrétien zélé le réclamerait à grands cris.

* * *

... Mais en reprochant à Montaigne ce chaos de ses pensées et l'équilibre instable où il se peint entre le doute et la foi, ne faisons-nous pas sévèrement, injustement, le procès de notre temps tout entier? Certes, en lisant ce qui s'écrit aujourd'hui, et surtout si l'on prête l'oreille à ce qui ne s'écrit point, à ce qui se dit à peine, à ce que les confidences intimes trahissent seulement par échappées, sans que celui dont l'âme s'ouvre sache toujours son propre secret, combien sont nombreux ceux qui oscillent comme Montaigne et ne s'en troublent pas plus que lui!

IX

MONTAIGNE ET L'ANTIQUITÉ
MONTAIGNE ET LE XVIᵉ SIÈCLE

On croit trop que personne avant Montaigne n'avait
pensé à tirer des anciens le sang et la moelle de leurs
récits. Beaucoup ont moralisé avant lui. Tout n'était
pas allégations pédantes jusqu'aux Essais, et pour ne
citer qu'un grand nom et une grande influence,
Erasme avait déjà appris au XVIᵉ siècle commençant
à emprunter à Cicéron autre chose que des *esse
videatur*, à l'Évangile autre chose que des devises pour
les bûchers ou des auréoles pour la guerre civile.
Mais il est vrai que Montaigne a repris avec une grâce
souveraine, avec une puissance nouvelle, cette tâche
de mettre l'antiquité à profit pour l'éducation de l'esprit humain. Lui aussi, il s'est adressé à des couches
nouvelles. Soyez sûrs qu'Amyot sans lui n'aurait pas
fait pénétrer Plutarque si loin. Socrate, Sénèque,
Plutarque, Cicéron même plus que Montaigne ne
l'avouerait lui doivent beaucoup. Les Essais sont le
type idéal du *Selectæ e profanis scriptoribus historiæ*.

* * *

Voulons-nous mesurer l'originalité et la force de l'esprit de Montaigne? Aucune des éditions de ses Essais qui ont été données jusqu'ici ne nous en fournit les moyens. Sans doute il est admis par ses plus grands admirateurs qu'il se servait beaucoup des pensées des autres, et non seulement de leurs pensées, mais de leurs images mêmes et de leurs mots. Ses citations latines sont trop nombreuses, ses emprunts déjà signalés en augmentent trop le nombre, ses aveux et ses excuses à ce sujet sont trop formels pour que personne ait parlé de lui sans parler de ce qu'il devait à Plutarque, à Sénèque, à Cicéron. Mais je ne crois pas exagérer en disant que la moitié de ses dettes seulement est connue, même à ne compter que celles où nous pouvons nommer ses créanciers. Ce que la conversation, la discussion avec ses amis, avec les savants de son temps ou les simples de son voisinage a pu lui fournir, n'en tenons pas compte : sachons seulement qu'il prenait de toutes mains.

* * *

Montaigne se défend d'avoir, en ses caprices ou en ses mœurs, quelque chose qui ne soit point à lui; il veut faire croire que, s'il ressemble en ceci, en cela, à tel ou tel philosophe ancien, nous aurions tort de dire : « voilà d'où il le prit »; non, il n'a connu les anciens qu'après coup; ces ressemblances ne sont que des rencontres fortuites ou des ornements ajoutés : Montaigne, avant d'avoir lu, était déjà Montaigne de pied en cap. Voilà ce qu'il affirme [1]. Mais faut-il le croire?

Tout d'abord, si nous disons si souvent, en marge d'une idée de Montaigne : « voilà d'où il la prit », c'est qu'il nous y invite lui-même ailleurs et va jusqu'à nous défier de découvrir tous ses emprunts.

Et puis ces deux thèses à ce sujet, elles datent surtout des éditions de 1588 et de 1595. Elles ont bien un air de tactique défensive. Ne répondraient-elles pas à une critique courante, à des doutes dont Montaigne aurait eu vent sur ses titres à l'entière originalité et spontanéité dont il se vante ou se couvre, se voulant faire tour à tour plus rare et de moins de conséquence qu'il n'est?

* * *

Ce que Socrate [2] dit de la science est directement contraire à la pensée et au tempérament intellectuel de Montaigne. Montaigne n'écrit que pour détourner l'esprit humain de la science; Socrate ne parle que pour nous y introduire et nous y engager. Socrate inaugure la vraie méthode philosophique; Montaigne travaille de toutes ses forces à la tuer et à l'enterrer. A quel point l'idée de la science était toute-puissante et séduisante aux yeux de Socrate, on en peut juger quand on voit qu'il allait jusqu'à confondre la science et la vertu, l'ignorance et le mal; Montaigne tout au rebours. Et savez-vous que ce n'est pas un mince

1. *Essais*, liv. II, chap. xii; t. II, p. 300.
2. A propos d'un mémoire de M. Levéque sur *Socrate comme métaphysicien* lu à l'Académie des sciences morales et politiques, en janvier 1866.

reproche à faire à cet homme si sagace que de n'avoir pas su distinguer Socrate de Salomon?

* * *

« Mener l'humaine vie conformément à sa naturelle condition » ou, selon une variante qui lui était venue en tête à ce sujet, « faire au monde ce pour quoi il est au monde », voilà, selon Montaigne, le but et le résumé de la philosophie de Socrate; et cette philosophie, il l'adopte, il l'épouse; il la fait sienne autant qu'il peut. Mais n'est-ce pas plutôt sa propre philosophie qu'il attribue à Socrate? N'y a-t-il pas là un peu d'illusion qu'il se fait et qu'il nous veut faire, et sérieusement, décidément, est-il en droit de se couvrir d'un si grand nom?...

* * *

Montaigne, un Socrate incomplet et infécond.

* * *

Et Plutarque, ce Plutarque qui était toujours entre ses mains, qu'il lisait et relisait sans cesse, et dont les dépouilles lui servaient à maçonner ses propres écrits, Montaigne l'a-t-il mieux compris qu'il n'a compris Socrate ou Sénèque? Et de ces trois hommes qui résument pour lui toute la sagesse, n'en est-il pas un du moins dont il ait véritablement suivi les traces et saisi l'esprit? A quelques traits de la physionomie de Plutarque, on dirait oui, car il en est certainement qui se retrouvent dans la physionomie de Montaigne. Même amour de l'histoire et des historiettes, des petits faits qui parlent et qui frappent; même habitude de moraliser sur des exemples, de tirer et souvent de tirer trop vite une conclusion générale d'une remarque particulière; même démarche errante et abandonnée qui ne sent pas le professeur, mais qui reproduit avec un art caché les simples hasards d'un entretien familier. Et cependant, plus on étudie chacun à part Plutarque et Montaigne, mieux on s'aide des travaux récents qui ont mis en pleine lumière la vie et les desseins du sage de Chéronée, moins il semble que Montaigne ait pénétré la vraie doctrine de Plutarque. Si Plutarque avait pu lire les Essais, il n'aurait su comment remercier assez un si constant et si ardent admirateur; mais il ne l'aurait pas reconnu volontiers pour un de ses disciples, il aurait plutôt vu en lui une de ces âmes dont il aimait à se faire le médecin, et dût Montaigne y perdre un peu de son beau feu pour Plutarque, Plutarque l'aurait prêché. Il l'aurait prêché, j'en suis convaincu, sur son parti pris de ne point prêcher. « Je ne forme pas l'homme — répète sans cesse Montaigne, — je le récite. » Plutarque tout entier, par sa vie comme par ses écrits, Plutarque encore plus que Sénèque, Plutarque autant que Socrate, et c'est tout dire, proteste contre cette manière d'entendre la sagesse, de la réduire à la curiosité ou tout au plus au gouvernement de soi-même, et de jouer avec la vérité ou de s'en réserver les bienfaits. Ce n'est pas le stérile plaisir d'amasser une ample collection de faits rares et contradictoires, ce n'est pas même l'égoïste ambition de se rendre soi seul plus modéré, plus prudent, plus courageux contre

les chances de la vie et la certitude de la mort, non,
ce n'est point cela qui a animé et soutenu Plutarque
dans cette longue carrière de recherches historiques
et de discussions philosophiques....

* * *

Montaigne est un Plutarque libertin, dans tous les
sens de l'épithète — et songez à tout ce qu'elle enlève
au nom de Plutarque en s'y adjoignant.

* * *

Vous lisez, par exemple, dans Montaigne la phrase
que voici : « Ce n'est pas merveille, dict un ancien, que
le hazard puisse tant sur nous, puisque nous vivons
par hazard [1] ». Une note vous renvoie à la 71e Épître
de Sénèque ; cela vous suffit, avouez-le, et vous pen-
sez à peine à remercier l'éditeur Coste qui vous a
évité le petit ennui de ne savoir pas qui cet ancien
pourrait être. Quant à se lever pour chercher dans
Sénèque le texte latin, est-ce trop de supposer que,
sur mille lecteurs, il n'en est pas plus d'un qui y
pense, ni plus d'un sur deux mille qui le fasse ? Vous
revenez bien vite de la note au texte, et Montaigne
continue : « A qui n'a dressé en gros sa vie à une
certaine fin, il est impossible de disposer les actions
particulières. Il est impossible de renger les pièces à
qui n'a une forme du total en sa teste. A quoy faire
la provision des couleurs, à qui ne sçait ce qu'il a à
peindre ? Aucun ne fait certain dessein de sa vie, et

1. *Essais*, liv. II, chap. i. — Ed. Courbet et Royer, t. II, p. 8.

n'en délibérons qu'à parcelles. L'archer doit premiè-
rement sçavoir où il vise, et puis y accommoder la
main, l'arc, la corde, la flesche et les mouvemens. Nos
conseils fourvoient, parce qu'ils n'ont pas d'adresse
et de but. Nul vent ne fait, pour celui qui n'a point
de port destiné. » Sénèque est déjà loin de votre
pensée ; mais que ce Montaigne est fertile en développements et en comparaisons ! Que ce style est bref
et pénétrant ! Comme un mot d'un ancien l'a mis en
train, et quel talent d'exploiter, d'étendre en tous sens
la moindre parcelle d'or ! Mais quel reproche absurde
faisait-on à Montaigne de n'avoir dans l'esprit aucune
notion de la règle et de l'unité et de ne prêcher jamais
que le laisser-aller de toutes nos facultés et de toutes
nos actions ? Le voilà, cet humoriste vagabond, ce
douteur incorrigible, ce fuyard de chemins tracés
et des devoirs réfléchis ; il s'agit justement de la
nécessité de réfléchir, de choisir son chemin, de savoir
son but, et quel docteur méthodique aurait mieux dit ?
Prenez garde : ce que vous prenez pour du Montaigne
est encore du Sénèque, admirablement traduit, mais
voilà tout.

* * *

Lequel, de Lucrèce ou de Montaigne, était le plus
grand esprit ? Lequel était le plus honnête homme ? A
ces deux questions la réponse est la même ; incontestablement l'avantage est à Lucrèce. Sous le discrédit
que lui vaut son système, et à travers l'obscurité où
se dérobe sa vie, il n'y a pas de plus noble figure que
celle de l'ami de Memmius. C'est un vrai Romain, et
de la meilleure marque, appliquant aux poursuites

de l'esprit, aux conquêtes spéculatives et scientifiques, les vertus fortes et le génie dont sa race s'est servie pour *regere imperio populos*.

* * *

Il est un philosophe surtout envers qui son acharnement est singulier : c'est Cicéron. Il semblerait que Cicéron fût assez sceptique en philosophie pour se concilier notre grand sceptique ou tout au moins pour le désarmer; et surtout quand on voit combien d'emprunts Montaigne lui a faits, combien il lui doit soit de son érudition sur les conflits des systèmes anciens, soit de ses arguments et de ses boutades contre les dogmatistes excessifs, soit de ces belles sentences morales qui relèvent de place en place la trame des Essais, le mépris qu'il affiche et qu'il insinue partout envers Cicéron devient inexcusable : ce n'est plus seulement de l'injustice, c'est de l'ingratitude personnelle et un parti pris mesquin.

* * *

N'a-t-on pas exagéré l'étendue et la liberté d'esprit de Montaigne? Elles ont des bornes plus étroites qu'on ne croit et un caractère moins noble qu'on ne dit. C'est l'étendue d'esprit d'un humoriste et d'un poète, c'est la liberté d'esprit d'un égoïste et d'un indifférent.

Prenez-le sur les questions où il est engagé d'avance par quelque intérêt personnel, et alors jugez-le. Voyez par exemple son acharnement contre Cicéron. Est-il d'un grand et libre esprit? Combien Erasme, adversaire des Cicéroniens et en même temps admirateur de Cicéron lui-même, était dans un plus juste équilibre !

Vanité pour vanité, je préfère celle de Cicéron à celle de Montaigne ; elle a plus de candeur et de naturel, et dans son désir de plaire, de fixer les yeux des hommes, de se survivre par la gloire de ses écrits et de son nom, Cicéron est incomparablement supérieur à cette Célimène gasconne dont nous sommes tous amoureux.

Je dirai plus : sans avoir passé sa vie à s'analyser et à se décrire, sans avoir médité et caressé son portrait, ou plutôt justement parce qu'il ne l'a point médité et caressé, Cicéron nous a laissé de lui-même une image plus complète, plus sincère, plus certaine que n'a fait Montaigne, et qui commande plus naturellement la confiance.

* * *

En citant par leurs noms ou sans les nommer tant d'auteurs anciens et célèbres, Montaigne ne s'astreint jamais à conserver le sens de leurs paroles, à suivre la ligne de leurs pensées et à aboutir où ils ont abouti ; c'est au contraire son procédé et son jeu habituels d'employer les plus grandes autorités à recommander et à orner des idées qui sont à lui et qui vont droit contre le propos de ceux qu'il invoque. *Non hos quæsitum munus in usus.*

* * *

Montaigne ne sait pas bien l'antiquité ; il l'imagine souvent tout autre qu'elle a été ; il ne la juge pas toujours autant qu'il faudrait. Mais il a, envers l'antiquité, un instinct excellent et nouveau et une manière de s'en servir qui est loin d'avoir perdu son à-propos. Il n'émigre pas dans le monde antique ; il y voyage et en revient pour nous importer et nous insinuer tout ce qui lui semble à notre adresse. La grande sagesse des morts ne lui fait pas oublier les vivants ni méconnaître leurs besoins....

* * *

Montaigne avait une théorie singulière sur les citations et les exemples qu'il invoquait à l'appui de ses idées. Il estimait qu'une sentence ancienne détournée de son sens ou une anecdote imaginaire appuyait et servait aussi bien sa thèse qu'une citation exacte ou un fait authentique. Cette thèse étrange fait mesurer mieux que tout le reste jusqu'à quel point de fantaisie et de paradoxe Montaigne a poussé le scepticisme. L'esprit humain est, à ses yeux, digne de si peu de respect, l'histoire humaine est si profondément vide de certitude, il y a, entre l'invraisemblable et le vrai, une nuance si impossible à saisir, que toute critique est superflue et puérile, et que l'on peut moraliser à l'aise et subtiliser à perte de vue avec une bonne foi d'aussi bon aloi, en prenant pour point de départ un texte inventé ou contrôlé, une fable ou une réalité. Il est probable qu'il n'attachait pas à cette thèse une grande importance et que c'était seulement, dans son esprit et sous sa plume, une manière plaisante de se défendre contre le reproche d'avoir fait souvent reposer ses raisonnements sur des bases qui ne tenaient pas.

Il faut cependant s'entendre. Montaigne et ceux qui s'autorisent de lui opposent sans cesse l'expérience à la science, les faits aux rêveries, les témoins aux docteurs, les bonnes gens aux faiseurs de phrases. Je suis prêt à dire amen. Mais si l'expérience n'est pas sérieuse, si les faits se fondent en fumée comme de vulgaires sophismes, si les témoins n'ont pas dit ce qu'on leur fait dire, si les bonnes gens sont des niais à qui il n'a manqué qu'un bonnet carré pour être renvoyés en Sorbonne, où allons-nous?

* * *

Il y a, dans cette langue latine que Montaigne comprenait si bien, une admirable et simple expression où se condense la meilleure sagesse de ces âmes romaines qu'il exaltait si fort : *pro parte virili*. On n'aurait point besoin d'un autre texte pour prêcher Montaigne. Il le juge en dernier ressort. Faute de pouvoir le traduire, essayons de l'expliquer.

Oui, pour sa part, chacun à sa place et dans son rôle, mais virilement, de tout son nerf, comme un soldat qui ne veut point perdre le temps d'agir à regarder si son voisin combat ou trahit.

Otez l'une ou l'autre des deux vérités qui se balancent dans cette courte formule : tout l'équilibre de l'âme est rompu. Si vous ne prêchez que l'énergie virile, chacun tendra à se faire envahisseur et tyran. Si vous ne prêchez que la modestie personnelle, chacun glissera dans l'inertie et vers la nullité. Pour nous tenir debout et ne rien perdre de notre stature, nous avons besoin de penser de nous-mêmes comme les pauvres gens pensent de leur chaumière ou de leur jardin : nous avons besoin de penser en même temps que nous sommes peu de chose, et que ce peu que nous sommes est pour nous d'un prix infini.

* * *

Montaigne au xvi⁰ siècle, et Montaigne en Grèce et à Rome, ce sont deux hommes différents. L'antiquité est le pays de son imagination et de son héroïsme intellectuel. Ce n'est guère que par La Boëtie qu'il rattache l'une à l'autre ces deux races humaines si différentes, celle qu'il voit autour de lui, et celle qu'il évoque du fond de Plutarque. Libertés publiques, esprit d'entreprise, habitude de juger les affaires de l'État et d'y porter la main, mépris de ses aises et de ses goûts pour tout mettre et tout perdre au service de sa patrie ou de son parti, recherche ardente de la renommée, vertus hautaines, inflexibles, bandées vers l'absolu, cela est bon pour les anciens, risible ou coupable chez les contemporains. Selon qu'il parle des uns ou des autres, on dirait qu'il ne s'agit pas de la même planète.

* * *

La vie de Montaigne est comprise entre deux dates qui l'éclairent bien : il naît quand Rabelais vient de mettre la première main à son œuvre joviale et hardie ; il meurt avant qu'Henri IV soit maître de Paris et sûr de son trône. Il n'appartient ni à la génération fougueuse de la Renaissance, ni à la génération heureuse de la Restauration....

* * *

Le xvిᵉ siècle n'a achevé rien de ce qu'il a commencé. Ses grands hommes nous intéressent passionnément et à bon droit, parce qu'ils ont en eux quelque
chose d'entreprenant et de prophétique par quoi ils
ont ouvert à la France un long avenir; et ils nous
attristent autant qu'ils nous intéressent, parce qu'ils
sont morts sans avoir mené leur œuvre à bien, sans
prévoir qu'elle allait être reprise et accomplie. Nulle
part ce mécompte et ce découragement final du
xviᵉ siècle ne me frappent autant que dans Montaigne, surtout quand je le compare à Rabelais.

Rabelais est un satirique et un cynique, ce n'est pas
un sceptique : on sent circuler dans tout son livre
une sève généreuse de confiance et d'espoir; Montaigne, au contraire, malgré son heureuse nature,
dans le langage le plus vivant et le plus florissant
qui fut jamais, n'exprime que la lassitude d'un siècle
vieilli. Que n'a-t-il vécu jusqu'à voir Henri IV maître
de son royaume! L'esprit français fut si prompt alors
à se réconforter, à se raffermir, à profiter d'une paix
qui nous paraîtrait encore bien troublée! On peut
ouvrir les uns après les autres les livres de tous les
écrivains qui ont marqué sous le règne de Henri IV :
si divers que soient leurs sujets et leurs talents, ils
ont un caractère commun. Ils visent tous à sortir de
l'anarchie où le xviᵉ siècle était demeuré comme
éperdu. Un même besoin, plus ou moins nettement
compris, de discipline et d'unité, un même instinct
d'embrasser moins et de mieux étreindre, un meilleur

emploi des forces qui se dissipaient ou se heurtaient auparavant, une universelle ambition de mettre l'ordre et la paix dans les esprits, voilà ce qui les rapproche l'un de l'autre et les distingue de leurs prédécesseurs, lors même qu'il reste, entre eux et leurs prédécesseurs, quelque trait saillant de parenté.

J'en prends deux qui ont avec Montaigne une ressemblance évidente : saint François de Sales et Charron. Saint François de Sales lui ressemble par le style, par le jeu continuel de l'imagination, par son soin de rendre la dévotion aussi aimable que Montaigne l'avait fait pour la philosophie. Mais cela dit, quelle différence! Quelle sûre et lumineuse démarche de l'esprit chez saint François de Sales! Comme il sait où il va, et comme il mène au but! Comme on devine la jouissance que goûtèrent ses premiers lecteurs à échapper avec lui au double fléau de la veille, aux controverses des violents et aux incertitudes des modérés! Comme il a bien rempli le programme tracé par Henri IV, quand celui-ci lui faisait demander un livre capable d'apprendre à toutes les personnes de la cour et du monde à vivre chrétiennement, chacune selon son état, et qui fût « d'une méthode exacte, judicieuse, telle que chacun pût s'en servir »!

Quoique au profit d'une toute autre pensée, c'est par la méthode aussi et par la force de l'affirmation que Charron innove; il les emploie à faire dire : *je ne sais*, là où Montaigne proposait de dire : *que sais-je?* Le doute qu'il a trouvé épars et flottant en mille débris dans les Essais, Charron le range en corps de doctrine; il divise et subdivise sa matière comme un

sermon en trois points ; il établit à part une religion
pour le vulgaire et une sagesse pour l'élite ; il fait
rentrer, malgré elle, dans son plan une morale
empruntée tour à tour aux stoïciens et aux écrits
chrétiens de Du Vair ; et cette œuvre a beau être
composite et ruineuse quant au fond, elle passera
cependant pour originale et imposera aux esprits de
son temps par le prestige de l'ordonnance et de la
clarté.

* * *

J'appellerais volontiers les Essais l'*Introduction à
la vie mondaine*. Montaigne est le saint François de
Sales des esprits profanes et moyens.

* * *

On dit qu'il n'y a pas de parallèle à établir entre
Montaigne et Rabelais. Pourquoi donc ? Le plus sensé
des deux n'est pas celui qu'on pense. Rien ne me
frappe autant que le bon sens de Rabelais. Il a porté
sans fléchir une ivresse de géant. C'est la tête la plus
saine sous son enluminure de buveur et sous les
éclaboussures de sa gaîté plébéienne. Je déteste les
ordures, et il en est plein. Mais je déteste encore plus
le libertinage élégant, le mépris poli et soi-disant
galant avec lequel Montaigne parle des femmes et
leur fait sa cour. L'homme du monde qui se joue de
la décence et du respect vaut moins que l'homme des
rues avec son gros rire et ses gros mots. J'en veux à
Montaigne d'avoir rangé Rabelais parmi les auteurs
« simplement plaisants », entre Boccace et les Bai-
sers de Jean Second. Pour Boccace, passe encore !

Celui-là du moins est un grand écrivain et un peintre délicat de mœurs qui ne le sont guère. Mais Jean Second n'est décidément pas digne d'être nommé le même jour que Rabelais. Montaigne avait même, dans ses trois premières éditions, ajouté à ce groupe des modernes simplement plaisants Héliodore et son Histoire Æthiopique. Je sais bien que la traduction d'Amyot et ses éloges avaient fait de l'Histoire Æthiopique un des livres favoris du XVIe siècle et devaient le recommander particulièrement à Montaigne sur qui le traducteur de Plutarque avait une autorité presque absolue. Mais alors il fallait ranger ailleurs Rabelais, et, si quelques-uns s'étonnent encore aujourd'hui de l'importance que nous attachons aux vues sérieuses de notre grand bouffon, peut-être n'est-il pas hors de propos de remarquer que Montaigne et Ronsard au XVIe siècle sont presque seuls à traiter Rabelais si légèrement et que, pour leurs plus graves contemporains, dans tous les camps et dans tous les rangs, Rabelais était bien autre chose qu'un plaisant.

* * *

Le sourire de Montaigne est plus terrible que celui de Rabelais.

* * *

Montaigne, un simple jardinier dans une plate-bande de terre de bruyère; Rabelais fait de la culture intensive.

* * *

Montaigne est moins sale que Rabelais, il n'est pas plus pur.

* * *

Rien n'est plus propre à faire comprendre Montaigne que la lecture de Charron. Les lire l'un et l'autre, c'est voyager dans le même pays, mais non dans la même saison; de ce printemps du scepticisme où nous promenait Montaigne, vous passez tout de suite avec Charron à la fin de l'automne, et des fleurs que l'un vous jetait pêle-mêle et par brassées, la plupart se sont perdues, celles qui demeurent ont pâli; vous les revoyez en ordre, il est vrai, mais ce n'est plus qu'un herbier.

* * *

Entre Montaigne et Charron il y a une parenté étroite, mais une parenté d'adoption, et non une affinité naturelle ; les points de contraste, entre les deux esprits, sont nombreux et tiennent à leur fond....

Il est un trait du caractère et du système de Montaigne qui ressort et fait saillie en Charron : je veux dire la prétention de faire vivre en soi un croyant qui accepte tout et un philosophe que rien n'arrête, et de présenter ce programme ambigu comme le chef-d'œuvre d'une double sagesse également agréable au monde et à Dieu. Montaigne, qui met ce programme en pratique, s'en tire à force d'habileté et de légèreté. Il va, il glisse sans cesse d'un rôle à l'autre, sans avertir personne ni rien crier. Il ne lui en coûte pas plus que de faire sa cour tour à tour au duc de Guise et au roi de Navarre; c'est proprement son métier et son génie. Et comme il était homme, je le crois, à se piquer d'honneur partout où il se trouvait, et à prendre le contrepied du propos où il était mêlé, il lui est souvent arrivé sans doute d'argumenter en philosophe contre son curé et d'afficher son credo catholique aux yeux de ses amis libres penseurs. Tout cela, chez Montaigne, se passe sans rupture et sans embarras. Il ne s'agit que de causer et de conférer. Nous sommes entre gens de loisir et d'esprit, non asservis aux affaires, toujours maîtres de nous retirer quand il s'agira d'agir, sûrs de rompre le propos si l'on prétend nous mener trop loin, et de là vient que nous pouvons aller si loin sans crainte. Pour se rendre parfaitement indépendants, il n'est rien de tel que de se sentir absolument irresponsables. Qui ne répond de rien n'a rien à ménager. On s'habitue ainsi à jouer avec le feu près des poudres....

Avec Charron, qui n'est si délié ni si réservé, tout cela se détermine et s'accentue. La contradiction que Montaigne entretenait en lui en diplomate consommé se tourne et s'érige chez Charron en antithèse hardie. Aux habitudes du causeur qui n'est jamais obligé à conclure succèdent celles du prédicateur qui prend texte et pose ses points. Charron voit plus clair que Montaigne et parle plus net.

* * *

Charron est à Montaigne ce que saint Thomas d'Aquin est à l'Évangile. Il a fait la *Somme* de toutes les idées que Montaigne avait semées ou secouées au vent. Que de temps il faut pour sortir d'une forme antique et solennelle, et comme les esprits y revien-

nent et y rentrent par tous les détours ! Cette sagesse
mondaine et ondoyante de Montaigne, poussant
jusqu'à l'excès l'horreur du système, la voilà à son
tour, presque tout de suite, à peine née, la voilà qui
se systématise et se cristallise ! Franchement, n'est-ce
pas à dégoûter du doute, si l'on a besoin d'en être
dégoûté?...

* * *

Dans cette différence si manifeste entre Montaigne
et son disciple, je vois la différence des personnes et
ce que l'éducation théologique et plus livresque de
Charron change aux allures de l'esprit du maître;
mais j'y vois aussi la différence des moments; quand
Charron écrit, une autre ère a déjà commencé, l'effort
universel des esprits tend à tout mettre en ordre,
Henri IV règne, le scepticisme lui-même cherche une
discipline et apprend à marquer le pas.

* * *

Tant que l'on ne s'est pas élevé jusqu'à aimer,
jusqu'à respecter également la conscience pour elle-
même et la vérité en soi, tant que l'on reste parmi
ceux qui discréditent la vérité pour que la liberté en
soit plus à l'aise, ou parmi ceux qui restreignent la
liberté pour que la vérité en règne mieux, on n'est ni
un sage ni un vrai libéral; on fait une double et mortelle injure à la conscience et à la vérité. Mortelle,
ai-je dit? Non du premier coup, grâce à Dieu. Ce
sont des injures et des blessures qui, dans ce train
du monde tel que Dieu l'a réglé, ne vont pas tout
d'abord à leurs derniers effets, et il y aurait de l'in-

gratitude et de l'injustice à méconnaître les services rendus à l'une ou l'autre de ces deux saintes causes par des hommes qui n'ont pas su les servir toutes deux. Non, Montaigne, quoique sceptique, et Calvin, quoique intolérant, et malgré le mal que chacun d'eux a fait, ont fait tous deux du bien à l'esprit humain. Montaigne lui a redonné du jeu; Calvin en a retrempé les ressorts. A l'école de l'un, il s'est formé des âmes plus capables de laisser passer les croyances d'autrui, à l'école de l'autre des âmes plus capables de saisir, pour leur propre compte, et par une forte prise, des croyances dont elles ne se dessaisiront plus. Mais de quel prix exorbitant ces leçons, si précieuses qu'elles soient, n'ont-elles pas été payées? Montaigne, pour rendre du jeu aux âmes, les a toutes dénouées. Calvin, pour retremper leurs ressorts, les a durcies, à l'égal d'un autre Lycurgue, et les a faites comme de fer.

* * *

Montaigne n'a rendu justice ni à la Renaissance ni à la Réforme. Il n'a compris ni la science ni la conscience de son temps.

* * *

Bacon dit quelque part que si Lucrèce avait vu la Saint-Barthélemy, il serait devenu cent fois plus athée qu'il ne l'était. Eh bien! Montaigne était plus flegmatique : il a vu la Saint-Barthélemy, et elle ne lui a pas arraché un cri. La mort de Marie Stuart l'a ému, le grand massacre de Paris est pour lui comme s'il n'était pas. La dévotion ridicule de Henri III l'a

fait sourire, et Charles IX n'est pour lui que notre
pauvre roi Charles IX. Sans être un catholique fer-
vent, sans être un soldat ivre de guerre ou un politique aveuglé par la raison d'État, sans être ni Guisard
ni ligueur, sans être entiché de la royauté absolue et
du droit divin, sans être machiavélique et sans
admirer les coups de force qui brisent en une seule
fois toutes les résistances, sans aucune des erreurs
ou des passions qui n'excusent pas mais qui expli-
quent l'insensibilité de certaines âmes devant les
plus grands crimes, uniquement par indifférence
naturelle et volontaire, pour rester plus impartial
qu'il ne faut l'être, par énervement de la faculté de
choisir et de juger, il n'a rien voulu voir, n'a rien dit,
n'a rien blâmé.

* * *

Montaigne est mort à cinquante-neuf ans, en 1592,
quand Henri IV n'était pas encore maître de Paris.
Quel malheur qu'il n'ait pas vécu une vingtaine
d'années de plus, qu'il ne soit pas allé jusqu'en 1610,
par exemple, et qu'il n'ait pas assisté au règne pacificateur et réparateur de Henri IV! Suivez un peu cette
fantaisie : quel autre Montaigne, et j'ai bien envie
de dire : quelle autre France vous allez avoir!

* * *

On a souvent comparé Montaigne à Henri IV; on
a souvent dit qu'en écrivant les Essais Montaigne
avait devancé les vues et préparé les voies de ce
grand pacificateur. Henri IV aurait le droit de se
plaindre de ce parallèle. Sans Montaigne, il ne man-

querait qu'un chef-d'œuvre à nos bibliothèques. Sans
Henri IV, il n'y aurait plus de France depuis longtemps.

* * *

Pourquoi la traduction de Plutarque par Amyot
devint-elle si vite le bréviaire des femmes et des ignorants? Et pourquoi Montaigne, à son tour, trouva-
t-il tant de lecteurs attentifs aux confidences et aux
fantaisies d'un petit gentilhomme gascon retiré au
fond de son château? Son génie d'écrivain, quoiqu'il
passe de bien haut celui d'Amyot, n'expliquerait pas
à lui seul son succès. Nous apprécions aujourd'hui
mieux que les lecteurs d'alors la naïve et souriante
bonhomie de la prose d'Amyot, la vigueur pittoresque et la précision subtile de la prose de Montaigne, où la pensée et les mots semblent se porter
un continuel défi à qui aura le plus de replis, et où
l'image à chaque pas se dresse et fait corps avec la
pensée. Mais ce que les hommes du xvie siècle sen-
taient et goûtaient bien plus fortement que nous ne
pouvons le faire, c'était la nouveauté et la joie d'avoir,
dans le Plutarque d'Amyot, la plus riche encyclopédie de l'histoire et de la sagesse anciennes soudainement ouverte à tout venant, et de voir dans les
Essais de Montaigne cette même histoire et cette
même sagesse, non plus isolées dans le passé, mais
mêlées et mariées de page en page aux faits et aux
questions du xvie siècle, aux vivantes expériences et
aux réflexions intimes d'un contemporain. L'antiquité
n'en était plus à avoir seulement des explorateurs
épars, ou des auditoires restreints autour de quelques

savants maîtres; désormais elle avait un public en France, et pour public quiconque savait lire et voulait penser.

* * *

Veut-on savoir combien il est vrai que la célèbre sagesse de Montaigne n'est originale que par les détails et par le style, et se réduit, quant au fond, à quelques thèses de petite philosophie mondaine, dès longtemps accréditées parmi les beaux esprits du XVIe siècle? On n'a qu'à prendre les poètes de la Pléiade, dont Montaigne avait bien raison de louer la verve et l'art, mais à qui, pour être un sage, il aurait bien pu laisser le reste. Ronsard, Du Bellay devancent Montaigne presque sur chacun des articles de son credo léger, et tous les rythmes qu'ils ont inventés, imités ou rajeunis, leur ont servi avant sa prose à chanter ce qu'il nous répète en causant. Montaigne, c'est un homme du monde, tel que la Renaissance nous l'a fait par ses moins profondes influences, atteint de curiosité, mais non pénétré par la véritable passion de savoir, décidément rebelle à l'esprit plus exigeant de la Réforme, dérouté et découragé par le spectacle des guerres civiles, et mourant trop tôt pour voir sortir de ce sol labouré et de ces semences ensanglantées une première moisson de vérités nouvelles et vitales que tant d'autres devaient suivre et qui ne sont pas épuisées encore.

* * *

Quand un siècle actif et fécond s'achève sans que ses idées demeurent exprimées dans une vie ou dans

une œuvre qui les mette en forte saillie, c'est une
lacune qui sera longtemps difficile à combler. Mais
quelle défaite pire encore pour une grande époque,
quand le dernier et plus illustre écrivain qu'elle ait
produit se sépare d'elle, se retourne contre elle, et,
au lieu d'exprimer l'esprit de son temps, lui inflige en
face un démenti! Telle a été la mauvaise fortune du
XVIᵉ siècle en France : de toute sa littérature, Montaigne seul est resté constamment en vue et en usage,
seul désigné et accessible au public, seul capable de
représenter aux yeux de tous son siècle à qui il ne
ressemble pas. Combien il faut ou flatter Montaigne
ou déprécier son siècle pour les mettre d'accord!...

* * *

Montaigne a l'air de croire que son siècle ressemble
à son livre et, n'étant aussi qu'une collection d'essais,
va s'achever aussi sans conclure.

* * *

Qu'on prenne Montaigne pour le représentant du
XVIᵉ siècle, c'est ce qui m'étonne beaucoup et m'indigne un peu. Il est si loin de le représenter qu'il le
dément plutôt et le trahit presque de tout point. Par
toutes les voies où le XVIᵉ siècle s'est lancé avec tant
de fougue et d'espoir, Montaigne bat en retraite. Il
en est plutôt le témoin découragé et résigné, sauvé
du pessimisme et des jérémiades par cela seul qu'il
ne croit pas les choses humaines faites pour aller
longtemps de suite dans la même voie et que l'habitude de son esprit est de s'attendre toujours à de
l'imprévu.

* * *

Ce grand connaisseur et ce grand peintre de son temps et de la nature humaine, ce grand représentant de l'esprit français, voulez-vous le juger à son tour? Demandez-vous ce que vous sauriez du XVI° siècle, de la France, de l'homme, si vous en étiez réduits à son témoignage, s'il vous fallait le prendre tel quel et le croire seul. A la question ainsi posée je ne pense pas qu'il y ait deux réponses. Non, ni le XVI° siècle, ni l'esprit français, ni la nature humaine n'ont été embrassés, pénétrés, exprimés par Montaigne avec cette sagacité et cette supériorité qu'on lui attribue. Il n'est supérieur qu'aux rages de ses contemporains vulgaires. Il a des contemporains, moins brillants que lui, dont la raison plane plus haut que la sienne....

* * *

En Montaigne se personnifie non pas le XVI° siècle guéri, mais le XVI° siècle convalescent, tout affaibli par tant de crises, demandant à n'avoir point de bruit dans sa chambre, de peur que la fièvre ne revienne.

* * *

Montaigne est-il un représentant véritable de son siècle? Lui-même il n'aurait pas accepté cet éloge qu'il aurait pris pour un blâme; il voulait une gloire plus originale et plus libre, et devant ses lecteurs comme parmi ses amis et au sein de sa famille, il voulait être lui-même.

X

Avec Montaigne il s'agit de bien plus que lui. Seul des écrivains de son temps, il est resté toujours en vue et en usage. Rabelais, il est vrai, n'a jamais cessé d'avoir une secte; mais Montaigne, depuis plus de deux siècles et demi, est aussi répandu et aussi puissant qu'un préjugé. Je ne dis certes pas que ce soit un préjugé de l'admirer; je constate seulement qu'il est le seul homme du xvi⁰ siècle français de qui le crédit, tout en ayant ses phases à traverser, n'ait point eu d'éclipses à subir, et qui se soit toujours maintenu à portée d'agir sur l'opinion. Ce n'est pas dans quelques coins isolés, chez quelques curieux de la vieille langue ou dans une coterie d'esprits libres, c'est bien plus au large, dans le monde et dans le public, qu'il y a de longue date une habitude de compter Montaigne à part. Tantôt on invoque son témoignage, et en son nom le xvi⁰ siècle est représenté comme une cohue de fanatiques et de pédants.

Tantôt on cite son exemple, et sous son nom le
xvi⁰ siècle est représenté comme une époque de
dévergondage et de scepticisme qui a jeté la France
hors de ses voies. Pour les uns, il est le témoin le
plus impartial et le plus sagace de son temps; pour
les autres, il en est le représentant le plus complet et
le plus fidèle; pour presque tous, il en est non seulement le plus grand écrivain, mais encore l'esprit le
plus fécond et le plus neuf. Bref son nom fait prime,
comme il oserait dire s'il était d'aujourd'hui.

Ne pouvoir pas lire Rabelais est un péché véniel
que l'on avoue tout haut, et même, pour certains, un
trait de délicatesse dont ils se vantent. Personne ne
se vante, personne ne se confesse de n'avoir pas lu
Montaigne.

* * *

Je me demande pourquoi les Essais ont tant réussi.
Avant tout par le talent, l'esprit, l'entrain, l'imagination, par tout ce qui les colore et nous amuse. Et en
même temps par le réalisme, par le positivisme du
fond, parce qu'il s'agit pour Montaigne de nous
apprendre à arranger commodément notre vie et à
mettre notre tête sur un oreiller doux et sain. Joignez
ces deux choses : un humoriste et un homme qui vise
à être *quite matter of facts*. Montaigne nous sert
notre pain quotidien assaisonné des plus fines frian-
dises. Autre chose : le mélange de questions chrétiennes et de maximes païennes. En cela les Essais
sont le premier produit harmonieux de la Renaissance. L'harmonie n'est qu'à la surface, à la façade,
mais cela suffira pour longtemps. Du moment où les

Essais pouvaient être écrits, le moyen âge est bien battu.

* * *

« Il y a, dit Joubert, des livres plus utiles par l'idée qu'on s'en fait que par la connaissance qu'on en prend. » Les Essais ne seraient-ils pas de ce nombre?

* * *

Montaigne est un des écrivains les plus propres à prendre sur ceux qui le lisent une influence décisive, par cela même qu'il n'affiche point la prétention d'en prendre aucune; il affecte au contraire de nous renvoyer à nous-mêmes, il parle et ne veut pas prêcher; il cite son exemple et ne se propose pas pour modèle. Si vous l'avez cru, ce sera votre faute : il avait pris, pour se défendre de votre confiance, tous les soins et toutes les précautions que les autres prennent pour l'obtenir. L'influence qu'il pourrait avoir lui pèse autant que celles qu'il faudrait subir. Il ne se sentirait pas entièrement libre de ses pensées s'il s'en reconnaissait en rien responsable; elles lui viennent et il les laisse aller, voilà tout son rôle; c'est à vous de savoir si elles sont vraies ou fausses, utiles ou nuisibles....

* * *

O le méchant et faux médecin qui, connaissant la maladie, ne voudrait pas s'enquérir du remède, ou connaissant le remède, ne voudrait pas s'appliquer à la guérison!

* * *

Depuis plus de trois cents ans, Montaigne est nommé et cité partout, et personne ne gagne autant à être cité. Ces courtes rencontres où nous l'entrevoyons chez les autres sont la mise en scène la plus favorable à sa verve sentencieuse. Il lui faut si peu de temps pour beaucoup dire! Et il est si heureux pour lui qu'on ne lui laisse pas le temps de se contredire jusqu'à nous confondre! Il a ainsi tout son esprit en un clin d'œil, et de plus il a toujours l'air d'avoir un avis. Songez aussi que son style, plus naturel que celui-ci, plus singulier que celui-là, grandiose quand il le veut bien, ne souffre d'aucun voisinage. Nous avons peut-être en France un ou deux écrivains plus parfaits que Montaigne, nous n'en avons point qui soit aussi complet et qui ait par conséquent autant de chances, quand on le cite, de briller toujours, par tel ou tel mérite, par tel ou tel attrait qui manque à l'autre prose où la sienne vient s'enchâsser. Tout cela fait que ses moindres boutades, ainsi prises à part, grâce à leur première saveur de bon sens profond, grâce au coloris si vif qui les relève, nous mettent irrésistiblement en goût d'aller à l'arbre même et de cueillir à pleines mains; quiconque a mêlé à ses écrits dix lignes de Montaigne lui a envoyé cent lecteurs.

Montaigne n'est pas seulement le plus souvent cité des auteurs français, il est aussi celui dont le nom sert le plus souvent de pavillon et de porte-respect à des pensées, à des mots qui ne sont pas de lui; on lui prête autant qu'on lui emprunte, et ce n'est pas peu dire.

* * *

Je ne sais personne qui ait rencontré chez ses lecteurs plus de complaisance à le toujours croire que n'a fait Montaigne. Pour que ses moindres mots fussent pris au pied de la lettre, il lui a suffi de deux arguments : l'un consiste à dire qu'il connaît bien son sujet puisqu'il s'agit de lui-même, et l'autre à déclarer qu'il est de bonne foi. Toutes les broderies dont il enjolive ces deux thèmes, si délicieuses qu'elles soient, n'en font cependant pas des raisons. Quel autre homme a jamais passé pour irrécusable par cela même qu'il était juge et partie? Et quel témoin a-t-on jamais négligé de contrôler, par cela seul qu'il avait juré de dire la vérité, rien que la vérité, toute la vérité? Pour la dire, il faut la voir et l'aimer, et j'avoue que Montaigne, quand il parle de lui, ne me semble ni aussi sagace ni aussi désintéressé qu'on veut bien le peindre.

* * *

Quand Montaigne mourut, quel était au juste le degré de réputation et d'estime où il s'était placé? Il n'est point facile d'en juger exactement. Mais on peut assurer, autrement que par conjecture, que Montaigne avait un grand crédit auprès d'un petit nombre d'esprits distingués plutôt qu'une grande prise sur le public.

* * *

Ce n'est pas en France seulement que les Essais de Montaigne avaient répandu son nom. En suivant

Montaigne dans ses voyages, nous verrions quel accueil lui fut fait, et quelle part de ces honneurs revenait au gentilhomme, à l'homme, à l'écrivain. De son rang dans la société française, de ses charges peu pesantes à la cour des rois de Navarre et de France, de son administration municipale à Bordeaux, il resta bientôt peu de traces : l'agrément incomparable de sa conversation et la sûreté de son commerce ne furent pas aussi vite oubliés; tant que ceux qui l'avaient connu lui survécurent, ils parlèrent de lui en amis, quelques-uns même en véritables dévots, et sa personne tient tant de place dans ses écrits que ses lecteurs d'aujourd'hui sont encore tentés de se croire ses contemporains et ses familiers, le sentent vivre devant eux et en eux. Je cherche dans le passé, j'évoque l'un après l'autre bien des noms, je choisis ceux dont le souvenir est accompagné du plus grand nombre de détails et fait surgir devant nous une physionomie, une figure humaine bien saisissable et bien saisissante; il me semble, en les comparant à Montaigne, qu'aucun d'entre eux n'est aussi peu mort que lui.

* * *

L'esprit, l'exemple, l'impulsion de Montaigne est partout. A chaque instant, après lui, on croit le retrouver; il semble qu'on l'entend parler. Tout à l'heure, en lisant les *Aventures du baron de Fæneste*, entre autres le chapitre v sur la *maison d'Enay*, et tout ce qui suit, tant de fines railleries, de sagesse domestique et reposée, tant de répugnance pour le paraître,

que vous dirai-je? j'aurais mis aisément les citations
de Montaigne à la marge si elle n'était si étroite.
Enay, c'est comme un Montaigne protestant.

* * *

Montaigne a eu beau dire qu'il ne cherchait ni
admirateurs ni disciples : ceux-là mêmes qui ont cru
à la sincérité d'un tel désintéressement n'y ont trouvé
qu'une raison de plus d'admirer Montaigne et d'invoquer avec confiance l'autorité de son exemple ou
de ses leçons. Publier que vous faites bande à part,
c'est un moyen assuré d'être suivi, et si l'on veut
vraiment être ermite, il ne faut pas donner l'adresse
de son ermitage. Aussi bien, si, de cette autre vie à
laquelle il croyait si peu, Montaigne peut voir ce
cortège de clients qui marchent sur ses traces et dont
il faisait mine de faire fi, j'ai peine à croire qu'il en
jouisse moins qu'un Cicéron ne jouissait du nombreux
auditoire amassé par sa parole.

* * *

Montaigne seul ou presque seul a survécu du
xvi⁰ siècle. Rabelais n'a que peu d'influence et en
reprendra difficilement. Érasme est oublié. Calvin,
Luther ne sont puissants que dans l'enceinte de leurs
Églises, et plutôt par une tradition découlant de
leurs écrits que par une étude directe de leur personne et une assimilation de leurs propres idées.
Tous les autres écrivains du xvi⁰ siècle ont eu plus
ou moins d'influence en leur temps; ils ont eu des
disciples qui ont travaillé à leur tour, mais ils n'ont

pas continué à servir publiquement d'autorité et de modèles ou seulement d'exemples. Ainsi Bodin et ceux qui avaient lu Bodin comptent à coup sûr dans l'histoire des idées et des théories politiques, mais on n'a pas continué à s'adresser à eux, à puiser dans leurs répertoires de faits, à discuter avec eux. Montaigne tout autrement. Il est resté en mains et en lecture. Il a été sans cesse à l'ordre du jour.

* * *

Montaigne est celui de nos grands écrivains qui a le moins de juges sévères. Montaigne, en effet, grand apôtre de l'indulgence et de l'indifférence, a rendu indulgents envers lui ceux-là mêmes qui ne sont point indifférents comme lui, et il n'a guère d'adversaires qui ne soient en quelque mesure ses complices. C'est un des enfants gâtés de l'opinion publique. Ceux qui aiment la liberté, la franche allure du XVIe siècle se plaisent à retrouver en Montaigne un dernier rejeton de la vieille sève gauloise et narquoise qu'une discipline plus exacte allait refouler. Ceux qui trouvent au contraire le XVIe siècle trop aventureux et trop intempérant admirent au contraire et louent chez Montaigne le premier exemple éminent d'une défiance extrême envers les hardiesses de l'esprit ou les exigences du devoir....

* * *

Montaigne a plu à beaucoup de grands esprits; il ne les a pas asservis et pénétrés. Mais au-dessous de ce premier ordre, dans les rangs de la gentilhommerie

et du tiers état intellectuel, il a fait toutes les conquêtes et tous les ravages qu'il a voulus. Au sein du
monde intelligent et lettré, il a dépopularisé la
raison, l'ambition, le progrès....

* * *

On ne peut suivre sans étonnement, à travers trois
siècles, l'histoire posthume de Montaigne et de son
influence. La singulière diversité des idées de Montaigne se retrouve et se marque dans la diversité de
ses admirateurs. Comme il a emprunté à toutes les
écoles qui l'ont précédé, il prête à toutes celles qui
viennent après lui. Si l'on pouvait évoquer à la fois
tous ses disciples et les mettre aux prises, quelle
mêlée, quel club ce serait !

* * *

Montaigne et Shakespeare. Il n'y a pas moyen de
ne les pas comparer. Voyez *la Tempête*, l'ensemble,
et non pas seulement le passage où Shakespeare a
mis en vers un fragment des Essais traduits par
Florio [1], — quoiqu'il soit déjà remarquable que toutes
ces idées que Montaigne exprime en son propre nom,
Shakespeare les met dans la bouche d'un personnage
qu'il ne donne pas, tant s'en faut, pour son favori et
son représentant. Là où la fantaisie indifférente de
Montaigne s'égare jusqu'aux confins de Rousseau et
caresse un faux idéal d'anarchie primitive et d'inno-
cence sauvage, le bon sens supérieur et la haute
science de tout l'homme que Shakespeare conserve

____

1. *Tempest*, acte II. sc. I. — *Essais*, liv. I. chap. xxx.

au milieu de ses divagations les plus libres et de ses
créations les plus surnaturelles, persistent et se mar-
quent en ceci que l'orateur chargé de développer ce
paradoxe, ce n'est pas le bon et sage Prospero,
quoique magicien, c'est un faible et honnête vieillard,
un grave et étourdi rêveur, Gonzalva. Il faut recueillir
des renseignements sur les impressions produites et
les utopies suggérées dans l'ancien monde par le
spectacle ou les récits de toutes ces peuplades vierges
dont le nouveau monde révéla tout à coup l'existence.
Évidemment l'intention de Shakespeare est ironique;
poëte, il emprunte à Montaigne un thème charmant;
moraliste plus profond, il juge cette chimère et l'en-
cadre de manière à la faire juger; il n'est le complice
ni de l'auteur qu'il copie ni du personnage qu'il fait
parler ni de sa propre imagination qu'il émancipe
tout à son aise, et qu'il arrête juste à point....

* * *

Que Shakespeare ait lu Montaigne et lui ait
emprunté quelques lignes, ce n'est ni la seule ni la
meilleure raison de rapprocher ces deux grands
noms. Sedaine en savait une autre, au dire de Ducis.
Il les aimait de passion, et Molière avec eux, à cause
de « ce fonds immense de naturel, de raison, de force,
de grâce, de variété, de profondeur et de naïveté qui
caractérise ces grands hommes ». L'éloge est beau,
et qu'il vienne de Ducis ou de Sedaine, il vient d'un
témoin qui doit compter, car ils étaient l'un et l'autre,
au sein d'une société et d'un art où le factice sura-
bondait, les moins factices des hommes; ils valaient

mieux par leur sève que par leur culture; ils puisaient, eux aussi, moins largement, mais non moins sincèrement, aux sources vraies où Molière et Shakespeare se sont plongés.

Mais Montaigne va-t-il de pair avec Molière et Shakespeare? Pourquoi les voyons-nous souvent confondus dans le même culte, et y a-t-il droit comme eux? Laissons tout à fait hors du débat la puissance propre au poëte dramatique, le don de créer des personnages qui nous ressemblent et qui nous touchent, d'agencer des tableaux qui simulent la vie; ne regardons Molière et Shakespeare aussi bien que Montaigne que comme des observateurs et des connaisseurs de la nature humaine, comme juges de ce que nous sommes et conseillers de ce que nous avons à faire. Ou je me trompe fort, ou Montaigne est très inférieur aux deux autres. Il est bien plus personnel sous des formes et avec des prétentions bien plus générales. Tous les traits particuliers de son caractère et de sa vie pèsent sur ses pensées et les circonscrivent. Il a une sagesse marquée et datée qui réduit l'idéal de la nature humaine aux goûts, aux habitudes, à la portée de Montaigne lui-même. Ce caractère égoïste de tout ce qu'il pense et écrit, c'est l'attrait de son talent, c'est le secret de sa puissance, c'est le vice et la petitesse de ses doctrines. Plus particulier, il est plus partial. Il a bien moins d'équité, avec moins de fermeté. Prenez par exemple ce qu'il dit des femmes. A-t-il rien sur elles qui vaille Elmire dans *Tartufe*, Henriette dans *les Femmes savantes*, Eliante dans *le Misanthrope*, ou seulement ces jeunes filles qui ont

à peine un nom connu, mais dont le rôle, toujours le
même, n'en est pas moins touchant, à demi entraînées à l'amour, à demi soumises à l'autorité pater-
nelle, ou plutôt tout à fait entraînées et tout à fait
soumises, ballottées et mouvantes entre deux écueils
inexorables, et qui mêlent si opportunément à la
comédie quelque chose d'une idylle et d'un roman?
Ce n'est pas un médiocre défaut chez un moraliste
qui a été père de famille de n'avoir rien tiré de la vie
domestique si ce n'est d'en faire abstraction....

Shakespeare est le plus profond des devins, Molière
le plus équitable des contemplateurs. Montaigne avec
son microscope et sa curiosité ne les suit que de bien
loin, et dans le sujet restreint où il s'exerce s'est
égaré vingt fois tandis que les deux autres embras-
saient et dominaient tout l'homme. A chaque instant
ils sortent d'eux-mêmes et vont aux autres; Montaigne au contraire revient tout de suite à son nid, à
son pigeonnier; je ne sais quelle attache un peu
courte le tire en arrière dès qu'il s'est élancé....

* * *

Au sortir du xvie siècle, pendant le règne de Henri IV,
Montaigne répondait à cet universel besoin d'apaisement, de modération, de renonciation mutuelle
aux désirs extrêmes qui s'élevait et prévalait alors :
non seulement il y répondait, mais il était le premier
qui y eût fait appel, qui eût pris parti contre les
partis, et cela sans ambition politique, sans être
suspect de chercher pour lui-même entre les drapeaux hostiles et les écueils une voie tortueuse vers

la grandeur. Montaigne apparaissait alors comme le philosophe du parti politique, comme un témoin désintéressé et supérieur à tout soupçon en faveur de cette même cause pour laquelle L'Hôpital n'avait pas craint de se compromettre ni Henri IV de s'armer....

* * *

Tandis que Mlle de Gournay s'obstinait avec une passion tout ensemble risible et touchante à exalter la mémoire de Montaigne, en dépit de Malherbe et de Balzac, un homme surgissait qui devait bien plus puissamment détourner le courant de la langue et des esprits. Le doute sans but et sans issue de Montaigne allait faire place au doute méthodique de Descartes, et le xvii* siècle, affranchi des découragements du xvi* comme de l'autorité du moyen âge, se préparait à rentrer hardiment en marche à la recherche de la vérité.

Nous sommes quelquefois tentés de nous plaindre de la pauvreté de nos langues; nous voudrions avoir à nos ordres autant de mots que nous distinguons d'idées. Ne vaudrait-il pas mieux, par exemple, qu'on n'eût pas à dire le *doute* de Descartes si l'on vient de parler du *doute* de Montaigne, et que deux manières de penser si différentes eussent pour chacune d'elles un nom distinct? Assurément les langues qui abondent en termes distincts ont un grand avantage : mais quelque chose aussi se perd par cette richesse même, et nous n'avons point à nous plaindre en France d'avoir conservé, de notre héritage latin, quelques-uns de ces mots très étendus et très com-

préhensifs où rentrent et se rapprochent beaucoup
de faits et qui sont comme des noms de tribus plutôt
que des noms propres. Nous sommes obligés par là
à retrouver des liens de parenté entre des hommes
qui, au premier abord, semblaient tout à fait étrangers l'un à l'autre.

* * *

Que si vous voulez voir un homme en qui le doute
soit vraiment mis à sa place et utilement mis en
œuvre, ce n'est pas à Montaigne qu'il faut demander
un si grand exemple, c'est à Descartes, et voici ce
que vous verrez. Descartes, comme Montaigne, a été
élevé dans l'étude des lettres, dans le respect de
l'antiquité, dans la tradition confuse des vérités que
la Renaissance avait reconquises sans les organiser.
Confiant d'abord aux leçons de ses maîtres, il avait
cru, lui aussi, trouver dans l'héritage qui lui était
transmis de quoi éclairer son intelligence et conduire
sa vie, de quoi satisfaire aux besoins spéculatifs ou
pratiques dont il se sentait pressé. Mais bientôt cette
illusion se dissipe, les difficultés surgissent d'elles-
mêmes; ni son esprit n'est assuré ni ses actions ne
sont réglées; quelque chose lui manque décidément,
et la chose la plus nécessaire, la seule qui soit nécessaire à vrai dire, la conscience de l'ordre, la certitude
intérieure et le repos qui en est le fruit.

* * *

Voici les deux plus grandes conquêtes de Montaigne au XVIIe siècle, deux disciples dont l'un l'aurait
charmé de tout point et dont l'autre l'eût enorgueilli

tout en l'effrayant : Bayle et Pascal. Quand même,
au xvii° siècle, Montaigne ne se serait emparé que
d'eux seuls, quand même ses idées favorites n'auraient point trouvé d'autres intermédiaires prêts à
les répandre dans le public, quand même il n'aurait
pas continué à être lu et à agir par lui-même, ces
deux esprits diversement puissants auraient suffi à
lui assurer une profonde et séculaire influence.
L'homme de qui Bayle et Pascal ont été si fortement
préoccupés a, sans qu'il soit besoin d'autre preuve,
une large place dans l'histoire des idées. Ce n'est
pas trop dire que de faire remonter à Bayle la moitié
de la philosophie du xviii° siècle et à Pascal la moitié
de l'apologétique chrétienne de notre temps.

Montrons donc quelle influence Montaigne a eue
sur eux, pour mieux mesurer celle qu'il a sur nous
ou sur ceux qui nous entourent. Bayle l'a dit lui-
même : dès son enfance, Plutarque et Montaigne
étaient ses lectures de prédilection, et plus tard, quand
il énumère les auteurs qui ont de tout temps agi le
plus sur son esprit, Montaigne est encore au premier
rang....

* * *

Cette même doctrine de Montaigne que Charron a
ordonnée et ramassée en un corps, Bayle la dissé-
mine de nouveau et lui rend ces allures rompues,
inattendues, cette habileté à paraître et à disparaître
en un moment, cette méthode qui consiste à n'avoir
pas de méthode saisissable et que le premier chef
avait pratiquée d'un air si naturel. Avec Charron,
les arguments du scepticisme s'étaient organisés en

armée régulière : avec Bayle, ils reprennent leur
ancienne guerre de Vendée. Mais si la tactique est la
même, combien le terrain a changé et s'est élargi!

Je sais bien qu'on peut discuter sur le scepticisme
de Bayle. M. Damiron a consacré un travail étendu
et minutieux à étudier les idées de Bayle et à définir
son attitude philosophique. A ses yeux, et pour
prendre ses propres expressions, Bayle n'est pas un
sceptique, mais un incertain. Il ne nie pas la légiti-
mité de toute connaissance, mais il erre et oscille
entre diverses conclusions; il attend, il éloigne le
moment de se prononcer, il ne s'en déclare pas radi-
calement incapable et foncièrement dispensé. Mais
pour prouver que Bayle s'en est tenu là, M. Damiron
est obligé d'attribuer à l'un des écrits de Bayle une
importance qui me semble excessive et illusoire : je
veux parler de son cours de philosophie. Il y a eu,
en Bayle, un professeur, un journaliste et un érudit.
Certainement le professeur a été moins sceptique
que l'érudit ou le journaliste. Reste à savoir lequel
des trois était le vrai Bayle, et dans quel rôle il s'est
le mieux montré tel qu'il était au fond de lui-même,
tel qu'il se voyait quand, seul et libre, il se posait en
face des questions et scrutait sans réserve ses propres
pensées. Pour accepter le jugement de M. Damiron
sur Bayle, il faudrait attribuer tout d'abord à Bayle
la noble et sévère candeur de M. Damiron lui-même.
Il faudrait croire qu'il était permis à Bayle par les
mœurs philosophiques de son temps et par les circonstances de sa propre vie de dire tout haut ce
qu'il pensait tout bas, et que cette franchise absolue

était conforme à son caractère personnel. Mais cela
n'est pas. Bayle n'était pas vraiment libre de penser
tout haut, il ne croyait pas pouvoir s'affranchir de
toute diplomatie, il n'y prétendait même pas. Il sentait et il acceptait la pression de plusieurs théologies
jalouses qui ne pouvaient point enchaîner sa pensée
mais qui restreignaient sa parole, et pour faire passer
dans ses paroles une partie et la plus forte partie
possible de ses libres pensées, il consentait aisément
à des ménagements, à des compromis continuels; il
s'était habitué à surcharger de protestations respectueuses ses plus hardies et plus radicales contesta-
tions. S'il y a honte, est-ce à lui que la honte en
revient? Ceci est une autre affaire. Si le tort principal ne doit pas lui en être attribué, en est-il tout à
fait innocent? C'est encore une autre question. Mais
ce qui m'importe en ce moment, ce qui me semble
évident, ce que M. Damiron ne contesterait pas lui-
même, mais dont il n'a pas tenu assez grand compte
dans son jugement sur Bayle, c'est que Bayle, pour
une raison ou pour une autre, par nécessité ou par
delà toute nécessité et par penchant personnel,
n'exposait pas directement et en pleine lumière le
fond dernier de ses idées. Son procédé le plus accoutumé est de les insinuer en s'excusant, en jurant
qu'il n'y tient pas, qu'elles ne sont que spécieuses et
faciles à réfuter. Mais il n'entreprend pas cette réfu-
tation qu'il prétend facile....

* * *

Charron avait donné aux idées de Montaigne une
portée nouvelle; il les avait transformées et compro-

mises en les coordonnant. Ce qui n'était pour Montaigne que des Essais devient pour Charron une sagesse, la sagesse même, et au lieu de s'en tenir à dire : « Que sais-je? », cette sagesse plus hardie et plus triste disait désormais : « Je ne sais ». Bayle reprit des mains de Charron cet héritage et le transforma de nouveau. Les idées de Montaigne, avec la force et l'accent que Charron y avait ajoutés, reprirent une allure plus libre et plus imprévue; tous ces arguments du scepticisme que Montaigne avait lancés en guerre, comme une nuée d'aventuriers et de tirailleurs, qui avaient appris sous Charron une discipline plus stricte et une tactique plus pesante, se débandent de nouveau à la voix de Bayle et, répandus à travers une immense étendue de pays, inébranlables comme les meilleurs vétérans d'une armée régulière, ils se mettent à faire la grande guerre, derrière les buissons. Oh! que Montaigne aurait été heureux s'il avait eu à son service un dictionnaire de Bayle! Que d'infidélités n'eût-il pas faites à son Plutarque! mais non : Plutarque disait à Montaigne certaines choses dont Bayle ne lui aurait pas parlé.

* * *

Sainte-Beuve, par un de ces rapprochements où il excelle et qui donnent à la pensée une saillie, un relief inattendu, parce qu'ils substituent à des termes généraux et discutables l'exemple précis d'une personne qui a vécu, compare Montaigne à Bayle et l'Apologie de Raymond Sebon à l'article du Dictionnaire critique sur les Manichéens. Je viens de relire cet article, et les notes, et les autres articles où le premier renvoie, et la dissertation finale qui parachève l'entreprise de Bayle sur ce point, et décidément je ne suis pas du tout de l'avis de Sainte-Beuve. Je crois au contraire que cette lecture fait mieux comprendre Montaigne parce qu'elle le fait mieux distinguer de Bayle comme de Charron. Bayle avant tout est un discuteur, un dialecticien, et sa passion est d'aller au bout de l'idée....

* * *

L'épicurisme, l'utilitarisme, l'égoïsme qui sont dans Montaigne portent vite leurs fruits dans son école, et l'on n'a, pour en juger, qu'à voir comment Saint-Evremond interprète et juge ces grands noms semi-fabuleux et ces grandes vertus semi-barbares de la première histoire romaine. Saint-Evremond doute et sourit de bien des choses antiques devant lesquelles Montaigne, encore trop voisin de la Renaissance, demeure ébloui, presque volontairement.

* * *

Montaigne semble fait pour marquer les bornes du bon sens. Molière les recule et en agrandit l'empire.

* * *

Mettez La Fontaine en regard de Montaigne, ce que je reproche à Montaigne se trouvera tout de suite expliqué. Ils ont à peu près même méthode et même morale, ils aboutissent à peu près à la même manière de vivre et de penser. Mais chez La Fontaine tout ce va-et-vient d'un esprit qui s'amuse, toutes ces complaisances d'une âme qui ne vise à rien sont comme les jeux et le babil d'un enfant délicieux....

*   *   *

La Bruyère devait avoir beaucoup étudié Montaigne ; le pittoresque, l'emploi hardi de la réalité, même repoussante, les mouvements du style et l'inattendu des traits, c'est du Montaigne tout cru dans La Bruyère. Je trouve dans les Essais[1] deux petits tableaux, deux toiles de Meissonier, l'une représentant une citadelle avec un soldat qui la défend et un soldat qui l'attaque, l'autre représentant un érudit acharné à l'étude de Plaute ; c'est du pur La Bruyère.

*   *   *

On parle beaucoup de la liberté de Montaigne : celle de La Bruyère est bien plus étonnante, et si l'on compare leurs conditions, c'est la timidité de Montaigne qui paraît singulière et la hardiesse de La Bruyère qui prend décidément le dessus. La société du xvi⁰ siècle, habituée à tant de secousses et à un si âpre maniement de toutes les armes, devait trouver la main de Montaigne légère et presque caressante, car il n'a vraiment rudoyé qu'un seul adversaire....

*   *   *

Si vous voulez juger Montaigne, mettez-le en regard de La Bruyère, et laissez monter à votre esprit les contrastes et les ressemblances qui sont entre eux.

1. *Essais*, liv. I, chap. xxxviii; t. I, p. 506.

L'avantage devrait être pour Montaigne; il a vécu
dans un temps où les esprits originaux avaient la carrière bien plus large et bien plus ouverte, où l'on ne
se serait jamais avisé de dire que, pour être né Français et chrétien, l'on fût contraint dans la satire, où
les expériences nouvelles et diverses, les secousses
de chaque jour, le mélange de toutes les conditions
et de toutes les fortunes, les livres, les voyages, les
inventions, les révolutions devaient enrichir et agran-
dir sans cesse les idées de l'observateur. Il y a eu
place à ce moment-là pour un moraliste infiniment
libre, dégagé de tout préjugé et indulgent à ceux
que les préjugés retiennent, pour un souverain con-
templateur qui aime la nature humaine en ami et non
en badaud, qui la conseille et la semonce en père et
non en prédicateur. Hélas! ce moraliste-là, c'est
Shakespeare ou Cervantes, si vous voulez, mais décidément ce n'est pas Montaigne, et il s'en faut de
beaucoup.

La Bruyère, au contraire, est né à une saison bien
moins propice, sous des astres plus doux, mais dans
un air moins libre, et c'est d'air libre que le moraliste
a besoin. Eh bien, c'est chez La Bruyère, et non chez
Montaigne, qu'apparaissent l'indépendance de l'esprit
et la vigoureuse hardiesse de l'observation. Comme
La Bruyère a la vue plus courageuse et le langage
plus libre quand, malgré sa condition dépendante,
malgré les influences qui l'enveloppent, en pleine
cour, et répondant à ceux qui se plaignent, pour toute
excuse, qu'il n'a point parlé de celui-ci ni de celui-là,
mais d'eux tous, il ose savoir et dire qu'à la cour les

grands mêmes sont petits, que la cour ressemble à un édifice de marbre, étant composée d'hommes polis et durs, que, si l'on dit de quelqu'un : il ne sait pas la cour, il n'y a sorte de vertus qu'on ne rassemble en lui par ce seul mot!

* * *

Qu'on ne m'accuse pas de ne voir en Montaigne qu'un arrangeur de mots, et de prendre ainsi le contrepied de sa gloire établie pour en faire le point de départ de ma thèse et sa nouveauté. Non, je sais que La Bruyère, parlant de Montaigne et de Balzac, appelait celui-ci un homme qui ne pense pas assez et celui-là un homme qui pense beaucoup. Entre Montaigne et Malebranche, je sais encore que La Bruyère voyait la différence des pensées naturelles à celles qui ne le sont pas. Je me rappelle surtout que Montesquieu voyait dans la plupart des auteurs des hommes qui écrivent, mais dans Montaigne un homme qui pense; et qui oserait dire que Montesquieu pût se tromper sur ce point?...

* * *

Au XVIIe siècle les disciples connus de Montaigne ont presque tous des noms considérables ou même glorieux. Charron, Huet, Gabriel Naudé, La Mothe le Vayer, Pascal, Bayle, Saint-Evremond, Molière, La Fontaine, Fontenelle, ce sont à divers titres des disciples qui font honneur au maître, des héritiers qui accroissent et exploitent avec éclat la doctrine dont ils ont accepté le legs.

Mais au xviiie siècle il en va un peu différemment. Sans doute Montaigne y est encore triomphant ; c'est même alors que, dans l'opinion générale, il triomphe tout à fait, et que son influence avec ses idées semble se répandre dans tous les esprits. Voltaire et Rousseau, par des traits importants, lui appartiennent. Montesquieu le loue de deux mots qui sont deux grands panégyriques. Mme du Deffand l'excepte, lui seul, de son dédain pour les philosophes. Et cependant il y a au xviiie siècle deux échecs pour Montaigne : l'un, c'est qu'il est adopté par la foule des esprits médiocres et légers, c'est le sage qui convient à Dorat ; l'autre, c'est que les grands esprits qui semblent le suivre le plus complaisamment se séparent de lui par un trait essentiel, et tandis que Montaigne s'arrête en un doute indolent et soumis, Voltaire, Rousseau, Montesquieu, le xviiie siècle tout entier ne font que traverser le doute, retrouvent plus loin et sur un terrain nouveau une autre foi qui les anime, et visent de toutes leurs forces à la prédication et à l'action.

* * *

Montaigne n'est pas seulement présent au xviiie siècle dans quelques pages de Voltaire, dans quelques thèses de Rousseau, dans quelques conversations de Walpole et de Mme du Deffand. Je le retrouve, je le sens là même où il n'est pas nommé, et à certains égards on peut dire que l'esprit du xviiie siècle n'est autre chose que le triomphe anonyme de Montaigne et de son influence sur l'esprit français. Mal penser de l'homme et lui vouloir du bien, semer une sorte de gaieté légère sur un fonds d'idées désolantes, est-ce de Montaigne que je parle ou du XVIIIe siècle tout entier? Quelle fête pour les salons de Paris si Montaigne eût vécu dans le siècle des salons! Comme il aurait courtisé Voltaire sans cesser de lui tenir tête! Comme il aurait mis Diderot en verve, et comme il l'aurait tenu en bride, lui, ce maître incomparable en l'art de conférer! Comme il aurait déshabillé Rousseau de sa robe d'Arménien et vu tour à tour ses prétentions sous son génie, sa grandeur sous ses prétentions! Quel autre La Boëtie il aurait découvert en Vauvenargues, et comme il aurait aidé, de sa critique inventive et naïve, tous ceux qui cherchaient hors de France des remèdes à l'appauvrissement de l'imagination et du goût! Mieux encore que Mme du Deffand, il aurait démêlé ce que Richardson ajoute à la connaissance du cœur humain et ce qui manque à l'art dans son récit prolixe et profond.

*　*　*

Tout en pillant Montaigne, ni Voltaire ni Rousseau ne lui ressemblaient. Ce qui domine dans Voltaire, le principal personnage de cette âme multiple, c'est le grand chef de parti intellectuel, le tacticien partout présent et toujours insaisissable d'une immense nuée de Parthes qu'il lance, qu'il éparpille, qu'il anime ou retient à son gré. Montaigne n'a rien en lui de ce caractère et de ce talent. Rousseau est au contraire un génie solitaire et sauvage; il a besoin d'un sombre recueillement pour amasser ses nuages et forger ses foudres; il est le Jean-Baptiste de la Révolution française; c'est au désert qu'il trouve ses accents inouïs de prophète et de tribun.

* * *

Montaigne avait comme une collection d'armes ramassées sur tous les champs de bataille de son siècle. La grande émeute du xviii° siècle fit irruption dans ce cabinet d'un curieux et y retrouva tout un arsenal qui avait à peine besoin d'être fourbi à neuf.

* * *

Mme du Deffand, c'est une sorte de Montaigne déteint et dégoutté.

* * *

Fontenelle nous a donné un dialogue de Montaigne et de Socrate. Ce n'était pas la peine de ressusciter Montaigne dans un autre monde pour le faire causer avec un homme sur qui il nous a dit lui-même en ce monde-ci toute sa pensée. Le vrai dialogue de Montaigne et de Socrate, ne le cherchez pas dans les écrits de Fontenelle, il est dans les Essais, et en dix endroits. Fontenelle eût bien mieux fait de mettre les hommes de son temps à lui en présence de Montaigne; il y aurait eu là des nouveautés à attendre; le dialogue de Montaigne et de Socrate fait double emploi.

Depuis que j'étudie Montaigne, je me demande bien souvent : qu'aurait-il dit de ceci, de celui-ci? Quel rôle aurait-il joué? Comme il aurait profité de chaque crise, de chaque tapage, pour fuir ces occasions que tant d'autres vont chercher!

Mais tout cela, ce sont des hypothèses. Ne nous

demandons pas comment Montaigne aurait jugé notre
siècle, mais comment notre siècle le juge, je veux
dire comment les mérites ou les défauts de Montaigne
se seraient agencés ou aheurtés aux nôtres, comment
les progrès de la société, les conquêtes de l'esprit,
tout ce que Montaigne a découragé ou nié de son
mieux, donnent des démentis de plus en plus marqués à son pessimisme.

Question bien simple : sont-ce des Montaignes que
vous désirez voir se multiplier ?

* * *

Montaigne, c'est un gentilhomme bourgeois sans
cette activité, *at home and around*, qui peut rendre de
telles gens si utiles.

Est-ce un sage ? Le mot est bientôt dit. Mais donnez
donc votre définition du sage. La sagesse ne peut
pas consister tout entière en préceptes négatifs et
restrictifs pour l'intelligence, ignorer, s'abstenir, ne
pas désirer, et puis en complaisances très abondantes
pour le corps. Le sage de Montaigne, c'est un Épicurien qui a l'imagination stoïque et qui ne laisse pas
ses hautes visions hanter le reste de son âme et de
sa vie.

* * *

Montaigne, ce n'est pas un Épicurien, c'est Épicure
lui-même — *quod ad moralia attinet, non quod ad
scientiam.*

* * *

Il y avait, au XVIIIe siècle, un M. de Querlon qui
publia une édition des Voyages de Montaigne en

Italie. Or devinez, je vous prie, à qui il la dédia. A Buffon. Montaigne et Buffon! Et rien, c'est lui-même qui l'affirme, rien ne lui a paru plus simple que de rapprocher ces deux noms; il a cru apercevoir un point de contact entre l'observateur des esprits, du cœur humain, de lui-même, et le Pline français; ce rapport lui est devenu même très sensible. Ainsi soit-il! Il ne faut pas discuter avec les faiseurs de préfaces.

* * *

Nous avons tort de ne pas rouvrir de temps en temps un volume de Laharpe; cela nous ferait bien vivement sentir tout ce que nous devons aux maîtres critiques de ce siècle-ci. Non pas que Laharpe en lui-même soit toujours à dédaigner. Quand il n'est pas aveuglé par une ignorance profonde, ou par un préjugé universel de son temps, ou par un de ces accès de réaction rageuse où sa vieillesse s'emporta, quand il parle de ce qu'il sait et quand il sait ce qu'il dit, il a de très bonnes parties : ce n'est pas un médiocre cousin de Johnson et de Boileau. Mais en dehors des leçons utiles que pourrait encore nous donner souvent Laharpe bien informé et de sang-froid, s'il retrouvait aujourd'hui des lecteurs, ce n'est pas lui assurément qui en profiterait le plus. Il faut qu'il se contente, pour son propre compte, de regagner un peu d'estime; et comme il sert mieux la cause de ceux qui l'ont détrôné! Comme il renouvelle, comme il redouble notre reconnaissance et notre admiration pour eux! Je viens d'en faire l'expérience. J'ai voulu voir ce que Laharpe a dit de Montaigne. L'étude n'est pas longue, je vous assure. Il le cite une fois en témoignage contre Diderot, qui admirait trop à son gré la morale de Sénèque. Il le nomme ailleurs en passant pour prouver que l'imitation des langues anciennes a contribué au progrès de notre langue. Et quand il s'occupe d'assigner au xvie siècle sa place et sa part, en moins de trois petites pages, Amyot, Montaigne et Rabelais sont expédiés de compagnie; après quoi Laharpe arrive au xviie siècle, qui fut enfin, dit-il, celui de la France. Et remarquez, je vous prie, qu'il est bien loin de mépriser Montaigne. Le peu qu'il en dit marque au contraire une grande bonne volonté de le louer et comme un regret de n'avoir pas plus de temps à soi. Mais Malherbe et Balzac n'étant pas encore venus, il faut courir, il faut voler à tire-d'aile. Du siècle que le nom d'Auguste accapare au siècle qui va s'absorber dans l'apothéose de Louis XIV on ne saurait trop se hâter.

* * *

Et pourtant entre Montaigne et les hommes du xviiie siècle il y a une différence qui, à elle seule, fera toujours pencher la balance en leur faveur. Sans doute ils avaient des défauts que Montaigne n'avait pas; ils ont nié et démoli aveuglément; ils ont porté partout une confiance impétueuse en eux-mêmes; ils n'ont pas laissé leur esprit aussi indéfiniment ouvert, mais après tout chacun d'eux peut dire : j'ai cru, c'est pourquoi j'ai parlé. Non, ce n'est pas un siècle sceptique que le xviiie, ou du moins il n'est sceptique qu'à demi, et jamais peut-être on n'aura mieux vu

combien il est vrai que l'espérance est une vertu,
car l'espérance a été presque toute la vertu du
xviiie siècle. A travers une société pleine d'abus, et
qui ne savait comment se guérir, à travers des intel-
ligences pleines de contradictions et qui ne savaient
comment se réconcilier avec elles-mêmes, à travers
des cœurs pleins de vices et qui ne savaient comment se corriger, l'espérance a circulé de nouveau,
non raisonnée, déraisonnable, si l'on veut, mais si
chaleureuse et si vivifiante qu'elle nous soutient
encore après tant de raisons de désespérer. Ils ont
voulu agir, changer les idées, ramener au vrai, propager la justice, plus ou moins prudemment, plus ou
moins purement. Ils ne se sont pas proposé de se
faire, au sein du désordre universel et de l'enfer, une
sorte de paradis médiocre qui ressemble à une prison.
Ils ont une cause, un drapeau; ce sont des soldats,
j'allais dire des apôtres. Libre à nous de n'accepter
pas un seul de leurs articles de foi; mais ils ont une
foi, et c'est le grand point. Décidément si Voltaire
avait vécu au xvie siecle, il n'aurait pas passé la Saint-
Barthélemy sous silence, et si Montaigne avait vécu
au xviiie, il n'aurait pas remué le monde pour Calas.

* * *

Nous avons étudié Montaigne dans le passé, dans
le temps même où il a vécu et dans les deux siècles
qui ont suivi. Les vicissitudes de sa gloire et de son
influence nous ont aidé à mieux comprendre la
nature et la portée de ses vues; son histoire posthume
fait pour ainsi dire rejaillir en arrière sur lui-même

une lumière plus abondante et plus nette. Parvenus ainsi jusqu'aux abords de notre siècle, pouvons-nous continuer à suivre parmi nos contemporains les traces de Montaigne? A-t-il aujourd'hui des disciples comme Charron et des continuateurs comme Bayle?

* * *

Nous venons de suivre à la trace pendant deux siècles l'influence de Montaigne. Pouvons-nous, devons-nous pousser plus loin et chercher dans notre propre siècle ceux qui se sont nourris de ses idées ou qui lui ressemblent par la tournure native de leur caractère et de leur esprit? Une telle enquête serait peut-être piquante et nous mènerait à citer plus d'un nom qui étonnerait au premier abord. Ce n'est pas seulement au XVIIe siècle et par l'exemple de Pascal que l'on peut montrer Montaigne préoccupant fortement, par tel ou tel trait de son humeur ou de son génie, des hommes qui ne semblent pas nés pour se tourner vers lui. Ce métaphysicien profond, et qui, au rebours de tant d'autres, devient de plus en plus original à mesure qu'on s'éloigne du moment où il vivait et où il pensait, Maine de Biran, qui le croirait si son journal intime n'était là pour le prouver?.....

* * *

Montaigne a-t-il eu au XIXe siècle, a-t-il maintenant parmi nous une action assez étendue et assez forte pour qu'il y ait quelque intérêt à l'étudier et à le combattre? Est-il lu assidûment? Est-il cru sur parole? Est-il cité comme une autorité? N'en serait-il pas arrivé plutôt à avoir plus de renommée que d'influence, et à n'assembler autour de son nom qu'un vaste concert d'admirateurs parmi lesquels on ne distingue qu'à peine un petit nombre de disciples épars et peu enclins à la propagande? Oui, il en est ainsi, si l'on veut prendre à la rigueur ces mots : l'influence de Montaigne, si l'on ne reconnaît sa trace que là où l'on retrouve son nom, si ceux-là seuls sont ses disciples qui l'avouent pour leur maître et leur inspirateur. Mais à la distance où nous sommes du temps où Montaigne écrivait, et surtout quand il s'agit d'un écrivain tel que lui dont les idées sont flottantes et sans lien, l'influence directe, immédiate est peu de chose auprès de cette action multiple et diffuse qui ne se laisse pas saisir aussi aisément. Montaigne a peu de disciples proprement dits : ce n'était ni son dessein ni son talent d'enrôler et d'enrégimenter les esprits; il n'a rien du chef d'école ou de parti, et c'est peut-être la raison principale du grand rôle qu'il a joué dans le mouvement intellectuel de la France. Insinuant, sans exigence, ne mettant point en éveil et en méfiance l'ombrageuse famille des esprits libres, les laissant se jouer autour de lui à l'état nomade sans les menacer de la moindre houlette ni les contraindre à aucun bercail, il s'est fait un troupeau qu'il n'a pas marqué à son chiffre et qui va sur ses pas sans savoir à qui il appartient. Depuis trois siècles d'ailleurs les idées que Montaigne avait animées de sa verve familière et colorées de ses brillantes images ont passé dans tant d'esprits différents du sien, elles ont subi de telles métamorphoses, elles ont pris une forme systématique et une consistance scientifique si étrangères à son esprit qu'il faut les avoir suivies depuis leur origine, à travers mainte déformation, pour en reconnaître le point de départ et l'inspiration première.

* * *

Je voudrais tenter un dernier moyen de mieux comprendre Montaigne et d'expliquer mieux comment je l'ai compris. Nous avons étudié sa vie, ses écrits, sa réputation, son influence; nous l'avons suivi depuis ses origines jusqu'à la fin du siècle dernier; il nous resterait, ce semble, à continuer de même jusqu'à aujourd'hui et à passer en revue, comme pour les siècles précédents, ceux qui se sont occupés ou inspirés de Montaigne, ceux qui lui ressemblent ou qui l'ont combattu depuis cent ans; nous aurions là bien des noms illustres ou brillants à grouper et à classer; mais est-il vrai que, dans cette dernière période de notre histoire littéraire et morale, Montaigne ait eu, comme auparavant, un rôle personnel, une influence distincte et saisissable? Est-il encore une puissance avec laquelle on doive compter ou discuter? En d'autres termes, Montaigne a-t-il survécu à la Révolution française, et où en est-il aujourd'hui? Mais qui donc a survécu à la Révolution française? Elle a dévoré tous ceux qui l'ont faite. Le câble est coupé; nous voguons, et nous avons laissé sur le rivage tous ceux qui avaient construit le navire ou recruté les matelots. Nous parlons d'eux encore, quand le souci de nos destinées nous laisse un peu de répit ; quelque chose de leurs passions ou de leurs idées se retrouve dans la mémoire de celui-ci ou de celui-là ; mais ils ne sont plus nos pilotes et nos chefs. Est-ce ignorance et ingratitude de notre part? Non, c'est que les temps sont trop changés, et notre vie trop nouvelle....

* * *

Sans doute cette recherche pourrait être curieuse, surtout si l'on s'attachait à grouper autour de Montaigne ceux qu'il a séduits parmi les hommes de notre siècle sans qu'il y ait entre leur esprit et le sien une parenté visible au premier coup d'œil, et qui semblent au contraire d'une autre race que lui. Quelques exemples suffiront. Nommez Byron : n'est-ce pas de quoi faire fuir le souvenir de Montaigne plutôt que de l'évoquer? Quel lien imaginerez-vous entre cette âme volontairement excessive, hautaine, révoltée, qui met sa gloire à éclater de toutes parts en jets de foudre inouïs et à se signaler par des ravages, et cette autre âme qui avait la prétention de se croire ordinaire et médiocre, qui affichait la modestie, la mesure, le respect de la coutume, et qui se dérobait aux passions avec autant de zèle que le poète anglais en mettait à les rechercher, à les provoquer, à les attiser en lui et autour de lui? Il n'importe. Byron disait que Montaigne était, parmi les grands écrivains du temps passé, le seul qu'il lût avec une entière satisfaction [1].

1. Emerson, d'après Leigh Hunt, *Representative men*, édit. de Leipzig, 1856, p. 120.

Nommez Alfieri, que Byron amène assez naturellement à sa suite : c'est encore un Mazeppa que vous n'iriez pas chercher par conjecture sur les traces et dans les sentiers de Montaigne ; et cependant....

* * *

Ouvrez ce roman qui nous arrivait hier de Genève [1]. Le principal personnage est à table, seul, « mais faisant, comme dit Jean-Jacques, dîner son livre avec lui, tour à tour avalant un morceau et lisant deux lignes ».

Demandez au philosophe américain Emerson quels hommes il considère comme les représentants de l'humanité. Pour représenter la philosophie, il ira chercher Platon à Athènes, pour les mystiques Svedenborg à Stockholm, pour les poëtes Shakespeare, pour les hommes de lettres Gœthe, pour les hommes d'action Napoléon : mais la France prête encore aux sceptiques leur chef favori, c'est Montaigne.

* * *

Un jour, ayant à parler de la propriété littéraire à la Chambre des députés, Lamartine disait que quelques noms immortels sont toute une nationalité dans le passé, et comme il cherchait dans sa mémoire de quels noms il devait composer pour la France cette liste où l'on verrait comme un éclatant abrégé de plusieurs siècles et de tout un peuple, Montaigne s'imposait à lui le premier, « Montaigne, dit-il, qui

1. Cherbuliez, *le Grand Œuvre*.

joue en sceptique avec les idées et les remet en cir-
culation en les frappant du style moderne ».

* * *

Montaigne est si répandu, ses anecdotes ou ses
traits de style ont tant circulé que, même anonyme,
on le retrouve partout. Ainsi aujourd'hui 17 mai 1872,
entre une heure et demie et deux heures, j'ouvre
deux journaux :

1° Le *Journal officiel* du 17 mai 1872, page 3308, et
je vois que M. Bertauld, à l'Assemblée nationale,
vient de dire à propos des autorisations de s'associer :
« L'administration donnait ou refusait sans motifs....
C'était, suivant le mot de Basnage, une question pour
l'ami. » Le mot est dans Montaigne.

2° Le *XIXe siècle*, daté du 18 mai 1872. « Ce n'est
pas que M. de Noailles ait pour la République un
entraînement aveugle et irréfléchi. On connaît le mot
charmant d'une amoureuse : « Je l'aimais parce que
c'était moi, parce que c'était lui ». Le mot est encore
de Montaigne.

* * *

Ainsi Montaigne est venu jusqu'à nous, toujours
porté par les flots changeants de l'opinion publique,
surnageant à travers toutes les vicissitudes, le seul
d'entre les écrivains de son temps de qui l'importance
et l'influence aient grandi parmi les renommées d'un
siècle nouveau, le seul qui, après avoir charmé le
XVIIe siècle, ait encore suffi et répondu aux autres
instincts dont le XVIIIe siècle était animé. Avec le

nôtre, une troisième épreuve a commencé pour lui, et s'il fallait en juger seulement d'après la curiosité qui s'attache à ses œuvres et à sa vie, jamais, ce semble, Montaigne n'aurait joui d'un plus grand crédit, jamais il n'aurait été mieux que maintenant en accord avec les sentiments et les désirs qui dominent.

* * *

Je cherche hors de Montaigne, et par là je veux dire non seulement hors de ses écrits, mais même hors de son influence et de son école, je cherche, dis-je, parmi les hommes qui ne lui ressemblent point, des sentiments qui ressemblent aux siens. Ceci a l'air contradictoire sans l'être en rien. Il ne faut pas croire que tout en nous tienne à notre fond et à notre être; souvent, très souvent, à la plus belle place dans notre demeure, il y a un tableau que nous n'aurions pas choisi, mais que notre père avait mis là, une glace dont l'encadrement nous déplaît, mais que voulez-vous? elle est vieille, elle est de Venise, on ne fait plus de ces dorures-là; qui sait combien de temps l'ouvrier a pu mettre à fouiller si minutieusement le bois! Tout le monde, un jour ou l'autre, cède à la mode et parle ainsi, et en voilà plus qu'il n'en faut pour que le respectueux souvenir de la volonté d'un autre ou la soumission au goût public qu'on ne veut pas prendre la peine de reviser et de discuter, sur des matières qui ont peu d'importance, nous fassent étaler au premier rang ce qui est le moins conforme à notre nature et à notre goût....

J'ai vu en 1866 un homme qui aurait dû vivre en

1566, logé dans une maison Louis XIII et entouré de fauteuils Régence. Ce n'est pas la date de notre extrait de naissance, ce n'est pas notre demeure, ce n'est pas notre mobilier qu'il faut regarder et peindre; nous pourrons être, souvent nous sommes tout à fait étrangers à tout cela; *intus et in cute*, c'est là seulement qu'on nous trouve, et même je dirai que bien souvent nos paroles, nos actions elles-mêmes ne sont que des témoignages inexacts de ce que nous sommes.

* * *

Je cherche un autre homme que je puisse nommer pour faire bien mesurer la portée exacte de mes griefs contre Montaigne et le degré d'estime où je crois juste de l'arrêter; et pendant que je cherche ainsi, il est un nom qui m'est venu à l'esprit, que j'ai écarté comme trop peu accoutumé à être rapproché de celui de Montaigne, mais qui revient malgré moi et m'assiège : le dirai-je enfin? C'est Chateaubriand. Des contrastes qui sont entre eux, je n'en parle pas : ils sont si nombreux et si saillants qu'il y aurait de la puérilité à en noter un seul ...

Montaigne ne ressemble pas à Chateaubriand. Mais s'il s'agissait de définir par un exemple le genre et le degré d'influence que les Essais de Montaigne ont eu au xviiᵉ siècle, le seul exemple que je pourrais citer, assurément, c'est *le Génie du christianisme*. Les Essais de Montaigne sont le Génie du paganisme tel que pouvait le comporter le xviᵉ siècle finissant, découragé et dégoûté de ses hautes entreprises.

* * *

Montaigne a deux sortes de gloire : aux yeux des uns, il est le plus naturel, le plus pratique, le plus simple des sages, et voilà de quoi plaire au grand nombre; aux yeux des autres, il est le plus avisé, le plus fin, le plus raffiné des libres penseurs, et voici de quoi plaire aux délicats. C'est un philosophe sur qui le bonhomme Chrysale s'entendrait avec Saint-Evremond. Il faut arriver à expliquer cela. Aujourd'hui encore c'est la même chose. Quel autre que Montaigne Gavarni aurait-il mis, entre un bonnet grec et une pipe, aux mains de cette petite bourgeoise qui va faire visite à son mari dans la prison de Clichy? Et en même temps c'est l'idole de Sainte-Beuve, de Scherer....

* * *

Si l'on vous disait d'un homme, sans le nommer : il a traversé l'étude, la magistrature, la cour, la guerre, l'administration, mais nulle part il ne s'est arrêté ni engagé à fond; il s'est promené à travers les livres, il a flâné parmi les affaires, il n'a fait qu'effleurer l'expérience et la réflexion; lors même qu'il est rentré dans la vie privée, il n'y a point pris plaisir, il n'y a point pris racine; il a jugé à première vue que les devoirs et les intérêts domestiques étaient encore un cercle trop large pour ce que j'appelle sa paresse, une charge trop lourde pour ce qu'il appelle son indépendance; il s'est isolé de sa famille après s'être isolé du monde; comme mari, comme père, il a cru faire assez en laissant sa femme gronder à l'aise et sa fille s'élever au hasard pendant qu'il s'enferme et qu'il rêve dans une tourelle réservée de son petit château. Voilà donc son loisir assuré : qu'on ne lui demande aucun effort ni pour ses contemporains, ni pour ses concitoyens, ni pour sa propre maison; jamais, depuis que l'Évangile avait embrassé et consacré d'un seul mot, sous le nom de « notre prochain », tout ce qui n'est pas nous-mêmes, jamais homme n'avait poussé si loin le soin et le talent de tenir son prochain à distance et de s'en défendre. Et que pourra-t-il faire d'une vie ainsi comprise? Il la passera à observer et à décrire cet être unique qu'il a si adroitement détaché de tous et de toutes choses, ce *moi* à qui il a réduit son univers, que par moments il maltraite en paroles, mais dont il est évidemment trop jaloux pour qu'on admette qu'il n'en soit pas amoureux. Encore si cette étude sans fin sur un sujet si borné, si cette contemplation assidue de soi-même le menait à cette connaissance profonde de sa propre âme qui éclate dans les Confessions d'un saint Augustin! Mais non, frappé à première vue des contrariétés et des complexités de sa nature, il s'en tient là et s'y attarde à plaisir; il aime à se poser en sphinx dont l'Œdipe ne viendra jamais, et concluant sans délai de lui-même à nous tous, il nous représente l'homme et le monde où nous sommes et l'autre monde où nous aspirons comme une énigme qui n'a point de mot, comme un rébus imaginé pour le 1er avril et fait pour n'être pas deviné.

Eh bien, je le demande, est-il croyable que cet homme ait toujours passé, presque sans conteste,

pour un type excellent du sage, et qu'il voie se suc-
céder les générations changeantes des hommes sans
que son influence décroisse, sans que son nom cesse
d'être invoqué? Je ne sais si cela est croyable, mais
cela est. Montaigne est un des enfants gâtés de l'opinion. Il s'y est si bien pris, ce libre et souple génie, il
a essayé pêle-mêle tant de façons diverses de s'insinuer dans les âmes, et sa diplomatie ou sa coquetterie — comme on voudra l'appeler — a quelque
chose de si vif et de si naturel que pour parler de lui,
les raisons sont un luxe et les méthodes une gêne. Il
s'agit de Montaigne? Sans considérants, sans programme, cela suffit depuis longtemps. Depuis trois
siècles en effet Montaigne n'a rien perdu de son don
de plaire, tout en prétendant qu'il ne s'en soucie pas.
Il y a, dans notre littérature, des écrivains qui ont
plus d'autorité, mais je n'y connais pas de plus grand
séducteur. Il est chez nous, comme Horace à Rome,
l'homme à qui ses écrits ont fait le plus d'intimes
amis. Il jouit surtout d'un rare privilège : il excelle à
s'emparer des esprits qui ressemblent le moins au
sien; il a une chapelle dans bien des temples qui ne
sont pas à lui. Quand nous voyons Bayle feuilleter
Montaigne dès sa jeunesse, et ne quitter les fouilles
profondes de son grand dictionnaire que pour revenir
constamment aux Essais, comme un mineur à son
cordial, quoi de plus simple? Bayle, c'est un autre
Montaigne, doublé et surchargé d'un érudit. Que
Saint-Évremond l'emporte dans son exil d'Angleterre
et se console avec lui d'avoir perdu Ninon de Lenclos,
cela va de soi : Saint-Évremond, c'est un Montaigne

encore, un peu maigri et raffiné par la vie de salons. Quel cortège ne pourrions-nous pas faire défiler ainsi! Un jour ce serait Mme de Sévigné nous criant gaîment qu'elle voudrait avoir Montaigne pour voisin; un peu plus loin, ce serait Molière allant avec La Fontaine se retremper souvent à cette source débordante de naturel, de fantaisie, d'aventureuse raison, quand ils sentent que le beau monde et le bon sens de leur temps commencent à devenir oppressifs; et puis ce sera Mme du Deffand qui l'exceptera seul de ses colères contre les philosophes et le recommandera à Voltaire en haine de l'Encyclopédie, tandis que Voltaire le recommande à d'autres en haine de l'Église. Tout cela pourtant n'a pas de quoi nous étonner. Si entre le nom de Montaigne et ceux que je viens de rappeler il y a plus ou moins de distance, il n'y a entre eux aucun abîme; on passe de l'un à l'autre comme de plain-pied. Mais que Montaigne exerce son ascendant sur Pascal, voilà décidément une conquête qu'il a faite en dehors de ses frontières naturelles. Jamais deux hommes furent-ils plus différents? Que va faire cet âpre chrétien, si dur envers lui-même et envers notre commune nature, en la compagnie de cet homme doux et facile qui aurait inventé l'indulgence pour les faiblesses d'autrui, quand même il n'aurait pas eu dessein de se pardonner les siennes? Ce géomètre à l'esprit de feu, ce logicien si pressé d'aller au but et au fond des choses, et qui sacrifiera tout au besoin de se fixer une fois pour toutes, que va-t-il faire en la compagnie de ce flâneur dont le plus grand plaisir est d'allonger le chemin et de s'y perdre? Engagés dans le même labyrinthe, au fond duquel habite le secret de la vie humaine, comment pourront-ils faire route ensemble, Pascal passionnément voué à tuer le monstre, et Montaigne qui aime par-dessus tout à rompre le fil? Même à ne considérer que leurs manières d'écrire, quel contraste! Celui-ci pousse la sobriété et la sévérité jusqu'à ne vouloir point qu'on dise : « l'inquiétude de son génie », deux mots que, malgré sa défense, on alliera toujours pour les lui appliquer. Mais, à son gré, c'est trop de deux mots hardis. L'autre n'est pas homme à compter ceux qui lui viennent, ni à en retenir un seul; il est, dans sa prose, notre plus riche et plus florissant poëte; il jette à pleines mains les images, il ne craint point les grandes hardiesses et ne méprise point les petites, il éclate et il étincelle à tout propos.

Et cependant, malgré tant de différences profondes, Montaigne a eu sur Pascal une influence qu'on ne saurait exagérer; la Bible est le seul livre qui ait agi sur Pascal plus que les Essais. En y regardant de près, on verra comment cette étrange alliance tourne à les réfuter l'un et l'autre; on les verra s'entre-détruire au lieu de s'entr'aider, car je ne sais aucune objection plus forte contre le système de Pascal que les emprunts faits par lui au scepticisme de Montaigne, ni contre le scepticisme de Montaigne aucune plus forte objection que les facilités par lui prêtées au système de Pascal. Sans doute il ne serait pas difficile d'expliquer pourquoi Montaigne a trouvé à la fois en Pascal un disciple et un adversaire; mais c'est néanmoins un de ces faits qui ne cessent pas d'être singuliers en cessant d'être obscurs et qui étonnent encore après qu'on les a compris.

Veut-on un autre exemple de cette influence étendue et diverse de Montaigne? En voici un qui est d'hier. Je parcourais un livre récent, un livre dont l'auteur n'est assurément point sujet comme Montaigne à la crainte d'affirmer avec un ton trop tranchant ni à la crainte d'innover d'une main trop téméraire, un livre en somme que j'avais ouvert afin d'échapper à Montaigne, je veux dire le Recueil de lettres que Louis Blanc adresse de Londres au journal *le Temps*. J'y retrouve encore Montaigne cité avec prédilection. Qu'il s'agisse d'une querelle théologique ou d'une loi pénale, des juges ou des soldats, des vertus d'une reine ou des incertitudes de notre volonté, Montaigne intervient et dit son mot. Évidemment, les écrits du vieux moraliste sont à demeure sur la table du publiciste d'aujourd'hui, entre un volume de statistique et un numéro du *Times*. Comme on ne peut pas croire que ce soient les mêmes raisons qui aient attaché à Montaigne Pascal, comme La Fontaine et Louis Blanc, comme Saint-Évremond, voici la question qui veut être expliquée : quelle prise extraordinaire Montaigne a-t-il donc sur tant d'hommes qui ne se ressemblent point entre eux et dont plusieurs ne lui ressemblent point à lui-même? Ou bien il faut que Montaigne soit un des esprits les plus saisissants qui aient passé ici-bas, ou qu'il soit un des plus insaisissables. Mais un scrupule me vient : il est une troisième hypothèse, qui est la vraie : c'est que Montaigne est tout ensemble le plus insaisissable et le plus saisissant des hommes,

d'une force presque invincible et de la plus accom-
modante humeur. Ce qui nous attire et nous arrête en
lui, c'est le style, tandis que sa pensée ondoie et
flotte à tous vents. Il a toutes nos opinions, quelles
qu'elles soient, et il nous enseigne pour les rendre des
mots que nous n'aurions jamais trouvés. En politique,
en morale, en philosophie religieuse, dans ses vues
sur le monde qui nous enveloppe ou sur le monde
intérieur, il a peu inventé, peu osé, dans ses emprunts
il a rarement bien choisi, ses audaces sont plutôt le
jeu d'une fantaisie maligne que la démarche sérieuse
d'une forte raison, il prend plaisir à détruire toute
certitude, après quoi les dégâts qu'il a faits lui semblent dangereux, et quand il vient de casser les
vitres, il se plaint des courants d'air. Au fond, Montaigne est un amateur, un dilettante; mais par la
forme, c'est un maître et un homme de génie, et
nul exemple n'est plus propre que le sien à prouver
que le don d'écrire peut être, comme Pascal le dit de
l'éloquence, une puissance trompeuse, et qu'il nous
faut veiller sévèrement à maintenir notre esprit assez
libre et assez sûr de lui pour qu'il sache refuser sa
conscience à qui ravit son admiration. Tous les écrivains qui font des miracles ne sont pas des Moïses;
il y en a qui ne sont que des magiciens de Pharaon.

* * *

Souvent, depuis que je m'occupe de Montaigne, je
me suis demandé : « que dirait-il aujourd'hui? » Sans
voir en lui, comme Sainte-Beuve, le Français le plus
sage qui ait jamais existé, il faut convenir que c'était

un esprit singulièrement libre, ouvert, équitable et prudent, et peut-être, de tous nos grands hommes d'autrefois, celui que nous aurions le plus de profit à évoquer et à consulter : car quel autre nommerez-vous qui serait plus prompt à se mettre au courant, plus habile à nous faire passer notre examen de conscience, et à nous en déduire les leçons? Il en est plus d'une sans doute par qui il devrait se sentir atteint tout le premier : comment croire par exemple que Montaigne se plaignît encore de ne point voir les écrivains assez repliés sur eux-mêmes? Ils se sont tant confessés qu'il leur conseillerait peut-être de se remettre à professer davantage, et de ne plus s'imaginer que l'humanité lisante ait des loisirs pour sonder les intimités de n'importe qui.

* * *

Ce qui frappe d'abord, quand on commence à étudier Montaigne, c'est qu'il est très près de nous, plus près de nous que beaucoup d'écrivains d'une date plus récente et d'une langue plus semblable à la nôtre. A travers trois siècles qui nous séparent, nous n'avons pas même à faire un effort pour que nous remontions jusqu'à lui ; il semble plutôt qu'il vient de lui-même à nous, et qu'il entre dans nos affaires, dans nos préoccupations, jusque dans nos manies, comme s'il entrait chez lui. Et si cette illusion est si forte, ce n'est pas seulement parce qu'il est d'humeur facile et familière, ou parce qu'il a une manière de parler toute vivante et qui n'a vieilli que pour étonner davantage par sa fraîcheur. Mme de Sévigné a ce même don de style et ce même charme d'humeur, et cependant elle est bien moins que Montaigne notre voisine ; c'est elle qui nous emmène dans un monde différent du nôtre, c'est chez elle et chez ses amis qu'elle nous fait vivre et qu'elle nous apprend à nous plaire, tantôt à la cour de son roi, tantôt à cette autre cour où règne sa fille. Elle reste dans ses écrits aussi vivante que Montaigne dans les siens, mais à la condition que nous la laissions dans le passé tel qu'elle l'a connu et dépeint ; il ne faut rien déranger autour d'elle ou sa physionomie va s'altérer....

* * *

Aujourd'hui donc, en France, regardant autour de nous et restant en nous-mêmes, demandons-nous à quoi peut nous servir Montaigne, si ce sont ses exemples qu'il faut suivre et ses leçons qu'il faut écouter ; mettons ses lumières en face des questions qui nous occupent, mettons sa sagesse aux prises avec les difficultés qui nous pressent.

Mais on m'arrêtera tout de suite ; Montaigne, dit-on, se refuse à cette épreuve ; il vous a avertis, il s'est prémuni dès la première page ; il n'a voulu rien vous apprendre ni rien vous conseiller ; c'est seulement son portrait qu'il vous a offert, et il ne vous l'a pas proposé pour modèle ; regardez-le donc et ne l'imitez pas, et si quelques-uns l'ont imité plus que vous ne voudriez, ne prétendez pas l'en rendre lui-même responsable : à qui ne voulait être le maître de personne, il est injuste de reprocher les disciples qu'il a eus malgré lui.

* * *

Après avoir longtemps joui avec Montaigne de cette intimité qui nous plaît et qui nous flatte, un scrupule commence à naître, un soupçon s'élève et trouble ce plaisir délicat, une question importune se pose et s'impose à notre esprit : s'il vivait aujourd'hui, ce Montaigne qui nous semble un des nôtres, que dirait-il et que ferait-il? Sa sagesse aurait-elle de quoi nous satisfaire? Ses conseils iraient-ils à nous rendre meilleurs? Ses exemples seraient-ils de ceux qu'on est fier ou même simplement content de suivre? Évidemment il est près de nous; mais ne sont-ce pas ses défauts qui s'accordent avec les nôtres?...

Mais tout d'abord il faut se demander si c'est là un procédé légitime de critique littéraire ou morale. Montaigne ne serait-il pas en droit de nous dire : vous qui prétendez deviner ce que je penserais, ce que je ferais, à quoi je serais bon aujourd'hui, qu'en savez-vous? A première vue, l'objection est irréfutable; mais, si l'on y réfléchit, elle est nulle. De quoi s'agit-il en effet? De juger un moraliste, c'est-à-dire un homme qui a conçu et exprimé certaines idées sur la vie humaine, et de juger aussi l'homme en lui, c'est-à-dire de voir jusqu'à quel point il s'est conformé personnellement à ses idées générales ou s'est laissé aller à les trahir. D'une manière ou d'une autre, en conscience ou à votre insu, vous ferez donc subir à ces idées un triage, une analyse par laquelle vous chercherez à en saisir le principe, et ce principe, vous l'apprécierez d'après quelque autre vérité encore plus vaste et plus évidente....

Traduisons donc, dans notre langue d'aujourd'hui, ses principales maximes : elles en seront, à coup sûr, moins brillantes, mais nous les connaîtrons mieux, nous verrons mieux ce qu'elles valent et où elles mènent, et quand nous reviendrons ensuite à les lire telles qu'il les écrivait lui-même, nous ne ferons qu'admirer davantage la magie du talent qui nous avait trompés. Car il nous trompait, ce talent merveilleux; ce sage n'est pas un sage, ce n'est qu'un endormeur, et si nous nous laissons aller à lui, il n'est pas une seule de nos affaires qui ne soit menacée, il n'est pas un seul de nos devoirs auquel nous puissions répondre et suffire.

* * *

Qu'on ne dise pas que cette influence de Montaigne est aujourd'hui trop lointaine et trop vague pour être redoutée, et que nous avons désormais affaire à de bien autres ennemis. Nous n'avons pas aujourd'hui en France de pires ennemis que les endormeurs, et Montaigne est le plus illustre de tous. Son esprit a pénétré très avant dans les nôtres; à chaque instant, sans vous occuper de lui, vous le rencontrerez à l'improviste, vous vous étonnerez des lieux où il vous apparaît et s'impose à vous. Pourquoi cet honnête homme obscur, mort à soixante-huit ans, plein de confiance dans la bonté de Dieu, après avoir aimé et cherché à faire le bien, a-t-il tenu à dire dans son épitaphe qu'il avait mené une vie douce et heureuse en suivant autant qu'il put la morale et les leçons des Essais de Montaigne et des fables de La Fontaine?...

* * *

Pesez d'une main la valeur réelle de Montaigne et de l'autre son autorité : vous trouverez, j'en suis convaincu, entre son autorité et sa valeur réelle, un écart manifeste et une disproportion singulière, presque inexplicable

XI

Si Montaigne, en dispersant ses pensées, a voulu
pénétrer plus aisément dans l'esprit de ses lecteurs
et s'assurer sur eux un plus facile empire, il a cal-
culé juste, car rien ne l'a mieux servi. Non seulement
nous avons moins de peine à retenir une maxime,
une remarque, une page isolée que l'ensemble d'un
système étendu, mais encore, à part la mémoire, le
jugement même est moins strict et moins exigeant.
Quand vous rencontrez dans Montaigne une opinion
qui vous semble faible ou exagérée, un exemple
comme il en est mille de mollesse ou de légèreté, un
raisonnement puéril, un paradoxe impertinent, une
boutade dont le style seul fait le prix, le premier mouvement est de se dire qu'il a bien autrement parlé
à un autre moment. Si même on ne se rappelle pas
l'autre passage, spontanément on le suppose. Il nous
a donné tant d'exemples de ces revanches qu'il prend
contre lui-même ! Nous ne cessons d'y compter et de
lui en tenir compte. L'incohérence et les inconsé-

quences de son esprit lui ont valu une sorte de crédit
illimité; nous ne pensons jamais avoir son dernier
mot et le droit de dire qu'il s'est trompé. Comment
juger quelqu'un qui se déjuge d'une page à l'autre?
Eh bien! c'est sur cela même qu'il faut tout d'abord
le juger.

* * *

Juger Montaigne! Je parle de juger Montaigne,
comme si une telle entreprise allait de soi et ne souf-
frait aucune difficulté. Elle est pourtant bien difficile,
et pour plusieurs causes, d'abord parce que Montaigne est l'homme qui a le mieux justifié sa propre
définition de l'homme, et qu'il est l'être le plus
ondoyant et le plus divers, par sa propre nature, par
les contrecoups de son temps, par la somme de toutes
ses réflexions. Mais là n'est pas la plus grande difficulté que je redoute : elle est plutôt en nous-mêmes
et dans nos habitudes d'esprit.

Un esprit critique autrefois était un esprit enclin à
tout juger, à trouver des défauts aux plus belles
œuvres, des objections aux plus sages projets et à les
dire tout haut : c'était quelqu'un qui avait un avis.
Nous avons changé tout cela. L'esprit critique
aujourd'hui est, par définition, voué à ne juger
jamais : son affaire est de dire comment sont les
choses, et non comment elles devraient être; il comprend tout, il excuse tout, il est la complaisance et
la charité mêmes; il en veut seulement aux gens qui
n'aiment pas leurs ennemis. Un esprit critique autrefois était le contraire d'un esprit qui pardonne; un
esprit critique aujourd'hui est le contraire d'un esprit

qui affirme. De l'un à l'autre de ces deux sens il y a loin. Juger sans connaître a été pendant bien long-temps le tort des hommes; maintenant, si nous en sommes corrigés et pour en faire pénitence, n'y a-t-il point d'autre parti à prendre que celui de connaître sans juger?

Mme de Staël signalait déjà de son temps cette tendance comme le danger du siècle qui commençait, et certes Mme de Staël n'était ni rétrograde, ni pessimiste, mais à travers toutes ses espérances et toutes ses sympathies pour l'âge nouveau, elle conservait le don et se réservait le droit d'y voir clair et de lui parler franc. « Le XVIIIᵉ siècle, disait-elle, énonçait les principes d'une manière trop absolue; peut-être le XIXᵉ siècle commentera-t-il les faits avec trop de soumission; l'un croyait à une nature des choses, l'autre ne croira qu'à des circonstances. »

Montaigne, je le crains, n'eût pas été du même avis que Mme de Staël. Si nous ne nous restreignons pas à dire quelles ont été autour de lui les circonstances et comment elles ont dû le façonner, si nous prenons sur nous d'ajouter qu'il aurait mieux fait d'agir autrement en telle ou telle occasion, il faut nous résigner d'avance à subir quelques-uns de ses traits les plus acérés; il nous accusera de ne savoir pas nous mettre à sa place, de vouloir lui appliquer notre propre mesure et le régenter, comme si nous valions mieux que lui! « Il semble à chacun, nous dira-t-il assez rudement, que la maîtresse forme de l'humaine nature est en lui; selon elle il faut régler toutes les autres; quelle bestiale stupidité! » Vous voyez qu'il est en colère ; et il reprendra : « O l'ânerie dangereuse et insupportable ! »

Que faire ? A tout risque, quand nous rencontrerons, dans la vie comme dans les idées de Montaigne, des questions qui se soulèveront d'elles-mêmes devant nous, il faudra bien les discuter. J'en prends tout de suite un exemple. Un savant et habile écrivain, M. Grün, a publié tout un volume sur la vie publique de Montaigne. Mais Montaigne a-t-il eu vraiment une vie publique ? A-t-il pris aux affaires de son temps toute la part qui lui revenait ? Son temps était troublé, terrible, cruel jusque dans la paix, comme dit Tacite ; eh bien ! parce que les bons citoyens étaient alors plus rares et plus nécessaires, en serons-nous donc plus prompts à donner quittance à Montaigne de ses devoirs de citoyen ? N'a-t-il pas au contraire trop complaisamment profité de la tempête pour fuir la mer, et nous laisserons-nous persuader sans peine que son honnêteté, son humanité, son désintéressement seuls l'aient attaché au rivage ?...

Est-ce à dire d'autre part que la naissance, la fortune, les dons de l'intelligence condamnent forcément ceux qui les ont reçus en partage à un genre de vie où ils ne se plairaient pas, et que tout gentilhomme, tout bourgeois aisé, tout homme d'esprit qui ne veut point mettre la main aux affaires publiques soit un traître ? Je ne dis point cela, mais je nie qu'il soit un sage. Je nie qu'il y ait de la vertu à s'abstenir d'un devoir, et j'affirme que c'est un devoir de faire pour le bien de la société où nous avons rang tout ce qui est en notre pouvoir.

* * *

Prenons Montaigne comme il aime à prendre lui-
même les hommes et les choses dont il parle, comme
il nous engage constamment à les prendre, je veux
dire en gros et selon leur première figure, par un
large à-peu-près qui les laisse subsister devant notre
esprit avec tous leurs éléments confus, dans leur
chaos naturel et vivant; prenons, dis-je, Montaigne
ainsi, d'après son exemple et son conseil : que pen-
serons-nous de lui après cette épreuve? Sans doute
nous pourrons ensuite et peut-être nous devrons
essayer encore sur lui ces examens d'une autre sorte,
ces analyses méthodiques, ces jugements raisonnés
et résumés dont il a, pendant toute sa vie, si habilement contesté la valeur; mais encore un coup et
avant tout, prenons-le comme il veut être pris,
jugeons-le comme il veut que tout soit jugé; il lui
faut d'abord subir les lois qu'il a faites et qu'il nous
apprend.

* * *

Mais que vais-je faire? Vouloir mettre Montaigne
au pied du mur, c'est prouver par avance qu'on ne
le comprend pas. Cet esprit subtil et fuyant se déro-
bera à ma recherche et à mon effort. Il a pris
ses précautions contre les questions dont je voudrais le presser. Je ne saurais lui en adresser une
seule qui ne soit déjà déjouée par le nombre et la
variété des réponses. Il me prodiguera les aveux, il
ira au-devant de mes reproches, il me suggérera
contre lui-même des difficultés auxquelles je n'aurais

peut-être pas pensé, et sans autre plaidoirie il aura
gagné l'auditoire et le jury, il sera sûr de son acquit-
tement et des applaudissements, et j'en serai pour
mes frais de réquisitoire. Montaigne n'est pas réfu-
table comme Descartes ou Spinoza : comment réfuter
celui qui n'a pas prétendu prouver? Causez avec Montaigne : c'est un homme du monde et un homme d'esprit, et de son entretien il vous restera toujours
quelque chose, plus et beaucoup plus que vous ne
croyez. Mais voici mon premier scrupule, et j'ai bien
peur qu'il n'emporte tout. Sommes-nous ici-bas pour
causer? Évidemment tout le livre de Montaigne est
ruiné, sa manière de vivre n'est pas louable, son état
d'âme n'est pas sain, son jugement n'est pas éclairé,
pour peu qu'on admette qu'il y a un but de la vie
humaine, un but quelconque, et que nous ne sommes
pas, tous tant que nous sommes, des accidents inutiles
et des forces qui peuvent rester inertes sans nuire à rien.

Ce qui m'irrite le plus, c'est que ces doctrines-là se
donnent pour le résultat et le résumé de l'expérience
humaine, de la plus universelle et plus positive
sagesse à laquelle nous puissions atteindre. Et de
quel droit, je vous prie, se pavanent-elles ainsi? Elles
sont au contraire la sagesse très capricieuse et très
courte de l'individu, et le résultat de son expérience
légère. Ce qui rend les hommes pessimistes, 99 fois
sur 100, ce sont les déboires de l'égoïsme et de l'orgueil. Qui veut vivre simplement en homme, qui se
résigne à n'être rien de plus, mais se résout à n'être
rien de moins, celui-là n'a point à craindre le découragement ni le dégoût.

* * *

Quiconque veut parler de Montaigne doit commencer, continuer et finir en disant qu'il est charmant. Écoutez ses contemporains, consultez ses lecteurs d'autrefois ou d'aujourd'hui, ouvrez ses Essais à votre tour : tous les témoignages s'accordent, chaque expérience nouvelle les confirme, il faut reconnaître en Montaigne un don incomparable de plaire, et de plaire à ce point qu'on peut devenir clairvoyant, sévère même pour ses défauts, sans échapper encore à son attrait. Ses moyens de séduire sont si variés qu'il est presque sûr de ne laisser échapper personne ; on se sent à chaque instant tenté de lui pardonner ce qu'on lui reproche ; il a une manière à lui de porter ses défauts mêmes et de les tourner en grâces inattendues, comme cette dame dont parle Bussy qui fut la première à s'embellir d'un menton pointu. Comme il nous accoutume à chacun de ses torts avant de nous laisser penser à le juger ! Comme nous nous avisons tard qu'il serait peut-être utile de les mettre ensemble et d'en faire la somme ! Et si vous vous voyez sur le point de le blâmer nettement, quelle crainte singulière vous saisit ! Blâmer Montaigne, n'est-ce pas de quoi donner à croire que quelques-unes des fibres humaines sont en vous tout à fait engourdies ? Vous auriez beau être contents de vous-mêmes : quand vous serez pour la première fois mécontents de Montaigne, vous douterez d'abord cruellement de votre bon sens et de votre bon goût. C'est avec les gens aimables que les procès sont les plus dangereux, et évidemment Montaigne était et reste dans son livre un des hommes les plus aimables qui aient jamais vécu.

Mais, à force de plaire, Montaigne a fait bien davantage : il a agi, lui qui ne s'en souciait guère; il a été puissant, lui qui redoutait et fuyait tout pouvoir comme une charge gênante, et, du fond de son manoir gascon, ce gentilhomme oisif a contribué au moins autant qu'aucun autre à donner aux esprits en France quelques-unes des impulsions les plus décisives dont ils se soient ressentis depuis trois cents ans. C'est même une des parties les plus originales de la gloire de Montaigne que ce contraste entre son dessein et l'influence qui lui est échue. Que Descartes ou Voltaire aient souverainement propagé autour d'eux et après eux, l'un la discipline hardie qu'il avait imposée à sa raison, l'autre l'agitation universelle de son âme ardente et mobile, quoi de plus simple? Nous voyons au premier coup d'œil qu'ils ont voulu ce qu'ils ont fait et qu'ils avaient le parti pris comme le don de mettre les autres au ton de leur propre génie. Avec Montaigne il en va bien différemment. Il a séduit tout le monde en ne voulant que se plaire à lui-même; jamais il n'a souhaité que personne lui ressemblât. Il ne s'est proposé que de vivre à sa guise et de se survivre dans son portrait signé de lui, et c'est de ce dessein tout personnel, où il entendait se restreindre, qu'il est sorti malgré lui pour répandre au loin son exemple et ses idées et pour devenir un des maîtres de l'esprit français. Il l'est devenu, en effet, et il n'en faut pas davantage

pour qu'on soit en droit de tenir tête à sa magie et
de discuter avec lui.

Cela rend l'étude de Montaigne à la fois très importante et très délicate. On ne saurait sans injustice lui
demander compte de tout ce qu'il a fait, on ne saurait
sans complaisance s'en tenir à ce qu'il a voulu. Il
faut sentir son charme pour comprendre son rôle, et
pour le juger il faut s'en affranchir. Il faut laisser à
ses idées leur indécision et montrer comment elles
n'en ont été que plus efficaces, et dans quel sens. Il
ne faut pas confondre Montaigne avec ses disciples,
mais il faut expliquer en quoi ils lui appartiennent, et
comment il a favorisé ce qu'il redoutait le plus, les
nouveautés et les révolutions. Pourquoi ne pas dire
le mot? C'est un procès de tendances qu'il faut
intenter à Montaigne.

* * *

J'avouerai sans précautions mon dessein. J'admire
beaucoup Montaigne, mais je suis persuadé qu'à tout
prendre on se fait de lui une trop haute et trop belle
idée. Sans doute c'est un travail ingrat et toujours
suspect que celui de discuter une gloire établie. On
a l'air de se croire seul sagace et seul indépendant, de
prendre un plaisir malsain à rabaisser ce qui ravit
tout le monde, de chercher à tout prix la nouveauté;
et comment ne s'attendrait-on pas à être accusé par
les autres de présomption, de dénigrement ou de paradoxe quand on a commencé par s'en accuser soi-
même et par résister au mouvement de son propre
esprit comme à une tentation qui allait le mener à

mal? Si j'ai besoin d'une excuse auprès de ceux à qui Montaigne est cher, voici la seule qui me paraisse propre à les désarmer. C'est peu à peu et presque à mon insu que j'en suis venu à penser de lui ce que j'en pense aujourd'hui, c'est à mon corps défendant que je m'y suis arrêté, et en me rappelant ma première lecture des Essais, je m'étonne encore qu'un tel enchantement puisse se dissiper, ne fût-ce qu'à demi.

Montaigne est, vers les années de la rhétorique, une lecture de vacances, et quand on l'aborde alors pour la première fois, il semble qu'on sort enfin de l'école et qu'on entre dans le monde avec lui. Voilà donc les Essais entre les mains du jeune homme tout impatient de ne plus recevoir de leçons et d'apprendre autrement qu'au collège. Comment ne croirait-il pas que Montaigne est justement le maître qui lui convient, puisqu'il est évident que ce n'est pas un maître? C'est un vieillard sans doute (il a commencé de très bonne heure à le dire), mais un vieillard qui regrette avec tant de passion sa jeunesse, et qui parle de son expérience, de son désenchantement, de ses plus amères pensées, avec tant d'entrain et de grâce, que son lecteur novice se sent tout de suite à l'aise. La vieillesse de Montaigne ressemble à la vertu d'Elmire : elle n'est point diablesse, il s'en faut de beaucoup; elle admet la camaraderie, comme Elmire laisse dire les amoureux. Mais vraiment je fais tort à Elmire ; Montaigne est bien plus provocant, bien moins mesuré, bien moins sûr de lui et de ses points d'arrêt. Elmire ne badine que parce qu'elle est certaine de ne point glisser; Montaigne essaie toutes les pentes et aime à jouer avec le danger.

Eh! oui, sa figure vraie, telle qu'elle ressort à mes yeux des faits regardés en face et des textes étudiés de près, ne ressemble pas de tout point à ses portraits les plus célèbres, quoique quelques-uns soient d'un art achevé; elle ressemble encore moins à cette image courante et flottante qui répond au nom de Montaigne dans l'esprit de ceux qui n'ont point lu les Essais; et surtout elle ne ressemble pas du tout au Montaigne canonisé et adoré par la petite église de ses dévots particuliers, qui sont très fiers d'avoir été dressés par lui à ne jurer par la parole d'aucun maître, mais très naïvement entraînés à jurer toujours par la sienne, et à trouver mauvais qu'on ne les imite pas.

* * *

Que Montaigne, comme écrivain, soit profondément original, j'ai hâte de le dire. Que son caractère, avec tous ces mélanges de dons contradictoires et dans l'exacte nuance où il doit être peint, soit très original aussi, cela ne fait pas l'ombre d'un doute. Que son rôle et son influence soient encore une originalité de plus, et qui peut à peine être exagérée, je ne me suis pas fait faute de le montrer. Voilà trois points que je tiens pour acquis. Mais ceci, qu'en dites-vous? Ceci ne vaut il pas la peine d'être discuté? A quel point les idées de Montaigne sont-elles originales? A-t-il inventé ou emprunté? A-t-il ajouté ou répandu? A-t-il innové ou suivi? Est-il original autrement que par le style, l'humeur et le succès? Au

16

fond, combien de pensées de Montaigne qui soient à lui ?

* * *

En quoi consiste l'originalité de Montaigne, c'est ce qu'on sent plus aisément qu'on ne l'exprime, et cependant il faut l'exprimer. Je sais bien qu'en pareille matière il y a un moyen commode de se tirer d'embarras : à bout de définitions, la critique se rejette sur le « je ne sais quoi » ; à bout de couleurs et de nuances, celui qui veut faire un portrait parle de la vie et de ses aspects multiples et de ses mystères insaisissables. La tentation est forte quand il s'agit de Montaigne. Le « je ne sais quoi » et la vie abondent en lui. L'image qu'il a laissée dans tous les esprits justifie par avance, tant elle est à la fois confuse et colorée, celui qui emploierait ces mots pour le congédier. Mais à quoi bon, si c'est pour s'en tenir là, écrire un volume sur Montaigne?...

* * *

Montaigne, un original qui s'enferme pour rédiger l'avis de tout le monde.

* * *

Le lieu commun est la fausse monnaie des vérités universelles.

* * *

Est-ce que Montaigne plane au-dessus de ses propres opinions? Ou s'en va-t-il seulement visiter le nid des autres et y faire ses œufs? Est-ce un aigle? Est-ce un coucou?

* * *

Comment Montaigne, ses écrits, ses exemples, ont-ils pu devenir chers aux esprits libéraux et même leur rendre service? Par cela seul qu'il y a en Montaigne une très vivante et indiscutable personnalité. Il a beau la méconnaître, la railler même, la traiter d'illusion : elle survit à cette ignorance de soi où elle semble s'abîmer, elle déborde, elle éclate de partout. Sous la devise du γνῶθι σεαυτόν, c'est un *moi* qui s'ignore; mais sous la devise du *que sais-je?* c'est un *moi* qui se prouve en marchant. L'égoïsme de Montaigne a contre-balancé son scepticisme.

* * *

Je reproche à Montaigne d'avoir pris la parole sans savoir ce qu'il devait dire et de s'être mis à endoctriner les autres avant d'avoir une doctrine à lui.

* * *

Si je vois bien Montaigne tel qu'il était, voici, je crois, un de ses plus grands et plus rares mérites : je puis écrire tout ce que je pense de sa personne, de ses idées, de son influence, je puis me figurer qu'il lit par-dessus mon épaule à mesure que j'écris, et quelle que pût être la sévérité ou l'impertinence de mes opinions à son sujet, je ne craindrais point qu'il se fâchât contre moi pour cela.

* * *

... Celui qui étudie seul et pour lui-même ne va jamais ni au fond des choses ni au bout de sa propre pensée, ou s'il y va, il ne s'y tient pas, il la dépasse, il l'outre à son insu, autre péril plus grave encore. Nous avons également besoin d'être stimulés et contenus par les autres, d'être à chaque instant ramenés à la mesure et poussés au but par ceux qui cheminent avec nous : chaque esprit, livré et réduit à lui-même, s'arrête à mi-chemin ou s'égare à l'infini.

Montaigne lui-même n'en est-il pas la preuve? Et personne a-t-il mieux vérifié le *væ soli* de l'Écriture? Voilà un esprit hardi et sensé, naturellement libre et sans insolente présomption, capable d'observer les faits et capable aussi d'interroger la raison, doué à un degré rare du talent de communiquer sa pensée, désireux de trouver et d'exciter la sympathie; et tout cela, pour aboutir à quoi? à un système où les hardiesses tournent en fantaisies et le bon sens en poltronnerie intellectuelle, à une indépendance nonchalante et à une modestie dédaigneuse, à un empirisme sans résultats et à des questions sans réponses, à un talent qui embrouille au lieu d'éclairer, à une vie dont le résumé véritable est une énigme morale : l'égoïsme dans la bonté.

* * *

Voici un vers de Juvénal qui convient on ne peut mieux à Montaigne :

Nocte dieque suum gestare in pectore testem.

Et mon reproche, c'est que ce témoin assidu que Montaigne porte en soi et qu'il écoute d'une si fine oreille ne dépose point devant un juge et n'est qu'un témoin inutile consulté par curiosité.

* * *

Quels peuvent bien être les titres de Montaigne à la reconnaissance et au respect de la société moderne? Ne semble-t-il pas plutôt en avoir retardé qu'activé les progrès et démenti plutôt qu'encouragé les ambitions? Il prêche contre la nouveauté, contre le désir et l'espoir du mieux, contre la foi en une justice supérieure à l'usage, contre toute hardiesse de demander aux faits leur raison d'être et leur droit. Cela est vrai, et je l'en blâme. Mais ces conseils, ces lâches conseils d'un conservateur effrayé, il les dément à chaque page par les exemples qu'il donne de libre critique et de sincère examen....

* * *

Montaigne a fait un chef-d'œuvre plus soigné qu'il ne l'avoue, moins profond et moins original qu'il ne semble, et, quand même on lui refuse obstinément le titre de sage, il reste encore, après trois siècles, un enchanteur qu'on a de la peine à exorciser.

* * *

Montaigne est notre Hamlet. *Mutatis mutandis,* c'est bien cette même maladie de rester continuellement replié et penché sur soi-même, cet abus de la réflexion qui fait des lâches, ces couleurs natives de la volonté toutes blêmies par le pâle reflet de la pensée, cette préoccupation de la mort et du pays inconnu d'où nul voyageur ne revient....

Hamlet est un Montaigne qui aurait pu s'entendre

avec Pascal. Montaigne est un Hamlet avec qui
Horace se serait entendu.

* * *

Je chercherais vainement à m'en défendre : la première leçon que l'on reçoit de Montaigne, et, si vous
voulez un *confitentem reum*, la plus dangereuse douceur par où il nous allèche, c'est l'habitude de trouver
tout de suite des objections à la pensée que vous
venez d'avoir. Il y excelle, il s'y complaît, il est passé
maître dans l'art de se réfuter soi-même et de sus-
citer en son esprit une suite infinie de petites guerres
intestines. Non seulement on s'y accoutume, mais on
finit par y prendre goût et par en avoir besoin.

* * *

Montaigne a tant d'attraits par lesquels il prévient
et s'attache tant de sortes d'esprits, qu'il y a sans
doute quelque maladresse à avouer tout d'abord qu'en
l'étudiant de près on lui est devenu moins favorable,
moins sympathique à son caractère et à la manière
de vivre qu'il a choisie, moins convaincu de sa
sagesse, moins disposé à le remercier et à nous féli-
citer de sa longue et profonde influence. Nous ne
savons guère, en face de ce qui nous plaît ou de
ce que nous admirons, nous en tenir au plaisir ou
à l'admiration même. Nous y cherchons toujours
quelque chose de plus et un titre nouveau à d'autres
sentiments. Nous nous ingénions de notre mieux à
estimer ce qui nous paraît aimable et à mettre notre
confiance là où nous reconnaissons le génie. Un

panégyriste récent de Montaigne, après avoir cité
quelques lignes de lui, s'écriait avec une naïve
emphase : « Est-on libre de ne pas adopter une opinion arrangée avec cet esprit? » Ou la critique ne sert
à rien, ou elle sert précisément à nous empêcher de
perdre cette liberté-la. C'est l'art de l'admiration réfléchie, et il faut qu'elle nous apprenne tout ensemble à
posséder les belles œuvres et à n'en être point pos-
sédés. C'est un des plus honorables travers de l'esprit
humain, et même en s'assurant qu'il n'y faut pas
céder en aveugle, celui-là serait plus aveugle encore
et bien malheureux qui n'y verrait qu'une faiblesse
et qu'une erreur. Au fond, l'homme croit naturellement, irrésistiblement, à l'unité de l'homme et à
l'harmonie des vérités diverses. Quelqu'un montre-t-il
une qualité qui nous touche ou un talent qui nous
frappe? Nous nous comportons envers lui comme s'il
allait sans dire que cette qualité en entraîne d'autres
et que ce talent les suppose tous. Pourquoi le succès
fait-il croire au droit? Est-ce lâcheté pure? Pourquoi
ce qui est évidemment beau passe-t-il pour bon si
aisément? Est-ce pure duperie? Non, c'est que, grâce
à Dieu et malgré nous, dès l'enfance et jusqu'à notre
dernière heure, nous sommes des logiciens, la plupart
du temps, il est vrai, des logiciens sans le savoir,
mais notre seul tort est de ne le savoir pas et de ne
pas veiller à bien raisonner, puisque, bon gré mal gré,
nous raisonnons toujours,....

* * *

Si, en étudiant un homme et un écrivain tels que
Montaigne, on réussissait à prouver un peu mieux ce

que tout le monde sait, à corriger avec quelque vrai-
semblance ce que tout le monde dit, à mettre un peu
de netteté dans le portrait de Montaigne, un peu
d'ordre dans ses idées, un peu de liberté dans le
jugement qui en résulterait, quand même on n'y
réussirait qu'à demi et même après une longue
étude, ce serait assez, ce serait beaucoup. Quand il
s'agit d'un livre récent et qui appartient à un genre
nouveau, la critique peut influer fortement sur l'accueil qu'il reçoit. Elle doit donc prendre résolument
parti et pousser à la roue ou barrer la voie, avant
que l'élan décisif soit donné. Mais quand le critique
court à perdre haleine derrière un char de triompha-
teur, peu importe qu'il applaudisse avec la foule ou
que d'une voix tout d'abord perdue il rappelle à
César que César est un homme. Peu importe, et
cependant je ne sais s'il est un plaisir d'esprit plus
délicat ni plus honnête que de beaucoup travailler
et de réfléchir longtemps pour gagner un procès
considéré comme perdu d'avance....

* * *

En parlant de Montaigne deux fois par semaine,
j'ai senti de jour en jour ma conviction se former. En
l'écrivant à tête reposée, je l'ai vue s'accentuer encore
plus nettement En la relisant aujourd'hui, je serais
tenté de souligner plutôt que d'atténuer mes blâmes,
et à tout risque je les laisserai tels quels. Après tout
le risque est médiocre. On me reprochera sans doute
de n'être point assez séduit par le prodigieux esprit
de Montaigne et de n'être point assez converti à

cette profonde lassitude de tout, de laquelle il était presque aussi fier que de son esprit. Un peu plus d'âge et d'expérience d'une part, et de l'autre un peu plus de complaisance pour les jouissances littéraires, c'est là ce qui m'aura manqué, dira-t-on. Voilà mon bon sens et mon bon goût compromis du même coup. Si c'est là tout, je m'en console, mais voici ce dont je ne puis me consoler et que je ne pardonne pas à Montaigne. Avec un charme qui double le danger de son influence, il a faussé et compromis plusieurs vérités capitales. Il a pris position d'homme impartial : je ne lui pardonne pas les étroitesses de l'esprit de parti. Il a pris position d'homme qui se connaît lui-même et se juge : je ne lui pardonne pas les duperies de l'amour-propre. Il a pris position de philosophe critique et pratique : je ne lui pardonne ni les crédulités singulières où il se complaît toutes les fois que la crédulité peut le tirer d'embarras, ni le scepticisme sophistique sur lequel il prétend ériger le culte de la tradition et du sens commun.

* * *

Pour mettre Montaigne au premier rang, il faudrait admettre un certain nombre d'axiomes auxquels je ne puis souscrire : la raison impuissante, le monde incompréhensible, la vie sans but, l'humanité marchant à reculons, l'indifférence érigée en devoir, la patrie indigne de préférence et de sacrifice, la science orgueilleuse, chimérique, inutile; en deux mots, le contrepied de notre credo.

* * *

Montaigne était de son temps et du nôtre en cela seulement que son esprit n'était pas toujours arrêté par un αὐτὸς ἔφα philosophique ou religieux. Il pratiquait consciencieusement cette liberté de penser qui devient, pour qui sait l'entendre, un devoir strict et le premier de tous.

* * *

Ce dont nous avons besoin aujourd'hui, ce sont des vérités et des exemples qui puissent rendre à l'âme humaine de l'ordre et du ton. Raisons lasses, consciences dénouées, imaginations surexcitées ou abattues, il faut nous détourner de ceux qui cherchent sans désir de trouver et qui trouveraient sans volonté d'obéir : nous avons besoin de philosophes qui croient à la philosophie, de religions qui ne soient pas des précautions, de lois qui ne soient pas des expédients. Ce n'est plus la légalité, c'est le dilettantisme qui nous tue ; il a tué l'Italie de la Renaissance, il tuerait la France de la Révolution, et, comme en parlant d'elle nous parlons de nous, il nous reste en présence de Montaigne à rentrer en nous-mêmes et à nous demander si vraiment il nous suffirait de nous connaître comme il s'est connu, de nous régler comme il s'est réglé, d'employer notre vie comme il a employé la sienne, pour nous croire dignes d'être appelés les Français les plus sages qui aient jamais existé.

* * *

« Il y a, dit l'Ecclésiaste, un temps pour chaque chose sous le ciel, un temps pour naître et un temps

pour mourir, un temps pour jeter des pierres et un
temps pour les ramasser. » Mais dites-moi : pour
jeter quelques pierres dans le jardin de Montaigne,
y aurait-il aussi un temps marqué? J'en ai peur.
Quelque soixante ans peut-être, ce serait le bel âge
pour plaider contre lui. On ne serait pas suspect
d'irrévérence ni d'inexpérience; on aurait vécu autant
que Montaigne et longuement songé à la revision de
ses sentences, et sans se fâcher outre mesure, mais
sans craindre non plus de se voir réfuter sommaire-
ment par un : « Allez! allez! vous verrez plus tard! »
on dirait à Montaigne,... oui vraiment on lui dirait
tout en face, et ce serait son plus grand éloge, car
avec sa vanité babillarde et coquette il n'en est pas
moins, de tous les hommes célèbres, celui qui aurait
pris le plus de plaisir à être scruté et discuté librement, et de qui l'on aurait le plus aisément obtenu de
nouveaux aveux outre ceux qu'il nous a déjà offerts....

* * *

Je voudrais avoir soixante ans, car Chicaneau a
raison, c'est le bel âge pour plaider, et surtout pour
plaider contre les pessimistes. Je m'en sentirais plus
à l'aise pour discuter avec Montaigne, et je ne m'ex-
poserais pas à entendre dire que, si je pense autrement que lui, mon âge fait mon excuse et le sien son
autorité. Mais c'est justement à son autorité que
j'en veux; elle est de faux aloi, selon moi, elle tient
au charme de son imagination qui est restée jeune
et à ce préjugé de sagesse dont profitent les uns après
les autres, depuis tant de siècles, tous les esprits qui

se disent revenus de loin et guéris de leurs illusions. L'expérience de Montaigne, sa maturité, sa modération, tion, sa liberté d'esprit, son humeur impartiale, voilà autant d'éloges proverbiaux contre lesquels on a mauvaise grâce à réclamer, même timidement, et dans cet embarras je ne vois d'autre issue que d'essayer à serrer de près chacune des principales questions sur lesquelles Montaigne a dit son mot.

* * *

Oui, j'en veux à Montaigne, je lui en veux justement à cause de sa valeur même et de son charme. Il a rendu le doute délicieux, il a donné à l'indifférence un air de modération et de sagesse, il a confondu tout ce qu'il faut distinguer en ce monde, il a mis en lutte tout ce qu'il faut concilier, et pour l'achever de peindre, il s'est fait une incomparable renommée de bon sens, de jugement sûr, d'étendue et de profondeur, à laquelle il est si difficile de se soustraire que j'ose à peine, après une longue étude, dire hautement et brièvement : non, non, Montaigne n'a ni toutes ces lumières ni toute cette solidité qu'on lui prête.

* * *

Montaigne a été une des maîtresses plutôt qu'un des maîtres de l'esprit français.

* * *

Montaigne homme de génie dans la famille des amateurs et homme d'honneur dans celle des égoïstes, très heureux de n'avoir point eu de passions fortes à

contenir, car il n'aurait eu à leur opposer que des
digues de sable mouvant, critique délié plutôt que
témoin impartial, n'étant né ni pour agir ni pour
juger, mais pour causer au jour le jour et au hasard,
peintre chatoyant d'une âme de caméléon bon compagnon, mais mauvais guide.

* * *

L'Empereur disait un jour à M. de Narbonne :
« Ah çà, mon cher Narbonne, on m'assure que votre
mère ne m'aime pas. — Il est vrai, Sire, répondit
celui-ci sans se troubler, ma mère en est restée à
l'admiration »; et l'Empereur se tint pour satisfait,
soit qu'il fût au fond très indifférent à tous les sentiments de Mme de Narbonne, soit que l'admiration lui
parût en tout cas plus flatteuse que l'affection et plus
désirable.

Je voudrais être sûr d'obtenir aussi aisément mon
pardon si j'en reste envers Montaigne au même point
que Mme de Narbonne envers Napoléon.

Mais admirer Montaigne et ne l'aimer pas, c'est
précisément ce qui semble à première vue le comble
du paradoxe et de l'injustice. Montaigne est en France
comme Horace à Rome l'homme à qui ses écrits ont
fait le plus d'amis, non seulement d'amis illustres et
de qui chaque nom a du poids, mais aussi d'amis
obscurs dont le nombre effraie....

* * *

Pourquoi donc ne saurait-on dire qu'il faut admirer
Montaigne plutôt que l'aimer, sans que cela semble

un paradoxe et presque un blasphème? Par quelle illusion, par quel prestige s'est-il rendu si charmant et si cher à ceux qui le lisent et qui croient, en le lisant, le voir et vivre avec lui? Le talent seul, le génie même ne suffit pas à expliquer ce trait singulier de la gloire de Montaigne, ce don de se faire considérer à la fois comme un grand esprit et comme un bon compagnon, comme un homme qui vient de très haut se mettre à notre portée et nous engager à entrer de plain-pied en conférence avec lui. Sans doute son genre de talent et de style y est pour beaucoup. Quand on sait forcer le langage familier à exprimer tout ce qu'on veut sans avoir l'air ni d'accomplir un tour de force ni de rabaisser ce que l'on pense, on a déjà sur les âmes une prise à laquelle bien peu d'entre elles peuvent échapper. La bonhomie dans la grandeur est une séduction suprême, et rien ne nous flatte et ne nous retient comme de nous sentir par quelques côtés les pareils de ceux dont nous ne nous sentons pas les égaux. Il parle notre langue! Il prend ses comparaisons parmi les objets qui nous sont familiers! Il a une chatte avec laquelle il joue, et il se demande même si ce n'est pas elle qui se joue avec lui! Et de tous ces détails si menus et si simples, de ces esquisses domestiques, de ces silhouettes multipliées de Montaigne au coin de son feu, de ces couleurs flamandes il a composé une peinture si puissante et si chaude, un spectacle si saisissant que nous lui en savons gré pour notre propre compte comme s'il avait du même coup élevé notre vie avec la sienne à la dignité d'un chef-d'œuvre et d'un grand sujet de méditation. Montaigne nous persuade qu'une vie basse et sans lustre, par cela seul qu'elle est humaine, vaut la peine d'être considérée et décrite et que, pour la bien décrire, ce n'est point trop des dernières finesses ni de l'extrême éloquence de la langue la plus complète qui fut jamais. A Dieu ne plaise que je lui en fasse un reproche! C'est ce qu'il y a de plus durable et de meilleur dans son génie, dans son influence, dans sa gloire, et si, en l'étudiant, en se pénétrant de son esprit, en l'imitant autant qu'il peut être imité, on ne s'exposait qu'à entrer dans ses sentiments à ce sujet, il faudrait, au lieu de discuter avec lui, se mettre à sa suite et à sa merci.

* * *

Montaigne m'amuse, m'entraîne, me charme, me séduit, m'étonne, et je l'admire de toutes mes forces. Mais, Dieu merci, je ne l'aime pas, et je soutiens qu'il est un exemplaire parfait d'une certaine espèce d'hommes qui sont aimables et qui ne sont point dignes d'être aimés. Il suffit, pour être aimable, d'avoir le commerce facile, les agréments de l'esprit, et cette honnêteté moyenne qui s'arrête à ne point tromper. Mais pour être digne d'être aimé, il faut quelque chose de plus : il faut, avant tout, ne point s'aimer par-dessus tout et offrir aux autres des régals plus chers que les restes d'une âme qui a commencé par se rassasier d'elle-même. Or, ce qui me choque dans Montaigne, c'est l'égoïsme, non pas naturel, involontaire, tel qu'il est hélas! en chacun de nous, mais l'égoïsme savant et triomphant, porté au dernier degré de la diplomatie et de l'art, tournant tous les obstacles, érigé en principe de sagesse et de vertu, et j'avoue que je me résigne avec peine à penser qu'il est téméraire de dire de Montaigne : je ne l'aime pas.

* * *

J'ai pris plaisir à causer de Montaigne avec des hommes très divers par l'âge, par le caractère et par les opinions, et j'ai bien mal entendu ce qu'ils m'ont dit, si ceci n'en est pas un résumé fidèle : Montaigne est plus aimable que digne d'être aimé. Il entre aisément dans la plupart des âmes et s'y établit à petit bruit ; mais il y entre par la porte basse ou par quelque brèche, et ceux qui le voient logé chez eux et désormais inexpugnable ont presque toujours l'air de ne s'en savoir pas très bon gré ; ils prennent en parlant de lui ce ton qu'on a lorsqu'il faut présenter à ses amis quelqu'un avec qui l'on s'est lié de raccroc et qui ne vous fait pas beaucoup d'honneur. L'admiration pour Montaigne ne va guère sans un peu d'excuse, et ceux-là mêmes qui en font profession semblent souvent s'en confesser.

Pourquoi cela, je vous prie? Qu'a-t-il donc, ce Montaigne, ou que lui manque-t-il? Montaigne a l'esprit sagace, subtil, profond, curieux ; mais en l'exerçant il s'est fait mal, il a souffert de ce qu'il a vu, il s'est rendu compte que, pour voir à fond ou seulement un peu plus loin que les autres, il fallait prendre beaucoup de peine. Les yeux sont bons et très bons, mais Montaigne a mal aux paupières.

* * *

« J'ai pris Montaigne, me disait l'un, en 1852 ; tout ce que j'aimais était détruit, tout ce que j'espérais était tourné en dérision ; j'ai pris Montaigne, et pendant deux ans je n'ai pas pu le quitter. C'était amer, mais c'était doux ; je jouissais avec rage de toutes ces déceptions d'autrefois, je savourais comme un vin vieux ce mépris trois fois séculaire pour l'espèce humaine et toutes ses poursuites, je lisais et relisais ces pages pleines d'ironie et de lassitude comme si Montaigne y avait dit le dernier mot de ma propre vie en même temps que de la sienne. »

Ainsi me parlait, il y a quelques jours à peine, un républicain de la meilleure espèce, et au fond, ce qu'il me disait ainsi, vous le retrouveriez dans la bouche de bien d'autres hommes qui avaient mis ailleurs que lui leurs espérances et leur foi. Montaigne est essentiellement une lecture de lendemain de révolution, une lecture de gens vaincus et abattus qui ne pensent pas encore et croient ne devoir jamais penser à relever les ruines dont ils sont entourés. Et sa supériorité, c'est que la révolution peut être ce qu'elle voudra, chute d'une antique monarchie, d'une aristocratie habile, d'une liberté puissante, d'une religion qui passait pour descendue du ciel, ceux qui auront à s'en plaindre trouveront dans Montaigne tout ce qu'il leur faudra pour se moquer un peu de leur idole détruite, quelle qu'elle soit, et pour accabler de mépris leurs contemporains coupables. Car Montaigne est ainsi, se faisant honneur d'être désabusé

17

de tout, et faisant aux autres un grief de ce qu'ils ne veulent pas se laisser abuser.

* * *

Plus on sent le charme de Montaigne et le pouvoir de son talisman, mieux on comprend qu'il ait pu faire illusion. Personne n'est plus insinuant avec un air de brusquerie; si vous lui laissez prendre un pied chez vous, il en aura bientôt pris quatre, et vous courez le risque de vous éveiller un matin disciple de Montaigne sans savoir pourquoi et sans savoir où cela vous mène.

* * *

Je me donne pour son très sincère admirateur, mais je ne tiens pas à passer pour un de ses disciples, pas même pour un de ses amis.

* * *

Alfred de Musset a dit en deux vers tout ce que je pense de Montaigne :

> Le mal des gens d'esprit, c'est leur indifférence;
> Le mal des gens de cœur, leur inutilité.

J'aimerais mieux seulement qu'au lieu des gens de cœur il eût nommé les gens d'honneur, et même qu'il eût trouvé quelque autre mot pour désigner cette race délicate et susceptible de ceux qui se croisent les bras de peur de se salir les mains et mettent leur dignité à ne point toucher au mal, même pour le guérir ou pour l'atténuer. C'est une erreur digne de respect, c'est un tort qui avoisine une vertu, mais ce n'en est pas moins un tort et une erreur, d'autant plus

graves qu'ils s'enracinent dans les plus nobles parties de l'âme humaine et dépensent sa sève en fruits
amers qui ne sont pas nourrissants. Nous avons été
créés pour agir, et cela est si vrai que nous agissons
malgré nous, lors même que nous nous abstenons.
Renoncer à la résistance, c'est fortifier l'attaque.
Quand vous jetez vos armes, vous passez à l'ennemi.

* * *

Esprit rare et qu'on a cru grand, mais plus mobile
qu'étendu, qui se transporte d'un point à l'autre avec
une singulière rapidité et se multiplie à l'infini, sans
garder de ces aventures diverses une mémoire assez
exacte pour en tirer une vérité d'ensemble. Les Essais
n'aboutissent pas.

* * *

Montaigne a, dans notre littérature, une place à
part. Il est pour ainsi dire le suppléant attitré de tous
les professeurs dont on ne veut pas. Le lire, c'est se
dispenser d'étudier, et quand quelqu'un pense que la
philosophie, la théologie, la politique, la législation,
l'histoire ancienne, la critique littéraire sont bien
longues à apprendre, bien obscures à comprendre,
et au fond bien creuses, il n'a qu'à ouvrir les Essais ;
il est sûr d'y trouver assez de toutes choses pour
pouvoir en causer et pour soutenir qu'il n'y faut pas
regarder de trop près.

* * *

Mais que l'on ne s'y trompe pas : ce que je discute,
ce que j'ose attaquer en Montaigne, ce n'est ni

l'indépendance ni la modération, et si je voudrais détourner de lui les esprits qu'il peut séduire, ce n'est point pour pousser personne à choisir entre ces deux extrêmes, le radicalisme ou la servilité. Plaise à Dieu, tout au contraire, que chaque jour le nombre s'accroisse des âmes tout à la fois libres et en équilibre, qui ne rompent leurs entraves que pour marcher plus ferme et plus droit, et qui justifient leurs rébellions, leurs hérésies, en proclamant tout de suite quelle autre loi elles reconnaissent et à quel ordre nouveau elles veulent se consacrer. Montaigne n'a rien à faire dans leurs rangs ni aucun hommage à réclamer d'elles. Car son indépendance n'est pour lui qu'un jouet et sa modération qu'un calcul. Il se modère pour vivre en paix, il s'émancipe pour vivre en joie, il lui faut cette indifférence pour assurer ses loisirs et cette critique pour les occuper; gagner du temps, voilà le mobile de sa politique conservatrice; tuer le temps, voilà le but de sa philosophie discursive; on n'a jamais porté plus bas de si beaux drapeaux.

* * *

Au fond, ce que je reproche à Montaigne, il ne le nierait pas, il l'avoue, il en fait gloire, c'est sa manière de comprendre la sagesse, c'est ce qui lui a valu l'admiration de Pascal, c'est en deux mots le mépris de l'homme, je ne dis pas le mépris de tel ou tel homme, de telle ou telle nation, de telle ou telle église, de tel ou tel siècle, mais de l'humanité prise en son ensemble, de ses facultés, de ses plus hautes visées, de sa destinée tout entière. Il ne faut pas, en

lisant Montaigne, se laisser duper par l'apparence
de sa bienveillance et de sa bonne humeur : il n'est
indulgent et gai que par mépris, et il n'est méprisant
que parce qu'il est frivole, et il n'est frivole que parce
qu'il est égoïste, et parce qu'il ne veut accepter
aucune idée qui lui coûterait, à lui Michel de Montaigne, l'ombre d'un sacrifice ou d'un effort.

* * *

J'entends dire et je lis bien souvent que Montaigne
n'a tant de prise sur ses lecteurs que par son parti
pris de nous montrer et Montaigne et les hommes
dans leur *à tous les jours*, par son réalisme et son
pessimisme souriants, parce qu'il nous repose des
philosophies ambitieuses et guindées. N'en croyez
rien. Ce serait faire tort et à Montaigne et à ses lecteurs. S'il n'y avait dans les Essais que la nature
humaine déshabillée sans pudeur et disséquée sans
pitié, s'il ne nous avait ouvert là qu'un confessionnal
pour nos misères et nos petitesses, sa clientèle ne
serait pas si nombreuse depuis trois siècles, je doute
même qu'il eût pu suivre jusqu'au bout son dessein.
Il avait au contraire un vif sentiment, une vision
singulièrement poétique des belles choses qui sont
dans l'homme, de celles mêmes qu'il ne retrouvait
pas en lui, et il les rendait avec autant d'émotion et
d'éclat qu'il mettait de verve méprisante ou gouail-
leuse à nous rabattre le caquet.

* * *

Évoquer toutes les erreurs que les hommes ont
tour à tour conçues et l'une après l'autre répudiées,

les rassembler quelles que soient leur provenance et leur date, et de tous ces fantômes d'erreurs mortes qui n'ont plus de corps depuis bien des siècles façonner et dresser un spectre gigantesque d'erreur idéale et éternelle, pour jeter dans la panique et dans la déroute les esprits qui s'obstinent et s'enhardissent à conquérir pied à pied la vérité, c'est le procédé de Montaigne, et ce n'est pas sérieux.

Entendons-nous bien. Je ne fais point de réquisitoire contre la gaîté et la vivacité, au contraire. Je ne me plains pas de voir Montaigne étranger au style académique et compassé. Non seulement je goûte en Montaigne cette libre allure de la pensée et du langage, mais je vais plus loin, je goûte, j'admire dans Rabelais la puissance toute débridée d'un rire où se perdrait le rire d'Aristophane comme un chant de cigale au milieu d'une volée de mitraille. Ce que je reproche à Montaigne, ce n'est pas un manque de gravité dans le ton, de correction dans la tenue, ce n'est pas au nom du bon goût, du bon ordre, de la convenance et de la règle que je me plains, mais tout simplement et de bien plus haut, au nom de ces deux puissances que Montaigne passe pour avoir adorées entre toutes, au nom du bon sens et de la bonne foi.

* * *

En dernière analyse, ce que Montaigne nous conseille comme la sagesse même, c'est le mépris de la science et de la raison, le culte de la tradition et de l'instinct, la politique du *statu quo* quel qu'il soit et à perte de vue, la morale de l'intérêt personnel relevée de quelque fierté, l'inconséquence érigée en principe, l'égoïsme déguisé en indépendance, le nonchaloir sous le nom de modération, et sous le nom de foi simple et soumise un mélange de scepticisme raffiné et de pratiques sans pitié. Franchement toutes les grâces du monde ne suffisent pas pour rendre respectable un tel credo, et s'il fallait demander pardon pour quelques rudesses exercées envers celui qui l'a propagé, ce ne serait qu'une raison de plus pour s'irriter contre lui, car ce serait une preuve décisive de la complicité qu'il trouve dans nos cœurs et des ravages qu'il y a déjà faits.

* * *

Ce n'est pas seulement le XVIe siècle qui se personnifie en Montaigne aux yeux d'un grand nombre de ses admirateurs; il est aussi le meilleur représentant de l'esprit français, et l'on voudrait nous faire croire qu'après tout, chaque fois que nous serons sincères et sages, nous reviendrons et nous nous en tiendrons à cette sorte de philosophie dont les Essais sont inspirés. A Dieu ne plaise qu'un tel jugement se vérifie à l'avenir! Si notre histoire devait aboutir à un tel résultat, si, en dernière analyse, la figure de la France devait ressembler au portrait que je trace de Montaigne ou même à celui qu'il a peint de sa propre main, combien de nos plus grands génies et de nos plus beaux souvenirs, sans compter nos plus chères espérances, se trouveraient enveloppés dans une commune défaite! Que ce triomphe de Montaigne nous coûterait cher!

* * *

J'imagine cette hypothèse : Montaigne a réussi encore plus complètement que nous ne l'avons vu ; son influence plus répandue, moins contrariée, a pénétré et imbu à fond les esprits ; il a eu raison de tous et pleinement ; en deux mots, la France lui appartient, elle est faite à son image ; je vous la livre. Au nom du ciel, que ferez-vous de ce pays-là ? Quelle haute étude encouragée ? Quelle religion ou quelle philosophie ? Quel souci du bien public ? Quel espoir dans les crises ? Quel zèle dans les saisons de calme plat ? Quelle liberté servie malgré ses périls ? Quelle vertu privée en honneur malgré les sacrifices qu'elle exige ? Un Montaigne, je l'admire, tout en le discutant ; dix Montaignes, nous ne sommes pas loin de les avoir eus en petite monnaie ; mille Montaignes, je veux croire encore qu'on y pourrait survivre ; mais une nation de Montaignes, vous figurez-vous ce que ce serait et ce que leurs fils auraient de désastres à traverser pour sortir de la torpeur morale où de tels pères les auraient plongés ?

* * *

En somme Montaigne s'est trompé, et je ne vois pas une seule question, une seule doctrine importante où un esprit impartial puisse aujourd'hui se mettre d'accord avec lui. Ce qui le sauve et le maintient, c'est qu'il est en désaccord perpétuel avec lui-même ; il y a, dans son livre, tout un système d'idées organisées et coordonnées, et à travers ce système on voit circuler encore une masse flottante, diffuse, gazeuse, d'autres idées qui ne prennent ni corps ni rang, comme des nuages de matière cosmique qui continueraient à errer parmi le chœur régulier des astres solides. Chacun peut, dans cette création mêlée, choisir à sa guise et s'adresser selon ses goûts.

* * *

...Malgré cet étincellement continu d'un esprit prestigieux, sous ce luxe inépuisable d'une imagination vivante et riante, à travers toutes ces précautions d'un sens commun très positif et très subtil, Montaigne n'est pas heureux, Montaigne s'ennuie, et j'en suis bien aise. Ni ses doctrines ne lui ont donné la paix, ni ses habitudes, calculées et combinées en vue de sa satisfaction personnelle, n'ont pu le satisfaire, et quoiqu'il ait poussé jusqu'au paradoxe l'art de se détacher de tout, quoiqu'il soit difficile de nommer ou d'imaginer un homme qui ait mieux fait le vide autour de lui ni qui ait eu en lui-même plus de ressources pour s'occuper et se contenter dans ce volontaire isolement, c'est l'isolement, c'est le vide : en voilà assez pour que Montaigne souffre et pour que la nature humaine soit vengée. Je voudrais que son exemple fût invoqué, chaque fois que quelqu'un se reprend à nous prêcher ces vieilles maximes de misanthropie banale et de découragement prétentieux dont nous avons tous les oreilles rebattues. Il les a, lui aussi, et mieux que personne, mises en maximes et en pratique, et après tout il a été dupe de son scepticisme et de son égoïsme, comme on dit que les esprits convaincus sont dupes de leurs convictions et les cœurs dévoués dupes de leur dévouement. Tout le monde voudrait écrire comme lui : qui est-ce qui voudrait vivre comme lui? Je me trompe et j'ai tort, ils sont nombreux ceux qui s'accommodent à si bas prix, et ce qui me fâche, c'est que leur représentant soit presque universellement traité de sage, c'est qu'il y ait depuis trois cents ans un concert de louanges et comme une apothéose pour ce flatteur de la médiocrité, cet apôtre du laisser-aller, ce contempteur des hommes et de lui-même, à qui je ne pourrais pas pardonner l'oreiller qu'il a choisi, s'il avait réussi à y bien dormir.

* * *

Montaigne a beau faire et beau dire, ne faire que ce qui lui plaît et dire tout ce qui lui plaît, et jouir de sa santé, et lire sans fatigue, et écrire à son loisir, et penser à perte de vue, et mettre son âme en un tel état de repos et d'insouciance que ni la perte de ses enfants ni la Saint-Barthélemy ne le déconcertent : malgré tout cela, Montaigne s'ennuie, et j'avoue que j'en suis bien aise; c'est par là que dans la vie la justice éclate et ma conscience est satisfaite; je vois en lui le plus amusable des hommes et le plus amusant, véritable enfant que le moindre caillou égaie et qui a, de son propre fonds, une inépuisable gaîté à verser sur toutes choses. Mais il n'a voulu que s'amuser, glisser, oublier les heures et la mort, et il s'ennuie; je me sens vengé.

* * *

Qu'est-ce donc qui a manqué à Montaigne pour
rendre à la France de grands services dans cette
mêlée furieuse où elle était engagée? Deux choses
seulement, mais les plus grandes et les plus nécessaires : un peu de confiance dans le succès de la
vérité et du bien, et le don de s'oublier soi-même, de
faire passer quelque chose avant son propre repos.
Je ne sais pourquoi il semble que demander cela aux
hommes au nom de leur patrie, ce soit leur demander
un sacrifice étrange et exiger d'eux un héroïsme
exorbitant. Quoi de plus simple cependant? L'oubli
de soi, c'est l'étoffe même dont toutes les vertus sont
faites, et s'il fallait de l'héroïsme pour échapper à
l'égoïsme, il n'est point de devoir si quotidien, si
familier, si vulgaire, qui n'exige un héros. Aussi bien
c'est l'incomparable triomphe de la morale chrétienne
d'avoir attaqué le mal intérieur de l'homme à sa racine
en portant le fer et le feu jusqu'aux plus secrètes profondeurs de l'amour de soi; et elle aurait réussi bien
plus puissamment encore si, dans les développements
qu'elle a pris, elle n'avait pas préparé de dangereuses
revanches à son ennemi, en se laissant aller à nous
assigner le bonheur pour but. Je ne sais quel épicu-
réisme mystique s'est ainsi glissé au sein de la morale
chrétienne et en a dénaturé la primitive et sainte
énergie. Partout où elle prend le premier rang, cette
recherche du bonheur, fût-ce du bonheur céleste, est
corruptrice avant peu. A plus forte raison, la recherche
d'un bonheur purement présent, fût-il le plus sobre

du monde, et borné à une médiocrité à peine dorée. Voyez plutôt ce qu'elle a coûté à Montaigne. Elle ne lui a pas permis d'aller au bout de rien, elle l'a arrêté à moitié de tous les chemins ouverts devant lui; jamais, ni de la vie studieuse, ni de la vie active, ni de la vie domestique, ni de la vie contemplative, il n'a pris que ce qui lui plaisait, et jamais ce qui plaît n'est égal à ce qui sert.

* * *

Aurai-je réussi à exprimer l'idée que je me suis faite de Montaigne, et à la justifier? J'essaierai tout au moins une dernière fois de la présenter de plus en plus nette et brève à la discussion. Voici en quelques mots mes conclusions.

Il y a deux traits dans Montaigne qu'on ne saurait exagérer : son génie d'écrivain et son influence. Personne n'a su mieux que lui rendre ses pensées. Personne n'a mieux insinué et incorporé ses pensées dans l'esprit des autres. C'est tout ensemble le plus inimitable et le plus contagieux des grands esprits que la France ait produits.

Mais d'autre part Montaigne, à mes yeux, est bien au-dessous du rang qu'on lui attribue. Il n'est, pour le fond des choses, ni aussi original, ni aussi profond, ni aussi sensé qu'on veut bien le dire; et à mesure que j'ai vu son influence plus étendue et plus certaine que je ne croyais d'abord, je l'ai vue moins saine et moins bienfaisante. C'est calomnier le xvie siècle et l'esprit français, c'est compromettre l'esprit moderne que de leur donner Montaigne pour véritable et suprême représentant. Témoin désabusé et découragé d'un siècle héroïque, enfant gâté d'une race encore plus généreuse que légère, capable il est vrai de prévoir des besoins et des progrès lointains, mais incapable de les oser et de les vouloir, il s'est assis trop vite pour être compté comme un précurseur, il a trop déconseillé l'action, l'invention, la recherche du vrai et du mieux, pour figurer dans le calendrier de nos saints, car cela même qu'il déconseille, c'est l'âme et la flamme du monde nouveau, et si décidément il a raison, nous avons tort décidément.

Croira-t-on que j'incline à ne plus lire ces pages merveilleuses qui ont fait sa gloire et sa force? Non certes, mais à Dieu ne plaise qu'en continuant à les admirer on continue à croire Montaigne et à se modeler suivant lui! Ce n'est pas lui qui fera de nous les hommes dont notre temps a besoin. Non seulement il ne nous apprendrait pas quels nous devons être, mais encore il nous dissuaderait de chercher par nous-mêmes à nous en rendre compte. N'est-ce pas le résultat dernier de tout son travail qu'il faut s'en tenir à une religion qui n'est peut-être pas vraie, à une sagesse qui ne rend pas sage, à un minimum de vertu qui fait rougir, à une manière de concevoir le monde qui serait désolante s'il y avait quelque chose au monde qui valût la peine de se désoler?

TABLE DES MATIÈRES

LES
GRANDS ÉCRIVAINS FRANÇAIS

ÉTUDES SUR LA VIE
LES ŒUVRES ET L'INFLUENCE DES PRINCIPAUX AUTEURS
DE NOTRE LITTÉRATURE

Notre siècle a eu, dès son début, et léguera au siècle prochain un goût profond pour les recherches historiques. Il s'y est livré avec une ardeur, une méthode et un succès que les âges antérieurs n'avaient pas connus. L'histoire du globe et de ses habitants a été refaite en entier; la pioche de l'archéologue a rendu à la lumière les os des guerriers de Mycènes et le propre visage de Sésostris. Les ruines expliquées, les hiéroglyphes traduits ont permis de reconstituer l'existence des illustres morts, parfois de pénétrer jusque dans leur âme.

Avec une passion plus intense encore, parce qu'elle était mêlée de tendresse, notre siècle s'est appliqué à faire revivre les grands écrivains de toutes les littératures, dépositaires du génie des nations, interprètes de la pensée des peuples. Il n'a pas manqué en France d'érudits pour s'occuper de cette tâche; on a publié les œuvres et débrouillé la biographie de ces hommes fameux que nous chérissons comme des ancêtres et qui ont contribué, plus même que les princes et les capitaines, à la formation de la France moderne, pour ne pas dire du monde moderne.

Car c'est là une de nos gloires, l'œuvre de la
France a été accomplie moins par les armes que par
la pensée, et l'action de notre pays sur le monde a
toujours été indépendante de ses triomphes mili-
taires : on l'a vue prépondérante aux heures les plus
douloureuses de l'histoire nationale. C'est pourquoi
les maîtres esprits de notre littérature intéressent
non seulement leurs descendants directs, mais encore
une nombreuse postérité européenne éparse au delà
des frontières.

Depuis que ces lignes ont été écrites, en avril 1887,
la collection a reçu la plus précieuse consécration.
L'Académie française a bien voulu lui décerner une
médaille d'or sur la fondation Botta. « Parmi les
ouvrages présentés à ce concours, a dit M. Camille
Doucet dans son rapport, l'Académie avait distingué
en première ligne la *Collection des Grands Écrivains
français*.... Cette importante publication ne rentrait
pas entièrement dans les conditions du programme,
mais elle méritait un témoignage particulier d'estime
et de sympathie. L'Académie le lui donne. » (Rapport sur le concours de 1894.)

J. J. JUSSERAND.

SAINT-SIMON, par M. *Gaston Boissier*, secrétaire perpétuel de l'Académie française.

RABELAIS, par M. *René Millet*.

J.-J. ROUSSEAU, par M. *Arthur Chuquet*, professeur au Collège de France.

LESAGE, par M. *Eugène Lintilhac*.

DESCARTES, par M. *Alfred Fouillée*, de l'Institut.

VICTOR HUGO, par M. *Léopold Mabilleau*, professeur de Faculté.

ALFRED DE MUSSET, par M. *Arvède Barine*.

JOSEPH DE MAISTRE, par M. *George Cogordan*.

FROISSART, par Mme *Mary Darmesteter*.

DIDEROT, par M. *Joseph Reinach*.

GUIZOT, par M. *A. Bardoux*, de l'Institut.

MONTAIGNE, par M. *Paul Stapfer*, professeur de Faculté.

LA ROCHEFOUCAULD, par M. *J. Bourdeau*.

LACORDAIRE, par M. le comte *d'Haussonville*, de l'Académie française.

ROYER-COLLARD, par M. *E. Spuller*.

LA FONTAINE, par M. *G. Lafenestre*, membre de l'Institut.

MALHERBE, par M. le duc *de Broglie*, de l'Académie française.

BEAUMARCHAIS, par M. *André Hallays*.

MARIVAUX, par M. *Gaston Deschamps*.

RACINE, par M. *G. Larroumet*, de l'Institut.

MÉRIMÉE, par M. *Augustin Filon*.

CORNEILLE, par M. *G. Lanson*.

FLAUBERT, par M. *Émile Faguet*.

Chaque volume, format in-16, broché, avec un portrait en héliogravure : 2 fr.

Coulommiers. — Imp. Paul BRODARD. — 6-99.